In memoriam

Heinz Zipf

Unmittelbar vor Auslieferung dieses Forensia-Jahrbuches verstarb der Autor des ersten Beitrages: „Die Bedeutung der Kriminalprognose im deutschen, österreichischen und schweizerischen Strafrecht", o.Univ.-Prof. Dr. jur. Heinz Zipf im Alter von 53 Jahren. Nach seiner Lehrtätigkeit an den Universitäten München und Mannheim wurde er Ordinarius für Strafrecht, Strafprozeßrecht und Kriminologie an der Universität Salzburg. Er war in seiner humanitären Gesinnung und fachlichen Weitsicht eine herausragende Persönlichkeit. Der frühe Tod dieses anerkannten Wissenschaftlers und akademischen Lehrers trifft alle, die ihn näher kennen durften, zutiefst und hinterläßt eine nicht zu schließende Lücke.

Salzburg, den 4. November 1992   Die Herausgeber

Forensia-Jahrbuch · Band 3

C. Frank G. Harrer (Hrsg.)

Kriminalprognose.
Alkoholbeeinträchtigung
– Rechtsfragen und
Begutachtungsprobleme

Springer-Verlag
Berlin Heidelberg New York
London Paris Tokyo
Hong Kong Barcelona
Budapest

Univ.-OAss. Dr. phil. Christel Frank
Prof. Dr. med. Gerhart Harrer (Emerit.)
Institut für forensische Psychiatrie
Paris-Lodron-Universität Salzburg
Ignaz-Harrer-Straße 79, A-5020 Salzburg, Österreich

Die Deutsche Bibliothek – CIP-Einheitsaufnahme
Kriminalprognose. Alkoholbeeinträchtigung – Rechtsfragen und Begutachtungsprobleme
C. Frank; G. Harrer (Hrsg.). –
Berlin; Heidelberg; NewYork; London; Paris; Tokyo; Hong Kong; Barcelona; Budapest;
Springer, 1992
(Forensia-Jahrbuch; Bd. 3)
ISBN-13: 978-3-540-55626-8   e-ISBN-13: 978-3-642-77613-7
DOI: 10.1007/978-3-642-77613-7
NE: Frank, Christel [Hrsg.]; GT

26/3130 – 5 4 3 2 1 0 - Gedruckt auf säurefreiem Papier

Vorwort

Der vorliegende 3. Band der Forensia-Jahrbücher erscheint zwei Jahrzehnte nach Herausgabe des grundlegenden und als überragendes Nachschlagewerk bisher unübertroffenen zweibändigen Handbuches der forensischen Psychiatrie, an dessen Bearbeitung zusammen mit den Herausgebern H. Göppinger und H. Witter (†) 17 Fachwissenschaftler beteiligt waren. Da keine Neuauflage mehr zustandekommen konnte, machten es sich die Herausgeber der Forensia-Jahrbücher zum Anliegen, ausgewählte forensische Themen besonderer Wichtigkeit und Aktualität von anerkannten Experten für einen interdisziplinären Leserkreis bearbeiten zu lassen.

Gegenstand des ersten Bandes waren die Themenbereiche „Der Sachverständige im Strafverfahren" und „Kriminalitätsverhütung". Das zweite Jahrbuch setzte sich mit der „Drogendelinquenz" sowie mit der „Jugendstrafrechtsreform" auseinander. Für das dritte Forensia-Jahrbuch wählten wir mit den beiden Themen „Kriminalprognose" und „Alkoholbeeinträchtigung – Rechtsfragen und Begutachtungsprobleme" Bereiche von zentraler Bedeutung für die Rechtsprechung und für Präventionsstrategien.

Die als substantielle Grundlage für gerichtliche Entscheidungen dienende *individuelle Kriminalprognose* im Sinne einer Voraussage der zukünftigen Sozial- und Legalbewährung bzw. Tatbegehungs- oder/und Rückfallgefährdung einer jugendlichen oder erwachsenen Persönlichkeit erfordert eine spezialpräventiv ausgerichtete differenzierte Urteilsbildung. Diese bedarf der Berücksichtigung eines vielschichtig ineinandergreifenden Bedingungsgefüges biologischer, psycho(patho)logischer und sozialsituativer Zusammenhänge. Zudem ist auf die erwartete Wirksamkeit von Strafsanktionen oder/und Behandlungs- bzw. Betreuungsformen einschließlich des Rückwirkungseffekts einer prognostischen Stellungnahme Bedacht zu nehmen. Die Prognose ist kein einfach in die Zukunft zu wendendes Spiegelbild aus Sachverhalten der Vergangenheit. Der Sachzwang zu prognostischen Entscheidungen im Rahmen der Gerichts-, Vollzugs-, Behandlungs- und Betreuungspraxis darf unser Problembewußtsein für die Unsicherheiten einer prognostischen Aussage nicht verdecken. Wie auch mit – offen einzubekennenden – unterschiedlichen Anteilen an Nichtwissen verantwortungsvoll umzugehen ist, dafür bieten die strafrechtlichen, kriminologischen sowie klinisch-psychiatrisch-psychologischen Erörterungen der Autoren zahlreiche Denkanstöße, ohne andererseits konstruktive Lösungsansätze vorzuenthalten.

Die große Bedeutung des Alkohols als eines der beliebtesten Genußmittel unserer Zivilisation begünstigt notgedrungen auch die sich aus mißbräuchlicher Verwendung bzw. aus einem Konsum zur falschen Zeit ergebenden zahlreichen Probleme. Bedenkt man im Bereich der allgemeinen Kriminalität den keineswegs unbeträchtlichen, wenngleich nicht annähernd genau quantifizierbaren Anteil alkoholisierter oder/und durch Trunksucht persönlichkeitsveränderter Täter und vergegenwärtigt man sich die in zahlreichen Untersuchungen dokumentierten relativ hohen Blutalkoholkonzentrationen der von Polizeiorganen erfaßten alkoholbeeinflußten Verkehrsteilnehmer und das daraus sowie insbesondere auch aus der eminent hohen Dunkelziffer entstehende Gefährdungspotential, wird der breite Raum verständlich, den die Alkoholbegutachtung vor allem im Bereich der Rechtsmedizin, aber auch in der forensischen Psychiatrie einnimmt.

Da es leider in bezug auf das Ausmaß alkoholbedingter Verkehrsunfälle noch weitgehend an exakten epidemiologischen Forschungen mangelt, was nicht zuletzt auch im Hinblick auf die sich im europäischen Raum abzeichnenden Bemühungen um eine Angleichung von Promillegrenzwerten zu bedauern ist, sind Überlegungen und Initiativen in dieser Richtung besonders zu begrüßen. Angesichts der Schwierigkeit, die vielschichtige Rolle des Alkohols im Feld der Alltagskriminalität festzustellen, bedarf es kritischer Erörterungen mit dem Schwerpunkt deliktsbezogener Zusammenhänge.

In der Begutachtung konkurriert die unbedingt erforderliche, aber schwierige Rekonstruktion des psychischen Befundes zur Tatzeit bzw. die retrospektive Feststellung des für die Beeinträchtigung oder Aufhebung der strafrechtlichen Verantwortlichkeit ausschlaggebenden Ausmaßes der psychopathologischen Störungen mit den juristischen Zielen der Beweissicherheit. Die Exaktheit chemischer Nachweismethoden des Alkoholgehalts in verschiedenen Körperflüssigkeiten sichert ihnen einen hohen Stellenwert, der auch durch die Möglichkeit der Bestimmung der Atemalkoholkonzentration nicht verdrängt werden kann. Doch sind sie für die Frage der Schuldfähigkeit lediglich ein Orientierungsrahmen. Zudem gilt es, eine Simplifizierung durch faustregelartige Einteilungen der Trunkenheitsgrade nach Promillebereichen zu vermeiden. Wir haben uns vielmehr mit der individuellen Ausgestaltung der auch von der Persönlichkeit entscheidend mitgeprägten Rauschformen und deren Relevanz für die Schuldfähigkeit auseinanderzusetzen.

Für diese anskizzierten Problembereiche gibt der zweite Teil des Jahrbuches wertvolle Informationen und Anregungen. Auf den vorgesehenen länderübergreifenden Vergleich der Rechtsgrundlagen und der sich daraus ergebenden Konsequenzen für die rechtsmedizinische Praxis der Begutachtung mußte leider verzichtet werden.

Wir danken allen Autoren sehr herzlich für die hervorragende Zusammenarbeit.

Auch dem Springer-Verlag sei für sein Entgegenkommen bei der Gestaltung des Jahrbuches gedankt. Möge es den Erwartungen und Vorstellungen der Leserschaft entsprechen und eine weite Verbreitung finden.

Salzburg, im März 1992   Die Herausgeber

Inhaltsverzeichnis

Autorenverzeichnis

Battista, Hans-Jürgen, Dr. med. Dr. phil. Ass.-Prof.
Institut für Gerichtliche Medizin der Universität Innsbruck,
Abteilung für Forensische und Chemisch-analytische Toxikologie,
Müllerstraße 44, 6020 Innsbruck, Österreich

Bock, Michael, Prof. Dr. jur. Dr. rer. soc.
Johannes-Gutenberg-Universität Mainz,
Fachbereich Rechts- und Wirtschaftswissenschaften,
Saarstraße 21, W–6500 Mainz, BRD

Böhm, Stefan, Dr. med.
Institut für Neuropharmakologie der Universität Wien,
Währinger Straße 13a, 1090 Wien, Österreich

Bresser, Paul H, Prof. Dr. med. Dr. phil.
Ehem. Leiter der Abteilung für Gerichtliche Psychologie
und Psychiatrie an der Universität zu Köln,
Ehringhausen 34, W–5630 Remscheid, BRD

Heifer, Ulrich, Prof. Dr. med.
Direktor des Instituts für Rechtsmedizin der Universität Bonn,
Stiftsplatz 12, W–5300 Bonn, BRD

Iffland, Rolf, Dr. rer. nat. Dipl.-Phys.
Institut für Rechtsmedizin der Universität zu Köln,
Melatengürtel 60–62, W–5000 Köln 30, BRD

Kerner, Hans-Jürgen, Prof. Dr. jur.
Direktor des Instituts für Kriminologie der Universität Tübingen,
Corrensstraße 34, W–7400 Tübingen, BRD

Konrad, Norbert, Dr. med.
Institut für Forensische Psychiatrie,
Freie Universität Berlin,
Universitätsklinikum Rudolf Virchow,
Limonenstraße 27, 1000 Berlin 45, BRD

Leygraf, Norbert, Prof. Dr. med.
Direktor des Instituts für Forensische Psychiatrie,
Rheinische Landes- und Hochschulklinik Essen,
Hufelandstraße 55, W–4300 Essen 1, BRD

Mitterauer, Bernhard, Prof. Dr. med.
Vorstand des Instituts für Forensische Psychiatrie
der Universität Salzburg,
Ignaz-Harrer-Straße 79, 5020 Salzburg, Österreich

Nedopil, Norbert, Prof. Dr. med.
Leiter der Abteilung für Forensische Psychiatrie,
Psychiatrische Klinik und Poliklinik,
Nervenklinik der Universität München,
Nußbaumstraße 7, W–8000 München 2, BRD

Nowara, Sabine, Dipl.-Psych.
Institut für Forensische Psychiatrie,
Rheinische Landes- und Hochschulklinik Essen,
Hufelandstraße 55, W–4300 Essen 1, BRD

Pluisch, Frank, Dr. med. Dr. jur.
Institut für Rechtsmedizin der Universität Bonn,
Stiftsplatz 12, W–5300 Bonn, BRD

Rasch, Wilfried, Prof. Dr. med.
Direktor des Instituts für Forensische Psychiatrie,
Freie Universität Berlin,
Universitätsklinikum Rudolf Virchow,
Limonenstraße 27, 1000 Berlin 45, BRD

Schewe, Günter, Prof. Dr. med. Dr. jur.
Direktor des Instituts für Rechtsmedizin
im Klinikum der Universität zu Kiel,
Arnold-Heller-Straße 12, W–2300 Kiel 1, BRD

Stumpf, Christof, Prof. Dr. med.
Vorstand des Instituts für Neuropharmakologie der Universität Wien,
Währinger Straße 13a, 1090 Wien, Österreich

Wyss, Rudolf, emer. Prof. Dr. med.
ehem. Direktor der Psychiatrischen Klinik,
Eichenweg 1, 3110 Münsingen, Schweiz

Zipf, Heinz, Prof. Dr. jur.
Institut für Strafrecht, Strafprozeßrecht und Kriminologie
der Universität Salzburg,
Weiserstraße 22, 5020 Salzburg, Österreich

Kriminalprognose

Die Bedeutung der Kriminalprognose im deutschen, österreichischen und schweizerischen Strafrecht

Heinz Zipf

Der Siegeszug der Prognose im heutigen Strafrechtsverständnis

Zu der zentralen Stellung, die heute die Prognose im Strafrecht einnimmt, hat erst die jüngere Strafrechtsentwicklung geführt. Solange das Strafrecht auf dem Tatvergeltungsprinzip aufbaute, orientierte sich der Einsatz der Strafe an der Ahndung der begangenen Straftat. Die Strafe hatte lediglich die Aufgabe, einen angemessenen Schuldausgleich für die begangene Straftat herbeizuführen; sie war gewissermaßen retrospektive Vergangenheitsbewältigung.

Erst das Vordringen der Spezialprävention im Zuge der modernen Strafrechtsschule Franz v. Liszts verlieh der Strafe die zusätzliche Komponente der Folgenorientierung und der Zukunftsbezogenheit. Mit dem Wandel vom reinen Tatstrafrecht zum Täterstrafrecht wurde die Prognoseproblematik dominant. Vor allem die in den letzten 100 Jahren geforderten und dann im wesentlichen im 20. Jahrhundert verwirklichten neuen Rechtsinstitute der Strafaussetzung zur Bewährung und der bedingten Entlassung sowie die Anreicherung des Sanktionensystems durch die vorbeugenden Maßregeln der Besserung und Sicherung und die Verselbständigung des Jugendstrafrechts machten die Prognose zu einem Zentralproblem des Sanktioneneinsatzes. Dies gilt uneingeschränkt auch für den derzeitigen Zustand des Strafrechts als einer Mischfigur des Tat-Täter-Strafrechts, in dem der gerechte Schuldausgleich mit präventiven Gesichtspunkten kombiniert wird. Die Ausrichtung der Sanktionen an präventiven Zielsetzungen verlangt in jedem Einzelfall eine prognostische Einschätzung. Schon aus dieser naturgemäß stark verkürzten Betrachtung wird deutlich, daß hierbei keine nur national bestimmte Strafrechtsentwicklung, sondern ein allgemeiner und internationaler Trend der Kriminalpolitik ausschlaggebend war und ist. Deshalb beherrscht die Prognose auch im wesentlichen übereinstimmend die Strafrechtsentwicklung im deutschsprachigen Raum. Die Unterschiede liegen nicht im Grundsätzlichen, sondern in den jeweils im Gesetz ausformulierten Prognosevoraussetzungen für die einzelnen Rechtsinstitute, wie bedingte Strafnachsicht oder vorzeitige Entlassung. Auf diese unterschiedlichen gesetzlichen Vorgaben für die jeweils benötigten Prognosen ist bei speziellen Problemfällen näher einzugehen.

Jede Prognoseentscheidung besteht aus normativen und empirischen Elementen. Dabei werden im normativen Bereich die Kriterien festgelegt, nach denen sich die Prognose bestimmen soll; der Gesetzgeber liefert die normativen Rahmenbedingungen, die in der Rechtsanwendung weiter präzisiert und ausgearbeitet werden. So sind z. B.

Forensia-Jahrbuch, Band 3
© Springer-Verlag Berlin Heidelberg 1992

in der Neufassung des § 46 öStGB[1] (bedingte Entlassung aus einer Freiheitsstrafe) die
Prognosekriterien in Abs. 1 (bei der Entlassung nach der Hälfte der Strafzeit) und in
Abs. 2 (bei der Entlassung nach zwei Dritteln der verbüßten Strafe) erheblich abweichend ausgestaltet. Daran bemißt sich die Prognosestellung in jedem einzelnen Fall.
Die Prognoseerstellung selbst ist aber nicht mehr mit dem normativen Instrumentarium allein zu bewältigen; vielmehr handelt es sich dabei um eine mit den Methoden
empirischer Wissenschaft zu bewältigende Aufgabe. Daraus wird ersichtlich, daß die
Prognose notwendigerweise die Kooperation von Kriminalpolitik, Strafrecht und Kriminologie verlangt.

Der stetige Ausbau und die Verfeinerung des Sanktionensystems haben immer
mehr Möglichkeiten für Prognoseentscheidungen geschaffen, die damit auch immer
komplexer und schwieriger werden. Das Strafensystem im ausgehenden 19. Jahrhundert bestand im wesentlichen aus vollstreckter Freiheitsstrafe und (unbedingter)
Geldstrafe, wobei etwa drei Viertel der Verhängungsfälle auf die Freiheitsstrafe ent-
fielen. Ungleich differenzierter sind unsere heutigen Möglichkeiten; gehen wir dazu
vom österreichischen Recht aus, so reichen sie von der mangelnden Strafwürdigkeit
der Tat nach § 42 öStGB über bedingte, teilbedingte und unbedingte Geldstrafe, der
Kombination von Geldstrafe und bedingter Freiheitsstrafe nach § 43a Abs. 2 öStGB
bis zur bedingten, teilbedingten und unbedingten Freiheitsstrafe. Die Entscheidung für
eine bestimmte Vorgangsweise verlangt dabei heute grundsätzlich eine in die spezialpräventive Ausrichtung integrierte Prognoseentscheidung. In den §§ 42, 43 und 43a
öStGB ist dies auch jeweils ausdrücklich angesprochen. Hinzu treten die vorbeugenden Maßnahmen nach §§ 21–23 öStGB, für die jeweils eine Prognoseentscheidung
konstitutiv ist. Dabei hat die Auswahl und die Bestimmung der Sanktion im Einzelfall
eine stets zunehmende Bedeutung erfahren, die heute verfahrensrechtlich in dem die
Gleichwertigkeit von Schuldspruch und Strafausspruch betonenden Schuldinterlokut
sichtbar wird. Diesem heutigen Stand des Strafrechts hinken sowohl die rechtsdog-
matische Erfassung der Prognoseentscheidung als auch die empirischen Methoden zu
ihrer Erstellung nach.

Arten der Prognose

Wir unterscheiden heute allgemein Global- und Individualprognosen. Erstere beziehen sich auf allgemeine gesellschaftliche Zustände und Entwicklungen. Sie sind un-
entbehrliches Rüstzeug der Politik, soweit sie sich mit Zukunftsgestaltung befassen.
Bekanntestes Beispiel sind die jährlich erstellten Wirtschaftsprognosen. Auch für den
Bereich der Kriminalpolitik sind Prognosen von großer Bedeutung; sie können sich
z. B. auf die erwartete Wirkung von Gesetzen, auf den Verlauf der Kriminalität (im allgemeinen oder in markanten Einzelbereichen), auf den Erfolg bestimmter polizeilicher
Präventionsstrategien usw. beziehen.

Diesen Globalprognosen stehen die auf den Einzelfall und auf eine einzelne Person
gerichteten Individualprognosen gegenüber. Sie bezwecken eine Aussage über künftig
erwartetes Legalverhalten, v. a. auch unter dem Wirkungsaspekt von eingesetzten Sank-

---

[1] Im folgenden bedeuten öStGB österreichisches Strafgesetzbuch, dStGB deutsches Strafgesetzbuch und schwStGB schweizerisches Strafgesetzbuch.

tionen (insoweit spricht man heute auch oft von Wirkprognosen). Im folgenden geht es ausschließlich um diese Täterindividualprognosen, als deren markanteste Anwendungsfälle die Bewährungs- und Entlassungsprognosen gelten können. Eine solche Prognose ist heute mit jedem Akt der Sanktionenverhängung verbunden, auch wenn dies im Gesetz nicht ausdrücklich verlangt sein sollte. So fordert § 46 Abs. 1 S. 2 dStGB, daß „die Wirkungen, die von der Strafe für das zukünftige Leben des Täters in der Gesellschaft zu erwarten sind, zu berücksichtigen" sind. Auch wenn in § 32 öStGB und in Art 63 schwStGB eine entsprechende Formulierung fehlt, so folgt doch aus dem Wesen jeder Strafzumessung als sozialem Gestaltungsakt und aus dem Einsatz spezialpräventiver Erwägungen, daß auch hierfür grundsätzlich nichts anderes gilt. Besonders markant ist diese spezialpräventive Ausrichtung der Strafzumessung in § 5 Ziff. 1 des neuen österreichischen Jugendgerichtsgesetzes gefordert:

> Die Anwendung des Jugendstrafrechts hat vor allem den Zweck, den Täter von strafbaren Handlungen abzuhalten.

Für die Anwendung der vorbeugenden Maßnahmen ist die Prognose nicht nur integrierender, sondern ausschlaggebender Bestandteil der Rechtsanwendung.

Wie ernst die Rechtsprechung die Berücksichtigung der von der Strafe für das künftige Leben des Täters in der Gesellschaft zu erwartenden Wirkungen nach § 46 Abs. 1 S. 2 dStGB nimmt, sollen einige wenige Beispielfälle aus der höchstrichterlichen Rechtsprechung verdeutlichen. Eine schon weit zurückreichende und heute gefestigte Rechtsprechung liegt zu den Auswirkungen der Strafe auf das Berufsleben des Täters vor. So ist die Berücksichtigung beamtenrechtlicher Disziplinarmaßnahmen und Nebenfolgen bei der Strafzumessung seit langem anerkannt (vgl. BGHSt 32, 79). Die neuere Rechtsprechung erweitert diesen Gesichtspunkt allgemein auf Auswirkungen für das Berufsleben. So hat BGH MDR 1991, 294 die drohende Untersagung des Berufs als Steuerberater im Rahmen der Auswirkungen des § 46 Abs. 1 S. 2 dStGB mitberücksichtigt und wegen des Unterbleibens entsprechender Ausführungen im Ersturteil dieses aufgehoben. Noch umfassender formuliert BGH Strafverteidiger 1989, 478:

> Die strafmildernde Erwägung, daß eine langjährige Freiheitsstrafe zur Entsozialisierung des Täters führen würde (hier: Verlust des nach der Entlassung aus der Untersuchungshaft in Aussicht gestellten Arbeitsplatzes), ist zulässig.

Zunehmend wird in der Rechtsprechung der Gesichtspunkt einer verringerten Lebenserwartung berücksichtigt und in Bezug zur (subjektiven) Strafempfindlichkeit gesetzt:

> Ein nachweislich schwer erkrankter Angeklagter, der nur noch eine geringe Lebenserwartung hat, ist besonders strafempfindlich, weshalb die Tat durch eine geringere als die sonst schuldangemessene Strafe ausgeglichen werden kann (BGH Strafverteidiger 1990, 259).

Diesen Gesichtspunkt hat der BGH inzwischen auch auf die Berücksichtigung einer Aids-Infektion beim Angeklagten ausgedehnt:

> Bei einer Aids-Infektion besteht die Gefahr, daß die schwere und bisher unheilbare Krankheit jederzeit ausbrechen kann. Bei der Strafzumessung ist dieser Umstand wegen der besonders einschneidenden Bedeutung einer solchen lebensbedrohenden Krankheit für das künftige Leben des Angeklagten in der Regel zu berücksichtigen (BGH Strafverteidiger 1991, 105).

Besonders bemerkenswert ist dabei, daß sich der BGH nicht mit formelhaften und nicht näher substantierten Ausführungen zu § 46 Abs. 1 S. 2 dStGB begnügt, sondern eine im Einzelfall orientierte Begründung verlangt:

> Bei einer sehr hohen Freiheitsstrafe .... reicht die formelhafte Wendung, bei der Strafzumessung sei auch berücksichtigt worden, welche Wirkung von der Strafe für das künftige Leben des Angeklagten in der Gesellschaft zu erwarten ist, nicht aus. Vielmehr sind in einem solchen Fall nähere Erörterungen erforderlich (BGH Strafverteidiger 1991, 19).

Eine gewisse Zwischenstellung nimmt die Generalprävention ein. Sowohl ihre positive Form (die Integrationsprävention) wie auch ihre negative Erscheinung der reinen Abschreckung sind präventive Strategien, die damit auch eine prognostische Beurteilung verlangen. Diese setzt am einzelnen Fall und am konkreten Täter an, blickt aber davon ausgehend auf die gesamtgesellschaftlichen Auswirkungen des Strafurteils, indem sie entweder auf die Erhaltung und Bestärkung der allgemeinen Rechtstreue oder auf die Abschreckung potentieller Straftäter abzielt.

Diese sozialpsychologischen Auswirkungen eines Strafurteils auf die Allgemeinheit oder Teile derselben sind empirisch nicht ausreichend abgesichert; weder in der negativen noch in der positiven Form ist die Generalprävention erfahrungswissenschaftlich abgeklärt (vgl. Eisenberg 1990 u. Schöch 1990). Dies ist mit ein Grund dafür, daß sich die Rechtsprechung hier allzugerne in pauschale Formulierungen flüchtet. Schon deshalb ist es als ein Gewinn anzusehen, daß der österreichische Gesetzgeber bei Neuregelungen die Angabe besonderer Gründe für die Berücksichtigung generalpräventiver Gesichtspunkte verlangt (so in § 46 Abs. 3 öStGB bei der bedingten Entlassung und in § 14 des JGG 1988).

Auch verfahrensrechtliche Entscheidungen sind oft mit prognostischen Überlegungen verknüpft. Exemplarisch läßt sich dies an der Verhängung der Untersuchungshaft zeigen, die neben dem dringenden Tatverdacht einen Haftgrund voraussetzt. Solche traditionellen Haftgründe sind Fluchtgefahr, Verdunkelungsgefahr sowie Wiederholungsbzw. Ausführungsgefahr (vgl. § 180 Abs. 2 öStPO). Bei Fluchtgefahr, Ausführungsund Wiederholungsgefahr ist der prognostische Einschlag der Entscheidung evident. Aber selbst bei der Verdunkelungsgefahr handelt es sich um zukünftiges, auf Vereitelung der Wahrheitsfindung gerichtetes Verhalten. Die einschränkenden Kriterien bei der Ausführungs- und Wiederholungsgefahr, wie sie § 180 Abs. 2 Ziff. 3 öStPO vorsieht, die Restriktion bei Fluchtgefahr sowie der Ausbau der gelinderen Mittel (Erweiterung insbesondere um die vorläufige Bestellung eines Bewährungshelfers) stellen an diese prognostische Entscheidung hohe Anforderungen. Als konkretes Beispiel soll dies die Ausführungsgefahr verdeutlichen:

> Hat der Beschuldigte die Begehung einer bestimmten Straftat (z. B. einer Brandstiftung) konkret angedroht (womit er im österreichischen Recht in der Regel gefährliche Drohung nach § 107 öStGB verantwortet), so befindet sich der Haftrichter bei der Frage der Anordnung von Untersuchungshaft wegen Ausführungsgefahr in der wenig beneidenswerten Situation, die Ernstlichkeit der Drohung anhand des Persönlichkeitsbildes des Beschuldigten und – so vorhanden – weiterer Indizien überprüfen zu müssen. Dabei ist das Dilemma noch dadurch verschärft, daß jedenfalls bei einem Ersttäter wegen § 107 öStGB keine zur Vollstreckung gelangende Freiheitsstrafe ausgesprochen werden wird. Zudem läßt sich hier keineswegs abschätzen, ob eine ja immer zeitlich beschränkte Untersuchungshaft eine spätere Tatausführung wirklich verhindern kann. Wird aber keine Untersuchungshaft verhängt und kommt es zu der angedrohten Tat, dann sehen sich der zuständige Richter und oft auch die Justiz insgesamt herber Kritik in der Öffentlichkeit ausgesetzt.

Eine wichtige Bedeutung hat die (negative) Prognose für die Anordnung unbedingter Freiheitsstrafe und damit auch für die Population im Strafvollzug. Die Kriminalpolitik hat in den letzten Jahrzehnten das Ziel verfolgt, vollzogene Freiheitsstrafe zur ultima ratio der Sanktionenverhängung zu machen und sie in allen einigermaßen geeigneten Fällen durch andere Sanktionen, insbesondere durch Geldstrafe und bedingte Strafnachsicht (letztere oft verbunden mit Bewährungshilfe, Weisungen und Auflagen), zu ersetzen. Dieser auch im internationalen Vergleich im wesentlichen einheitliche Trend hat aber entscheidende Auswirkungen auf den Strafvollzug, da damit eine immer negativere Auslese der Straftäter in die Vollzugsanstalten gelangt. Dies beeinträchtigt in erheblichem Umfang die Arbeitsbedingungen und die Erfolgschancen im Vollzug. Hier interessiert aber mehr der Aspekt der in den richterlichen Entscheidungen liegenden Auswahl, da – sofern nicht die Schwere der angeklagten Tat Freiheitsstrafe zwingend notwendig macht – die Verhängung unbedingter Freiheitsstrafe von der Sozialprognose über den Verurteilten abhängig ist. Da ziemlich einhellig von der Vollzugsseite her die Erfahrung bestätigt wird, daß eine zunehmend negativere Auslese der Straftäter in den Vollzug gelangt, kann man daraus entnehmen, daß die richterlichen Prognoseentscheidungen im wesentlichen zutreffend gefällt werden, wobei allerdings im Regelfall bereits eine mehrmalige Rückfälligkeit vorliegt.

Dieser keineswegs vollständige Überblick macht deutlich, in welchem Ausmaß die heutige Kriminalpolitik (und ihre Umsetzung in der Praxis) von Prognoseentscheidungen abhängt, ja damit steht und fällt. Die Prognoseerstellung entspricht dabei nicht der sonst üblichen richterlichen Subsumtion, da sie nicht lediglich die Anwendung des Gesetzes auf einen in der Vergangenheit liegenden Sachverhalt verlangt, sondern darüber hinaus den Blick in die Zukunft erfordert. Dafür reichen weder die traditionelle Ausbildung noch das dogmatische Rüstzeug aus. Neben der eigenen beruflichen Erfahrung bedarf der Richter deshalb der Unterstützung und Beratung durch den Sachverständigen. Die Leistungsfähigkeit der damit angesprochenen Wissenschaften (wie Psychiatrie, Psychologie, Soziologie und zahlreiche andere) schlägt damit unmittelbar oder mittelbar auf die Qualität der strafrichterlichen Sanktionenentscheidung durch. Die Entwicklung des Strafrechts hat seit mehr als einem Jahrhundert konsequent vom Tatstrafrecht zur heutigen Mischfigur des Tat-Täter-Strafrechts geführt. Die Tatbeurteilung ist dabei die traditionelle, in einer langen Tradition begründete Arbeit der Rechtsanwendung, während die Täterbeurteilung darüber hinaus die prognostische Auswertung verlangt. Gerade wegen der relativen Unsicherheit der letzteren hat sich auch international kein reines Täter-Strafrecht durchgesetzt; nur in der Bindung an die Tat sind die der Täterbeurteilung immanenten Unsicherheitsfaktoren erträglich. Dabei ist in jüngster Zeit eine deutliche Einschränkung des Tätergedankens zu beobachten, so besonders bei der Abschaffung unbestimmter Strafe im deutschen und österreichischen Jugendstrafrecht und bei der Krise des Maßnahmenrechts, wie sie sich im drastischen Rückgang der Sicherheitsverwahrung in Deutschland und der Einweisung in eine Anstalt für gefährliche Rückfallstäter in Österreich zeigt. Wenn insoweit rechtsstaatliche Bedenken für ausschlaggebend gehalten werden, dann beruhen sie letztlich auch darauf, daß die prognostische Beurteilung jedenfalls beim derzeitigen Wissensstand nicht die relative Genauigkeit der Bindungswirkung der Sanktion an Unrechts- und Schuldgehalt der angeklagten Tat erreicht.

Die gesetzgeberischen Vorgaben an die einzelne Prognoseentscheidung

Vergleicht man die zahlreichen im Gesetz enthaltenen Vorschriften zu Prognoseerstellungen (z. B. im Rahmen der Bewährungs-, Entlassungs- oder anderer Prognoseentscheidungen im Sanktionenbereich), so ergibt die genauere Analyse, daß die Voraussetzungen für die einzelne Prognoseentscheidung im Gesetz jeweils unterschiedlich, z.T. sogar erheblich voneinander abweichend formuliert sind. Hinter diesen Formulierungen steht jeweils der Prognosemaßstab, den der Gesetzgeber im Einzelfall verwendet wissen will. Letztlich steckt dabei in der Formulierung der Prognosevoraussetzung eine „gesetzliche Risikoverteilung" (Frisch 1983, 51); insbesondere kann der Gesetzgeber dabei eine Zuordnung des nach allen Prognosemethoden verbleibenden bedeutsamen Mittelfeldes vornehmen (Frisch 1983, 87).

Besonders deutlich zeigt dies die Entlassungsprognose aus dem Strafvollzug. Interessant dafür ist ein Vergleich der deutschen, österreichischen und schweizerischen Regelung. Die insoweit engste Regelung für die bedingte Entlassung enthält Art. 38 schwStGB. Im Gegensatz zum deutschen und österreichischen Strafrecht kennt diese Regelung auch nur die Entlassung nach zwei Dritteln der Strafe (wobei bei Gefängnis mindestens 3 Monate verbüßt sein müssen). Diese bedingte Entlassung des Verurteilten kann die zuständige Behörde vornehmen, „wenn sein Verhalten während des Strafvollzuges nicht dagegen spricht und anzunehmen ist, er werde sich in der Freiheit bewähren". Hier sind zwei Voraussetzungen kombiniert, bei denen die Prognoseentscheidung schwerpunktmäßig im zweiten Kriterium steckt. In negativer Formulierung darf das Verhalten des Verurteilten während des Strafvollzuges nicht gegen die bedingte Entlassung sprechen; hier wird zutreffend das Verhalten während des Strafvollzugs nur als möglicher negativer Ausschließungsgrund für die Entlassung angesehen. Ist damit die erste Voraussetzung eher entlassungsfreundlich, liegt der Schwerpunkt für die Entscheidung bei der an zweiter Stelle genannten Prognose. Es muß anzunehmen sein, daß sich der Verurteilte in Freiheit bewähren wird (vgl. dazu Trechsel 1989, Art. 38 Rz. 6ff.). Die Entscheidung verlangt zwar keine Gewißheit (diese ist bei Prognosen kaum je erreichbar), aber eine Gesamtwürdigung, die das positive Urteil über die zukünftige Sozialprognose trägt. Wenn es auch der gesetzliche Wortlaut selbst nicht ausspricht, wird hier allgemein zwischen Erstverbüßenden und Rückfälligen unterschieden (vgl. Trechsel 1989, Art. 38 Rz. 7 und 8).

Großzügigere Regelungen enthalten das deutsche und das österreichische Strafrecht schon insoweit, als beide Rechtsordnungen neben der Entlassung nach zwei Dritteln der Strafzeit zusätzlich die – nach strengeren Kriterien bestimmte – Entlassung nach der Hälfte der Strafverbüßung vorsehen; aber auch die Prognosekriterien sind z.T. wesentlich täterfreundlicher gefaßt. Für die Hälfteentlassung muß auch nach § 46 Abs. 1 öStGB *anzunehmen* sein, „daß es nicht der Vollstreckung des Strafrestes bedarf, um den Rechtsbrecher von weiteren strafbaren Handlungen abzuhalten". Auch hier steckt in dem „anzunehmen" eine positive Entscheidung zum weiteren Verhalten des Verurteilten. Deutlicher als im schweizerischen Strafrecht ist dabei diese Erwartung ausschließlich auf das zukünftige Legalverhalten des Verurteilten zugeschnitten. Trotzdem dürfte hier der Unterschied insgesamt gering sein, weil sich auch im schweizerischen Strafrecht die „Bewährung" auf das Legalverhalten bezieht. Aber – und dies ist der ganz entscheidende Unterschied seit dem Strafrechtsänderungsgesetz 1987 – diese in

§ 46 Abs. 1 öStGB genannten Entlassungsvoraussetzungen betreffen die Kriterien für die Hälfteverbüßung und nicht – wie im schweizerischen Strafrecht – für die Entlassung nach Verbüßung von zwei Dritteln der verhängten Freiheitsstrafe. Es entsprechen sich also in etwa die Entlassungskriterien, die die Schweiz an die Zweidrittelentlassung anlegt und die das österreichische Recht für die Entlassung nach der Hälfte der Strafzeit verlangt.

Das volle Ausmaß der Strafrechtsentwicklung durch das Strafrechtsänderungsgesetz 1987 wird deutlich, wenn man die Entlassungskriterien für die Verbüßung von zwei Dritteln der festgesetzten Freiheitsstrafe nach § 46 Abs. 2 öStGB betrachtet. Danach *ist* „der Rest der Strafe unter Bestimmung einer Probezeit bedingt nachzusehen, es sei denn, daß besondere Gründe befürchten lassen, der Rechtsbrecher werde in Freiheit weitere strafbare Handlungen begehen". Hier ist die Entlassungsprognose deutlich negativ formuliert; die Befürchtung weiterer Straftaten in Freiheit muß auch durch besondere Gründe dargetan werden. Hält man sich nochmals die Aussagen zu den Prognosemethoden und insbesondere zu dem breiten Mittelfeld vor Augen, dann wird die Bedeutung dieser Bestimmung evident. Das breite prognostische Mittelfeld, bei dem keine eindeutige Aussage in Richtung einer Gut- oder Schlechtprognose möglich ist, wird durch die gesetzgeberische Formulierung in den Anwendungsbereich der bedingten Entlassung einbezogen. Diese scheitert nur an einer noch dazu durch besondere Umstände begründeten Schlechtprognose. Die Neufassung des § 46 Abs. 2 öStGB ist damit ein ebenso mutiger wie weitreichender Schritt zur Effektuierung des Rechtsinstituts der bedingten Entlassung.

Der deutsche Gesetzgeber hat fast zeitgleich mit dem österreichischen ebenfalls die Entlassungsvoraussetzungen v. a. für die Entlassung nach der Hälfteverbüßung durch das 23. Strafrechtsänderungsgesetz vom 13.4.1986 neu gestaltet, dafür aber abweichende Wege beschritten. Schon vorher entlassungsfreundlicher war die Formulierung der Prognosevoraussetzung in § 57 Abs. 1 dStGB insoweit, als danach notwendig ist, daß „verantwortet werden kann zu erproben, ob der Verurteilte außerhalb des Strafvollzugs keine Straftaten mehr begehen wird". Entlassungsfreundlicher ist hier die Formulierung „verantwortet werden kann zu erproben" gegenüber der im österreichischen und schweizerischen Strafgesetzbuch verwendeten Wortwahl „anzunehmen ist", weil hier nicht auf eine positive Einstellung zum künftigen Wohlverhalten, sondern auf die der Prognosestellung besser gerecht werdende Verantwortbarkeit der Entlassung abgestellt wird. Darin kommt auch der Gedanke der Risikoverteilung gut zum Ausdruck.

Für die Effektuierung der Entlassung nach der Hälfte der Strafverbüßung setzt der deutsche Gesetzgeber auf andere Kriterien als der österreichische. Neben dem jetzt in § 57 Abs. 2 Ziff. 2 dStGB genannten Kriterium des Vorliegens besondere Umstände tritt zusätzlich die in Ziff. 1 genannte Voraussetzung, daß „der Verurteilte erstmals eine Freiheitsstrafe verbüßt und diese 2 Jahre nicht übersteigt". Diese bedeutsame Privilegierung des Erstverbüßers hat erhebliche praktische Bedeutung erlangt und wird mit Recht als der Zentralpunkt des ansonsten i. allg. als zu zaghaft beurteilten 23. Strafrechtsänderungsgesetzes angesehen. Es wäre sogar für Kriminalpolitik und Rechtsvergleichung besonders aufschlußreich, die praktischen Auswirkungen des deutschen und österreichischen Lösungswegs zur Entlassung nach der Verbüßung der Hälfte der verhängten Strafe empirisch zu überprüfen, wobei für den Anwendungsumfang freilich nicht allein die gesetzgeberischen Vorgaben, sondern ebenso die richterliche Entlassungspraxis entscheidend sind.

Die Erstellung der Prognose im Einzelfall

Die konkrete Prognoseentscheidung setzt sich zusammen aus der Anwendung der normativen, vom Gesetzgeber festgelegten und in der richterlichen Rechtsanwendung präzisierten Prognosekriterien und aus der Ausfüllung dieses vorgegebenen Rahmens nach empirischen Prognosemöglichkeiten. Eine alle geforderten Kriterien zusammenfassende Anwendung läßt sich jeweils nur für die einzelne konkrete Entscheidung (z. B. Entlassung aus der Freiheitsstrafe nach der Verbüßung der Hälfte der Strafzeit) geben. Hier sollen nur einige besonders markante und typischerweise mit Prognoseentscheidungen verbundene Problembereiche hervorgehoben werden.

Die Feststellung des Prognosesachverhalts

Anders als beim Schuldspruch trägt das angeklagte Urteilsfaktum Art und Höhe der verhängten Rechtsfolge nicht allein. Jede Sanktionenentscheidung greift mit der Einbeziehung der Persönlichkeit des Täters und seines sozialen Umfeldes über die angeklagte Tat hinaus. Dies wird besonders evident bei jeder im Rahmen der Sanktionenverhängung notwendig werdenden Prognose. Besonders gut läßt sich dies im Jugendstrafrecht verdeutlichen. Die gleiche angeklagte Tat (z. B. ein Diebstahl) kann für den einen Jugendlichen bloßen Episodencharakter tragen, ohne eine negative Persönlichkeitsentwicklung anzuzeigen, während sie in einem anderen Fall Symptomcharakter für eine sich anbahnende kriminelle Karriere haben kann. Die angeklagte Tat allein sagt unter Umständen relativ wenig darüber aus; erst der Blick auf die Täterpersönlichkeit, seine bisherige Entwicklung und sein soziales Umfeld geben darüber Aufschluß.

Damit stellt sich als rechtliches Problem die Aufgabe, den zulässigerweise heranzuziehenden Prognosesachverhalt zu umgrenzen. Die angeklagte und anschließend im Prozeß ordnungsgemäß festgestellte Straftat ist zwar der Ausgangspunkt für das Aufwerfen der Prognosefrage, diese beschränkt sich aber nicht auf die festgestellte Straftat. Um beurteilen zu können, ob eine bedingte Freiheitsstrafe die erfolgversprechende Sanktion ist, bedarf es vielmehr des Blicks auf die Persönlichkeitsentwicklung des Täters und auf seine Lebensumstände in Familie, Beruf und sozialem Umfeld. Das Gesetz bringt auch diese Erweiterung des Prognosesachverhalts z. B. in § 43 öStGB zum Ausdruck, wenn neben der Art der Tat „die Person des Rechtsbrechers, der Grad seiner Schuld, sein Vorleben und sein Verhalten nach der Tat zu berücksichtigen" sind. Dabei enthält v. a. der Begriff des „Vorlebens" aus sich heraus kaum Begrenzungen. Aber nach den forensischen Möglichkeiten und den rechtlichen Grundsätzen über die Strafbemessung kann nicht zweifelhaft sein, daß naturgemäß keine totale Entfaltung der Biographie des Täters gemeint ist, sondern eine Betrachtung unter den spezifischen Erfordernissen des Strafzweckeinsatzes genügen muß. Zu eng wäre es freilich, den Begriff „Vorleben" nur auf Vorstrafen bzw. bisherige Unbescholtenheit reduzieren zu wollen. Daß aber die Ausrichtung an der Strafzweckrelevanz, v. a. an der Spezialprävention, nur ein relativ unpräzises Kriterium darstellt, ist unzweifelhaft. Allein schon der Zeitdruck und die eingeschränkten forensischen Ermittlungsmöglichkeiten lassen im allgemeinen kein ausuferndes Eindringen in die Persönlichkeitssphäre befürchten; viel größer ist hier im Regelfall die Gefahr einer zu schmalen Informations- und Entscheidungsbasis.

Dies belastet und erschwert oft auch die Arbeit des Sachverständigen. Wenn auch die klinische Prognosemethode als die verläßlichste gilt, so ist es doch ebenso übereinstimmende Meinung, daß ihr Manko gerade darin besteht, daß i. a. keine Einbeziehung des sozialen Umfeldes (oft auch schon der Familiensituation) des Probanden möglich ist. Enthält der Gutachtensbefund eigene Feststellungen zu solchen Umständen (z. B. zur familiären Situation des Probanden), dann können sich daraus später im Prozeß beweisrechtliche Probleme ergeben, wenn solche Faktoren nicht selbständig und prozeßordnungsgemäß im Verfahren festgestellt werden, sondern nur im Sachverständigengutachten enthalten sind und in der Verhandlung vorgetragen werden (eingehend dazu Ritter 1990, S. 48ff., besonders S. 52ff.). Diese Schwierigkeiten können sich rechtlich potenzieren, wenn z. B. die Eltern des Angeklagten in der Hauptverhandlung von ihrem Entschlagungsrecht Gebrauch machen, während sie gegenüber dem psychiatrischen Gutachter für die Prognosestellung relevante Umstände aus der familiären Situation in Gesprächen angegeben haben. Dies führt zu erheblichen und grundsätzlichen Schwierigkeiten, wenn solche Umstände wesentliche Bestandteile des im Gutachten unterbreiteten Prognosevorschlags sind.

Dieses mögliche Auseinanderfallen der Befundbasis des Gutachtens und der späteren gerichtlichen Sachverhaltsfeststellung ergibt sich oft schon daraus, daß das Gutachten zur Vorbereitung der Hauptverhandlung während des Vorverfahrens erstellt werden muß und der Gutachter deshalb nicht von prozeßordnungsgemäß festgestellten Tatsachen ausgehen kann, sondern nur von dem oft noch vorläufigen und ergänzungsbedürftigen Aktenmaterial der Ermittlungen. Ergeben sich hier nun Abweichungen (wie es praktisch häufig ist) oder erbringt die Hauptverhandlung ganz neue Gesichtspunkte, so müßten der Sachverständige selbst (soweit ihm dies möglich ist) und v. a. das Gericht bei seiner Entscheidung genau überprüfen, ob der im Gutachten zugrundegelegte Befund mit den Sachverhaltsfeststellungen in der Hauptverhandlung übereinstimmt. Ist z. B. das Gutachten auf Grund einer günstig beurteilten Familiensituation des Angeklagten zu dem Ergebnis gekommen, daß sich die beim Angeklagten festgestellte Persönlichkeitsstörung am besten im Rahmen einer intakten Familiensituation kompensieren läßt, so wird das Gericht dies anders sehen, wenn die Vernehmung der Eltern und Geschwister in der Hauptverhandlung ein negatives Bild der familiären Verhältnisse ergeben hat.

Die Arbeitsteilung zwischen Gericht und Sachverständigen

Die Kooperation zwischen Richter und Sachverständigen funktioniert nur als arbeitsteiliges Zusammenwirken, bei dem die Aufgaben des Gerichts und die des Sachverständigen klar getrennt werden. Der Sachverständige ist kein zusätzlicher Richter, aber auch nicht Gehilfe des Richters, sondern als Beweismittel eine (oft die wichtigste) Erkenntnisquelle im richterlichen Entscheidungsprozeß. Daß das Sachverständigengutachten praktisch den Prozeßausgang entscheidet, ist jedenfalls dann zutreffend, wenn (wie oft bei der Frage der Zurechnungsfähigkeit oder einer Entlassungsprognose aus dem Maßnahmenvollzug) das Sachverständigengutachten die prozeßentscheidende Frage vorprogrammiert.

Ein Beispiel soll das Zusammenwirken von Sachverständigem und Richter verdeutlichen: Ein im Maßnahmenvollzug nach § 21 öStGB Untergebrachter wird vom Sachverständigen im Rahmen einer anstehenden Entlassungsentscheidung untersucht. Bei dem wegen Sexualdelikten eingewiesenen Probanden ergibt die psychiatrische Begutachtung, daß er bei regelmäßiger Einnahme eines bestimmten Medikamentes so in seiner Triebstörung beeinflußt werden kann, daß eine relevante Gefährdung für die Allgemeinheit ausscheidet. Der Richter hat nun insbesondere an den Kriterien des § 47 Abs. 2 öStGB zu überprüfen, ob unter diesen Umständen „die Gefährlichkeit, gegen die sich die vorbeugende Maßnahme richtet, nicht mehr besteht". Dabei wird für ihn entscheidend sein, mit welchen rechtlichen Möglichkeiten er nach einer bedingten Entlassung die regelmäßige und rechtzeitige Behandlung mit einem z. B. monatlich in Depotform zu verabreichenden Medikament sicherstellen kann. Dafür bietet sich eine Weisung nach § 51 Abs. 3 öStGB an, wofür er zunächst die Zustimmung des Probanden braucht. Darüber hinaus wird für ihn entscheidend sein, ob die Widerrufmöglichkeiten nach § 53 öStGB ausreichen, um bei einem ein- oder mehrmaligen Nichterscheinen zur medizinischen Behandlung die dann sich aufbauende Gefährlichkeit zu erfassen. Dabei wird hier insbesondere zu berücksichtigen sein, daß die Widerrufsmöglichkeit wegen Nichtbefolgung einer Weisung nach § 53 Abs. 3 öStGB stark eingeschränkt ist, insbesondere eine förmliche Mahnung voraussetzt und weiters auf „bösem Willen" des Probanden beruhen muß. Angesichts dieser eng begrenzten Möglichkeiten kann die Entscheidung zwischen dem Sicherheitsbedürfnis der Allgemeinheit und einer Reintegrationschance des Betroffenen nach den Kriterien des § 47 Abs. 2 öStGB erhebliche Schwierigkeiten bereiten und im genannten Beispiel auch zum Nachteil des Untergebrachten ausfallen, wenn z. B. das medizinische Gutachten schon in dem Unterbleiben der monatlichen Nachbehandlung ein erhebliches Anwachsen des Sicherheitsrisikos sieht.

In ähnlicher Weise verlangt Art. 45 Ziff. 3 schwStGB eine förmliche Mahnung bei Zuwiderhandeln gegen eine erteilte Weisung. Jedoch kann eine Rückversetzung auch dann angeordnet werden, „wenn es sich herausstellt, daß der Zustand des Täters dies erfordert". Im deutschen Recht kann neben dem gröblichen und beharrlichen Verstoß gegen Weisungen nach § 67g Abs. 1 Ziff. 2 dStGB das Gericht die Aussetzung der Unterbringung nach § 67g Abs. 2 widerrufen, „wenn sich während der Dauer der Führungsaufsicht ergibt, daß von dem Verurteilten infolge seines Zustandes rechtswidrige Taten zu erwarten sind und deshalb der Zweck der Maßregel seine Unterbringung erfordert". Im deutschen Recht tritt mit der bedingten Entlassung aus der Unterbringung nach § 67d Abs. 2 S. 2 kraft Gesetzes Führungsaufsicht ein.

Vergleicht man die 3 unterschiedlichen Regelungen, so ist für die geschilderte Fallkonstellation das deutsche Recht am ehesten zu einer schnellen Reaktion bereit (schon wegen der automatisch bestehenden Führungsaufsicht), während das österreichische Recht am schwersten mit dem Widerruf reagieren kann; das schweizerische Strafrecht entspricht im wesentlichen den Möglichkeiten des deutschen Rechts. In allen 3 Rechtsordnungen besteht aber das Problem, ob nach den normativen Vorgaben und insbesondere aus den faktischen Gegebenheiten die Einhaltung medizinisch gebotener Maßnahmen so effektiv überwacht werden kann, daß sich daraus keine Gefährdung der Allgemeinheit ergibt.

Die Mittelfeldproblematik

Bereits bei der Vorstellung der Art der Prognose und der Prognosemethoden wurde das Problem hervorgehoben, daß es bei der Prognoseerstellung zwar durchaus Fälle gibt, in denen die Prognose eindeutig positiv oder negativ gestellt werden kann. Darüber hinaus verbleibt aber ein breites Mittelfeld, bei dem die Prognoseerstellung nicht eindeutig in die eine oder andere Richtung weist, sondern letztlich ein „non liquet" besteht. Daß dieses Mittelfeld beträchtlich ist (nach allen Schätzungen liegt es über 50%, oft wird es zwischen 60% und 70% der möglichen Prognosefälle angenommen), hat mancherlei Ursachen wie die nur eingeschränkte Anwendbarkeit der klinischen Prognosemethode (bei der aber durchaus auch die Mittelfeldproblematik besteht), überhaupt die nicht unbegrenzten forensischen Beweismöglichkeiten und schließlich auch den allgemeinen Entwicklungsstand der Prognoseforschung.

Da Gesetzgebung und Rechtsprechung durchaus diese Mittelfeldproblematik bei der Prognose kennen, liegt es nahe, schon bei der gesetzlichen Fassung der Prognosekriterien oder im Rahmen der richterlichen Rechtsanwendung darauf Rücksicht zu nehmen. Wichtig und aufschlußreich sind hier insbesondere die Möglichkeiten des Gesetzgebers, der durch die Fassung der Prognosekriterien das Mittelfeld von vornherein in die eine oder andere Richtung ziehen kann. Zwei Beispiele aus dem österreichischen und deutschen Recht sollen dies verdeutlichen.

Wenn in der Neufassung des § 46 Abs. 2 öStGB zur bedingten Entlassung nach Verbüßung von zwei Dritteln der Strafe der Gesetzgeber die Formulierung wählt: „ So ist ihm der Rest der Strafe unter Bestimmung einer Probezeit bedingt nachzusehen, es sei denn, daß besondere Gründe befürchten lassen, der Rechtsbrecher werde in Freiheit weitere strafbare Handlungen begehen", so ist damit das Mittelfeld in die bedingte Entlassung einbezogen, weil nur die durch besondere Gründe ausgeführte Befürchtung zur Begehung von Straftaten der bedingten Entlassung in diesem Zeitpunkt entgegensteht. Nur eine eindeutige und konkret begründbare Schlechtprognose schließt hier die bedingte Entlassung aus.

In der Methode ähnlich, aber mit umgekehrtem Effekt verfährt der deutsche Gesetzgeber bei der Entziehung der Fahrerlaubnis nach § 69 dStGB, wenn er bei bestimmten Anlaßtaten (wie der Trunkenheit im Verkehr) den Täter „in der Regel als ungeeignet zum Führen von Kraftfahrzeugen" ansieht. Da der Gesetzgeber hier bei den Katalogtaten des § 69 Abs. 2 den Entzug der Fahrerlaubnis als Regelfolge ansieht, muß diese Regelwirkung durch wesentliche Besonderheiten des Einzelfalles entkräftet werden. Es bedarf hier also einer eindeutigen und konkreten Gutprognose dahingehend, daß von dem Kraftfahrer trotz Begehung einer solchen Regeltat keine zukünftige Gefährdung des Straßenverkehrs zu befürchten ist.

Auch für die richterliche Rechtsanwendung gibt es ein aufschlußreiches Beispiel. Beim Ersttäter, der zu einer aussetzungsfähigen Freiheitsstrafe verurteilt wird, wird in aller Regel eine bedingte Strafnachsicht gewährt. In einigen Entscheidungen hat dies der OGH – nicht ganz glücklich – dahingehend formuliert, daß ein nicht vorbestrafter Staatsbürger „ein Anrecht auf einen bedingten Strafnachlaß" habe. Wenn dies auch allzusehr vereinfacht ist (so auch Foregger-Serini 1988, § 43 Anm. III), so steckt darin doch die Einsicht, das unter dem Gesichtspunkt der Sozialprognose nicht eindeutig einzuordnende Mittelfeld in den Anwendungsbereich der bedingten Strafnachsicht einzubeziehen. Auch wo dieser Gesichtspunkt nicht so leicht faßbar ist wie in der Rechtsprechung des OGH, dürfte er in der Rechtsanwendung im Sinne einer Privilegierung des Ersttäters anzutreffen sein.

Zusammenfassung und Ausblick

Für die Ausgestaltung des Strafrechts stellt derzeit die Prognose eine Schwachstelle dar. Aufs Ganze gesehen liegt aber in den begrenzten Prognosemöglichkeiten ein Gewinn, weil exakt prognostizierbares Entscheidungsverhalten des Menschen notwendigerweise auch manipulierbar wäre. Die heutige Prognoseforschung liefert damit indirekt einen Hinweis auf die relative Entscheidungs- und Handlungsfreiheit des Menschen.

> Hieraus folgt, daß im Rechtsleben von einem empirisch-sozialen Verantwortlichkeitsbegriff ausgegangen wird, der nicht nur von der Überlegung ausgeht, daß sonst ein geordnetes menschliches Zusammenleben unmöglich wäre, sondern von der Erfahrung, daß ein Mensch unter normalen Sozialisationsbedingungen ausreichende Fähigkeiten erwirbt, sein Verhalten im sozialen Raum nach bekannten bzw. erkennbaren Normen einzurichten (Venzlaff 1990, S. 13).

Die Möglichkeit sozialer Verantwortungsfähigkeit und die Grenzen der Prognostizierbarkeit menschlichen Verhaltens bedingen sich gegenseitig. Sie wurzeln in der in sich spannungsreichen Figur des „Tat-Täter-Strafrechts". Der Entscheidungsspielraum gegenüber Normen hat die Kehrseite, daß menschliches Verhalten sich exakter wissenschaftlicher Prognostizierbarkeit weitgehend entzieht.

Literatur

Bock M (1990) Kriminologie und Spezialprävention. ZStW 102:504
Dölling D (1990) Generalprävention durch Strafrecht. Realität oder Illusion. ZStW 102:1
Dünkel F (1981) Prognostische Kriterien zur Abschätzung des Erfolgs von Behandlungsmaßnahmen im Strafvollzug sowie für die Entscheidung über die bedingte Entlassung. Mschr Krim 54:279
Eisenberg U (1990) Kriminologie, 3. Aufl. De Gruyter, Berlin
Engel SW (1968) Das prognostische Quartett. Mschr Krim 51:160
Fenn R (1981) Kriminalprognose bei jungen Straffälligen. Eigenverlag Max Planck Institut, Freiburg
Foregger-Serini E (1988) Kommentar zum öStGB, 4. Aufl. Manz, Wien
Frisch W (1983) Prognoseentscheidungen im Strafrecht. Decker, Hamburg Heidelberg
Frommel M (1987) Präventionsmodelle in der deutschen Strafzweckdiskussion. Duncker & Humblot, Berlin
Geerds F (1960) Zur kriminellen Prognose. Mschr Krim 43:92
Hinkel F (1975) Zur Prognose deutscher Rückfallprognosetafeln. Schwartz, Göttingen
Hippel R v (1972) Gefahrenurteile und Prognoseentscheidungen in der Strafrechtspraxis. De Gruyter, Berlin
Höbbel D (1968) Bewährung des statistischen Prognoseverfahrens im Jugendstrafrecht. Schwartz, Göttingen
Kury H (1980) Prognose und Behandlung von jungen Rechtsbrechern. In: Forschungsgruppe Kriminologie (Hrsg) Empirische Kriminologie. Heymann, Freiburg, S 371
Leferenz H (1972) Die Kriminalprognose. In: Göppinger H, Witter H (Hrsg) Handbuch der forensischen Psychiatrie, Bd 2, Teil C. Springer, Berlin Heidelberg New York Tokyo, S 1347
Mannheim H (1975) Rückfall und Prognose. In: Sieverts R, Schneider HJ (Hrsg) Handbuch der Kriminologie, Bd 3. De Gruyter, Berlin, S 38
Meyer F (1956) Der gegenwärtige Stand der Prognoseforschung in Deutschland. Mschr Krim 42:214
Ritter G (1990) Zusammenarbeit von Richtern und Sachverständigen. In: Frank C, Harrer G (Hrsg) Forensia-Jahrbuch, Bd 1. Springer, Berlin Heidelberg New York Tokyo, S 48–58

Schäfer G (1990) Praxis der Strafzumessung. Beck, München
Schneider HJ (1967) Prognostische Beurteilung des Rechtsbrechers: Die ausländische Forschung.
    In: Undeutsch U (Hrsg) Handbuch der Psychologie, Bd 11. Hogrefe, Göttingen
Schneider HJ (1979) Kriminalprognose. In: Sieverts R, Schneider H (Hrsg) Handwörterbuch der
    Kriminologie, Bd IV (Ergänzungsband). De Gruyter, Berlin, S 273
Schöch H (1990) Zur Wirksamkeit der Generalprävention. In: Frank C, Harrer G (Hrsg) Forensia-
    Jahrbuch, Bd 1. Springer, Berlin Heidelberg New York Tokyo, S 95–111
Streng F (1988) Mitteilbare Strafwirkung und Strafzumessung. NStZ: 485
Trechsel St (1989) Schweizerisches Strafgesetzbuch. Schulthess, Zürich
Venzlaff U (1990) Methodik und praktische Probleme der Begutachtung. In: Frank C, Harrer G
    (Hrsg) Forensia-Jahrbuch, Bd 1. Springer, Berlin Heidelberg New York Tokyo, S 11–21
Zipf H (1980) Kriminalpolitik, 2. Aufl. Müller, Karlsruhe

Die Logik der Relevanz prognostischer Aussagen – aufgezeigt am Beispiel der Gefährlichkeitsprognose

Bernhard Mitterauer

Einleitende Bemerkungen

Die vorliegende Arbeit stellt einen Versuch dar, die Bedeutung prognostischer Aussagen über menschliches Verhalten in den unterschiedlichen Relevanzbereichen sozialen Zusammenlebens formal zu untersuchen. Was den Literaturüberblick zum Thema Kriminalprognose betrifft, so sei auf die einschlägigen Arbeiten verwiesen (Wolff 1971; Göppinger 1980; Frisch 1983; Nedopil 1986; Hinz 1987; Kühl u. Schumann 1989; s. auch den Beitrag von M. Bock in diesem Band).

Nach einer kybernetischen Untersuchung der Bedingungen der Vorhersagbarkeit bzw. Nicht-Vorhersagbarkeit des Verhaltens lebender Systeme wird eine Definition der verschiedenen Wirklichkeitsbereiche vorgeschlagen, in denen das zu erwartende Verhalten relevant oder nicht relevant sein kann. Wir glauben, daß die formale Erfassung der Relevanz prognostischer Aussagen über menschliches Verhalten bisher eher vernachlässigt worden ist. Die Anwendbarkeit einer neuen Methode, nämlich der Erstellung einer „prognostischen Relevanzmatrix", soll am Beispiel der Gefährlichkeitsprognose gezeigt werden.

Ist menschliches Verhalten vorhersagbar?

Wir wollen nun versuchen, diese schwierige Frage mit den wissenschaftlichen Mitteln der Kybernetik abzuhandeln.

Iberall u. McCulloch (1969) haben „das Organisationsprinzip komplexer lebender Systeme" – des Menschen also – so beschrieben:

Das *funktionelle* Schlüsselprinzip, wonach lebende Systeme organisiert sind, ist eine dynamische Regulation der inneren Freiheitsgrade (Konzentrationen, Potentiale etc.). Durch eine Vielzahl von oszillierenden (oder rhythmischen) Prozessen, welche die zahlreichen biochemischen Ketten im Organismus bilden, wird diese Regulation hauptsächlich über Hemmung bzw. Aufhebung der Hemmung vermittelt. Diese Prozesse verändern und regulieren die mittleren Parameterzustände durch mehrere modulierende – in der Regel asymmetrische – Schemen. Diese Regulationsketten zielen auf eine *hierarchische* Organisation in einer Reihe bestimmter Zeitabläufe ab. *Strukturell* sind die Funktionsabläufe der inneren Organe jedoch wesentlich in Form von geschlossenen Ketten biochemisch-mechanisch-elektrischer Natur organisiert (einschließlich Körpermasse, -flüssigkeit und -gase). Beispiele dafür sind die Atmung, der Herzschlag und die Entleerungskette. Diese Systeme entwickeln Komplexe von stabilen, rhythmischen *Zyklen,* welche häufig Übergangsstadien durchlaufen müssen, da der Organismus durch wechselnde Umweltbedingungen (Kontingenzen) beeinflußt wird (unsere Übersetzung, unsere Hervorhebungen).

Vernachlässigt man die biologischen Einzelheiten dieser Beschreibung, so zeigen sich zwei grundlegende formale Prinzipien, nach denen sich das Verhalten des Menschen organisiert. Eine *„hierarchische" Rangordnung* und eine *„heterarchische" Kreisordnung*. Unser Gehirn produziert also ein bestimmtes Verhalten durch das Zusammenspiel von Systemen, die streng kausal (hierarchisch), und solchen, welche zyklisch (heterarchisch) operieren.

Unter rein hierarchischer Perspektive wäre menschliches Verhalten vorhersagbar. Als Glied einer Kausalkette ist dann ein bestimmtes Verhalten ausschließlich durch die vorhandene Determinationsstruktur festgelegt. Ashby glaubt, das Wesen von „Vorhersage" mit kybernetischen Mitteln völlig geklärt zu haben:

> Der wesentliche Punkt ist, daß die Ursache im Akt der Vorhersage gänzlich von der aktuellen Vergangenheit und nicht im geringsten von der aktuellen Zukunft abhängt (Ashby 1963, unsere Übersetzung).

Wäre der Mensch also ausschließlich nach hierarchischen Prinzipien organisiert, so könnte man sein Verhalten um so verläßlicher vorhersagen, je genauer man dieses aus der Vergangenheit kennt. Dann würden sich unsere Vorhersagen von denen eines Astronomen in ihrer Genauigkeit nicht wesentlich unterscheiden.

Nun hat aber McCulloch entschieden darauf hingewiesen, daß das Verhalten lebender Systeme, sofern sie als selbstbezogene Kreisprozesse nach dem Prinzip der Heterarchie organisiert sind, nicht vorhersagbar ist. Ein Grund dafür ist,

> daß Systeme, deren Verhalten vorhersagbar ist, oberflächlichen, aber wichtigen neuen Informationen aus der Umwelt nicht genügend offen sind. Sie sind daher keine zuverlässigen Befehlsgeber für eine notwendige Verhaltensänderung, besonders in Notsituationen (Kilmer et al. 1969, unsere Übersetzung).

Eine schnelle (lebenserhaltende) Informationsverarbeitung ist nur dann möglich, wenn in einer Kreisordnung alle Kommunikationsknoten strukturell gleichrangig sind. Trifft nun auf einen Knoten eine (biologisch) wichtige Information, so ist dieser Knoten – vorübergehend – befehlsgebend, d. h. es geht von ihm eine notwendige Entscheidung aus. Da in einem heterarchischen Kreissystem prinzipiell jeder Knoten diese befehlsgebende Funktion übernehmen kann, herrscht im Kreissystem eine „Redundanz an potentieller Befehlsgewalt" („redundancy of potential command", McCulloch 1965).

In philosophischer Sprache stellt Günther (1978) zwischen dem Gegensatz Hierarchie und Heterarchie einen für unsere Fragestellung wichtigen Zusammenhang her:

> Vergegenwärtigt man sich, daß Hierarchie das genaue Gegenteil von Kontingenz, nämlich Grund und Notwendigkeit, beschreibt, daß Hierarchie aber ihre Wurzel im *factum brutum* findet, dann läßt sich sagen, daß wir im hierarchischen Prinzip das Wesen der Objektivität und im heterarchischen die Idee der Subjektivität dargestellt finden.

Darin sind sich alle namhaften Kybernetiker (Maturana 1970; v. Foerster 1972; Pask 1977) einig, daß lebende Systeme grundsätzlich selbstbezogen, d. h. nach dem heterarchischen Kreisprinzip organisiert sind. Menschliches Verhalten wäre also nur dann wissenschaftlich begründet vorhersagbar, wenn die Determinationsstruktur der hierarchischen Organisation und das Programm der intendierten zyklischen Abläufe in einem bekannten, zufallsfreien Umweltbereich gegeben wäre. Da diese Voraussetzungen höchstens denen eines Industrieroboters und keinesfalls einem Menschen entsprechen können, ist menschliches Verhalten mit wissenschaftlichen Mitteln prinzipiell nicht vorhersehbar.

Dieses Ergebnis sollte uns aber nicht zu hoffnungslosen Agnostikern verdammen, sondern nach Methoden suchen lassen, mit Hilfe derer sinnvolle bzw. praktikable Prognostik betrieben werden kann.

Kritische Bemerkungen zur Prognostik in Wahrscheinlichkeitsgraden

Zunächst ist der Versuch verlockend, nicht vorhersagbare zufällige Ereignisse, welche das menschliche Verhalten beeinflussen, durch statistische Berechnungen „wissenschaftlich" in prognostischen Aussagen zu berücksichtigen. Dies wäre aber nur dann vertretbar, wenn das gesamte hierarchische und heterarchische Programm für künftiges Verhalten eines Individuums in einer bestimmten Umwelt als Determinationsstruktur formal zur Verfügung stünde. Dann hätte es Sinn, mögliche zufällige Ereignisse aus der Umwelt statistisch zu berücksichtigen.

Auch wenn uns allgemeine statistische Aussagen über die Häufigkeiten des Auftretens bestimmter menschlicher Verhaltensweisen zur Verfügung stehen, wissen wir damit noch viel zu wenig über individuelle Spielarten eines derartigen Verhaltens. Beispielsweise kommentiert Harrer (1976) das statistische Ergebnis, daß deviantere Formen sexuellen Verhaltens stärker rückfallgefährdet sind als weniger deviante, treffend so:

> Freilich sagen solche allgemeinen Ergebnisse für den Einzelfall – mit dem wir es ja zu tun haben – nur wenig aus. Daran ändern auch Angaben über Prozentzahlen nichts. Denn wir können nicht wissen, ob ein Proband zu den 92% der Nicht-Rückfälligen oder zu den 8% der Rückfälligen gehören wird. Wir werden auch nie die vielfältigen Situationen, in die ein Mensch geraten wird, alle erfassen können, ebensowenig wie die mitmenschlichen positiven und negativen Einflüsse, denen er ausgesetzt sein wird.

Der künftige Kommunikationsraum ist also nicht eine geschlossene Einheit, sondern besteht aus zahlreichen, getrennten Wirklichkeitsbereichen (Menschen, Situationen etc.), die individuell bzw. eigenständig zu erfassen sind. Hier handelt es sich um ein ontologisches Argument gegen die Anwendbarkeit statistischer Prognosemethoden für menschliches Verhalten.

Folgendes Gleichnis sei gestattet:

> Im Hof eines Wohnblocks, in dem 10 Familien wohnen, befindet sich eine Wäscheleine. Die Hausbesorgerin wäscht die Wäsche für alle 10 Parteien. Sie ist dabei bestrebt, möglichst viele Wäschestücke auf der Leine unterzubringen. Da jedes Wäschestück jeder Familie einzeln „gemerkt" ist, nimmt die Hausbesorgerin die Wäschestücke wahllos aus dem Korb und hängt sie der Reihe nach auf. Je nach der Größe der Wäschestücke hat eine verschieden große Anzahl auf der Leine Platz. Nicht selten passiert es, daß die Markierung eines Wäschestückes verloren geht und es sehr schwierig ist, jene Familie zu finden, der es gehört. Da macht eines Tages ein Mann den Vorschlag, für jede Familie eine eigene Wäscheleine zu spannen. Nun ist die Wäscherin mürrisch und fühlt sich in ihrem Arbeitsgang aufgehalten. Denn sie muß nun für jede der zehn Wäscheleinen die passenden Wäschestücke aus dem Korb nehmen.

Diese Parabel soll veranschaulichen, daß es zwei Möglichkeiten gibt, mit Wahrscheinlichkeitswerten (Wäschestücken) wirklichkeitsbezogen zu operieren. Entweder man reduziert die einzelnen individuellen Wirklichkeitsbereiche (Familien) auf eine einzige, ungebrochene Realität (eine einzige Wäscheleine ist für alle 10 Familien vorhanden), oder es werden die einzelnen Wirklichkeitsbereiche *ontologisch* berücksichtigt, so daß jeder Bereich ortsmäßig (eigene Wäscheleine) definiert ist.

Die statistisch orientierte Prognoseforschung geht von einer einheitlichen (reduktionistischen) Wirklichkeit aus, in der ein Proband (Täter) mit einer mehr oder weniger hohen Wahrscheinlichkeit ein bestimmtes Verhalten zeigen wird. Die Annahme einer einzigen Wirklichkeit widerspricht aber der Erfahrung, daß wir es v. a. in der zwischenmenschlichen Kommunikation mit eigenständigen Wirklichkeitsbereichen (menschlichen Individuen) zu tun haben. Diese – gleich dem Vorschlag des Hausbewohners – ontologisch zu berücksichtigen soll nun versucht werden.

Die ontologische Relevanz prognostischer Aussagen

Die formale Logik geht stillschweigend von der Annahme aus, daß jede Wahrheitsaussage absolut relevant, also absolut notwendig ist. Der Begriff der Wahrscheinlichkeit nimmt an, daß, wenn eine Sache hundert Prozent wahrscheinlich, diese auch hundert Prozent unvermeidbar ist. Dies ist aber zu bezweifeln. *Es mag nämlich etwas hundert Prozent wahrscheinlich sein, jedoch völlig irrelevant.* Beispielsweise ist ein vergangenes Ereignis hundert Prozent wahrscheinlich, d. h. es hat sich tatsächlich ereignet, aber das bedeutet nicht, daß es für eine gegenwärtige Diskussion relevant ist... denn ich kann völlig berechtigt behaupten: „Es kümmert mich nicht, ob das wahr ist oder nicht; es hat überhaupt nichts mit mir zu tun" (Campbell 1963, unsere Übersetzung, unsere Hervorhebung).

Ich schlage nun vor, zunächst die Frage der Relevanz zu einer bestimmten Aussage, welche sich auf ein bereits stattgefundenes Ereignis bezieht, zu untersuchen.

Je genauer wir über die Bedingungen, welche zu einem bestimmten Ereignis geführt haben, informiert sind, um so wahrscheinlicher ist es, daß unsere Aussagen darüber wahr sind. Wenn wir also etwas über Ereignisse der Vergangenheit aussagen, so ist es durchaus legitim, sich in Wahrscheinlichkeitsgraden auszudrücken, da wir die Determinationsstruktur des Ereignisses mehr oder weniger gut kennen. Gleichzeitig aber muß die Relevanz dieser Aussage bewertet werden. Wir können dann sagen, eine Aussage in einer bestimmten Situation hat einen Wahrscheinlichkeitswert von 0,9 und einen Relevanzwert von 0,5. Dies ergibt einen Bedeutungswert von 0,45. Auf diese Weise könnte man z. B. den Bedeutungswert der Aussage eines Täters für die Beurteilung seiner Schuldfähigkeit bestimmen.

Wie verhält es sich aber nun, wenn wir als Sachverständige aufgefordert sind, das künftige Verhalten des Probanden vorherzusagen? Folgt man der Argumentation der vorliegenden Studie, so ist es wissenschaftlich unzulässig, sich bei der Prognose künftigen Verhaltens einer bestimmten Person statistischer bzw. wahrscheinlichkeitslogischer Aussagen zu bedienen. Damit ist allerdings nicht gemeint, daß statistisches Wissen über das kriminelle Verhalten bestimmter Tätergruppen bei der Erstellung der individuellen Prognose ausgeklammert werden sollte. Wenn üblicherweise zwischen intuitiver, klinischer und statistischer Prognose (Göppinger 1980) unterschieden wird, so ist zur Erforschung der individuellen Täterpersönlichkeit die klinische Methode am geeignetsten. Auf der Grundlage einer umfassenden neurowissenschaftlichen und psychologischen Untersuchung werden normale und abnormale Verhaltensweisen im Hinblick auf ihre kriminalprognostische Bedeutsamkeit (Relevanz) analysiert. Hier muß der Sachverständige in erster Linie auf Fachwissen und Erfahrung bezüglich des Auftretens abnormen Verhaltens zurückgreifen.

Es geht also bei der Kriminalprognose um die Vorhersage möglicher Delinquenz, d. h. um ein destruktives Verhalten eines Täters, welches sich auf bestimmte Menschen bzw. auf die Gesellschaft bezieht. Es muß also in die klinische Prognose die soziale Wirklichkeit einbezogen werden.

Wenn es gelingt, die sozialen Wirklichkeitsbereiche in deren Eigenständigkeit zu definieren, dann kann man auch ein bestimmtes Verhalten jeweils darauf beziehen und damit die *soziale Relevanz* festlegen.

> Der Assessor, welcher ohne detaillierte Information über die exakten Umweltbedingungen, die ein Verhaltensmerkmal des Individuums beeinflussen, versucht, die Zukunft vorauszusagen, dürfte eher in den Prozeß des Hoffens als des Vorhersagens verwickelt sein (Mischel 1968, unsere Übersetzung).

Gleichzeitig aber hat man davon auszugehen, daß es niemals möglich ist, die Komplexität bzw. das Zusammenwirken der das Verhalten bestimmenden Umwelteinflüsse wissenschaftlich zu erfassen. Was wissenschaftlich geleistet werden kann, ist eine formale Beschreibung der einzelnen wohl unterscheidbaren Wirklichkeitsbereiche, welche in ihrer Gesamtheit eine bestimmte Umwelt darstellen. Man hat damit zumindest die *ontologischen Bedingungen,* unter denen sich das zu prognostizierende Verhalten abspielen wird, formal erfaßt.

Goethes Spruch „Kein Lebendiges ist ein Eins, immer ist's ein Vieles" hat der deutsch-amerikanische Logiker Gotthard Günther (1973) ontologisch definiert. Er nennt einen bestimmten Wirklichkeitsbereich (ontologischen Ort) eine *Kontextur.* Eine Kontextur ist – im Unterschied zu einem Kontext – so definiert: Ein Wirklichkeitsbereich, der durch ja (wahr) oder nein (falsch) derart allgemein beschrieben ist, daß es keinen höheren Bestimmungspunkt mehr gibt. Eine Kontextur ist daher eindeutig mit Ja oder Nein bestimmbar, eine 3. Möglichkeit ist ausgeschlossen – Tertium non datur (TND).

Folgendes Beispiel soll dies verdeutlichen:

> Wenn wir etwa sagen, der Angeklagte sei schuldig oder nicht schuldig, so bezieht sich das hier implizierte beschränkte ‚Tertium non datur' auf den übergeordneten Bestimmungsgesichtspunkt formal-juristischer strafrechtlicher Verantwortlichkeit. Wenden wir jetzt aber ein, daß der Angeklagte unzurechnungsfähig ist, so sind wir über den ursprünglichen Bestimmungsgesichtspunkt hinausgegangen, denn wir haben jetzt eine medizinisch-psychiatrische Kategorie ins Spiel gebracht. Beabsichtigen wir nun ein neues ‚Tertium non datur' aufzustellen, dessen logische Reichweite über die des eben Gesprengten hinausgeht, so benötigen wir einen weiteren Bestimmungsgesichtspunkt von höherer Ordnung (Günther 1971).

Was hier über Kontexturen als Themenbereiche (Rechtswissenschaften, Psychiatrie) ausgesagt wird, gilt aber im gleichen Maße für die ontologische Unterscheidung zwischen Ich und Du. Jedes Subjekt ist im Vergleich zum anderen ein eigenständiger Wirklichkeitsbereich. Es würde den Rahmen dieser Studie übersteigen, die formalen Beziehungsstrukturen zwischen Kontexturen zu beschreiben.

Was hier geleistet werden soll, ist die abrißartige Darstellung der ontologischen Grundlagen für umweltrelevante prognostische Aussagen. Dabei haben wir es im wesentlichen mit objektiven (Orte, Zeitpunkte, Arbeitsbereiche etc.) und subjektiven (ein-

zelne Menschen, bestimmte Themenbereiche) Wirklichkeitsbereichen der Umwelt zu
tun.

Ehe die Logik der Relevanz im prognostischen Entscheidungsprozeß demonstriert
wird, scheint es sinnvoll, Günther noch einmal zu Worte kommen zu lassen, zumal
der Begriff der Kontextur im Sinne eines bestimmten Wirklichkeitsbereichs für das
Verständnis der Relevanz ganz entscheidend ist:

> Daß dieses... Universum mono-kontextural ist, ist ein durch nichts bewiesenes Dogma, das
> sich freilich zwangsläufig aus der klassischen Ontologie ergibt. Gibt man aber dieses Dogma
> einmal auf und sieht sich die Welt unbefangen an, wie sie ist, dann muß man feststellen, daß
> das zweiwertige rationale Denken eines in seinen Bewußtseinsraum eingeschlossenen Subjek-
> tes an unübersteigliche kontexturale Schranken stößt, ohne daß man dazu die mythologische
> Konstruktion eines überirdischen Jenseits zu Hilfe nehmen muß. Dieses empirische Univer-
> sum selbst ist „poly-kontextural", und wir begegnen diesem Phänomen an jedem Tag unseres
> Lebens, ohne daß wir uns der logischen Konsequenzen der diesbezüglichen Erfahrung bewußt
> werden. So stellt unser eigener Bewußtseinsraum eine in sich geschlossene Kontextur dar.
> Aber das gleiche gilt von den Bewußtseinsräumen anderer Subjekte, die uns als die Vielheit
> der Dus in der objektiv gegenständlichen Welt begegnen. Nun ist diese objektive Welt, sobald
> man in ihr die dort hausende Du-Subjektivität abzieht, ein „reflexionsloses Sein" (Hegel), das
> seinerseits eine eigene Kontextur bildet. Jede dieser Kontexturen steht unter der Herrschaft
> desselben universalen ‚Tertium non datur', dem wir in unserem eigenen Bewußtseinsraum
> begegnen und in dem wir die Theorie der zweiwertigen Logik als Formalisierung unserer ei-
> genen Reflexionsfunktionen entwickelt haben. Da alle Du-Subjektivitäten per se die gleiche,
> aber von der unseren getrennte Kontextur haben, müssen sie die gleiche Logik entwickeln,
> und es besteht kein Grund, ein universales Subjekt zu hypostasieren, das die Übereinstimmung
> des Denkens in getrennten Subjektivitäten oder in der Übereinstimmung mit dem Gegenstand
> erklärt (Günther 1971).

Die drei Stufen des prognostischen Entscheidungsprozesses

Man kann den prognostischen Entscheidungsprozeß in folgenden drei Stufen entwickeln.:

1) Erstellung der klinischen Prognose
2) Analyse der (sozialen) Realitäten (Mitterauer 1985)
3) Ausarbeitung einer Relevanzmatrix für prognostische Aussagen.

Hat man die klinische Prognose erarbeitet, worauf ich hier nicht näher eingehen kann,
so muß das Umfeld des Probanden in seinen eigenständigen Wirklichkeitsbereichen
analysiert werden (Realitätenanalyse). Nur dadurch kann herausgefunden werden, ob
bestimmte (kriminelle, kriminogene) Verhaltensweisen in einem bestimmten Wirklichkeitsbereich (Ehepartner, Mitarbeiter etc.) relevant sind oder nicht. Wir glauben
nämlich, daß man gemäß dem Tertium non datur des Kontexturbegriffes die prognostische Relevanz eines bestimmten Verhaltens für jeden Realitätsbereich eindeutig mit
Ja oder Nein entscheiden sollte. Hat man mit Hilfe der klinischen Prognose und der
Realitätenanalyse verläßliches Informationsmaterial erarbeitet, so ist es möglich, die
prognostischen Aussagen als Relevanzmatrix darzustellen.

Abbildung 1 gibt ein formales Beispiel einer prognostischen Relevanzmatrix wieder;
a, b, c, d, e stehen für 5 prognostizierte Verhaltensweisen, A, B, C, D, E stellen fünf
(soziale) Relevanzbereiche dar. Die Ziffer 1 bedeutet Ja (das Verhalten ist relevant), 0

steht für Nein (das Verhalten ist nicht relevant). Man sieht aus Abb. 1 auf den ersten Blick, daß jede der 5 Verhaltensvariablen (a–e) mindestens in einem Relevanzbereich zutrifft, d. h., in jeder der 5 Spalten kommt mindestens einmal die 1 vor. Mit anderen Worten: Ein prognostiziertes Verhalten muß grundsätzlich sozial relevant sein, andernfalls hätte diese Aussage keine kriminalprognostische Bedeutung. Liest man nun die Zeilen A bis E, so fällt auf, daß es einen sozialen Relevanzbereich B gibt, in dem alle 5 prognostizierten Verhaltensweisen relevant sind. Hingegen trifft im Relevanzbereich D keine einzige Verhaltensweise zu.

Diese neue Methode der Erstellung einer Relevanzmatrix ist für die verschiedenen Aufgabenbereiche (Kriminalprognose, Begutachtung der Fahrtauglichkeit etc.) des psychologisch-psychiatrischen Sachverständigen, wenn prognostische Aussagen verlangt werden, geeignet.

Wie im Titel der Arbeit angekündigt, beschränken wir uns im folgenden auf die Diskussion der Gefährlichkeitsprognose.

Die Relevanzmatrix als richterliche Entscheidungsgrundlage für die Gefährlichkeitsprognose eines alkoholabhängigen Buchhalters

Der 48jährige, verheiratete Buchhalter Josef H. ist alkoholabhängig und wegen schwerer Körperverletzung (§ 84 öStGB) sowie gefährlicher Drohung (§ 107 öStGB) angeklagt. Die Begutachtung erfolgt unter der Fragestellung nach dem Vorliegen der Voraussetzungen für die Einweisung in eine Anstalt für entwöhnungsbedürftige Rechtsbrecher. Damit ist auch die Gefährlichkeitsprognose zu erarbeiten. Wir beschränken uns im folgenden darauf, das methodische Vorgehen der Erstellung der Gefährlichkeitsprognose an diesem Fall zu demonstrieren.

prognostizierte Verhaltensweisen

	a	b	c	d	e
A	1	0	1	0	1
B	1	1	1	1	1
C	1	0	1	0	1
D	0	0	0	0	0
E	0	0	0	0	1

Relevanzbereiche

1 : ja

0 : nein

Abb. 1. Prognostische Relevanzmatrix

Lebensgeschichtliche Entwicklung

Josef H. stammt aus einer kinderreichen Arbeiterfamilie. Der Vater hat am Bau gearbeitet und war Alkoholiker. Ein Bruder des Vaters hat sich angeblich im Alkoholrausch erhängt. Die Familienanamnese der Mutter ist unauffällig. Aufgrund seines Alkoholismus entwickelte der Vater einen Eifersuchtswahn, bedrohte seine Frau sowie die Töchter und mißhandelte sie auch. Als Josef 6 Jahre alt war, wurde die Ehe geschieden. Er hat es der Mutter nie verziehen, daß sie die Kinder verlassen hat.

Josef wird von Verwandten aufgenommen, wo er sich bald gut einlebt. Er ist ein guter Schüler und zunächst im Beruf als Buchhalter sehr tüchtig. Vereinzelte Kontakte mit der Mutter enden jedesmal mit einem heftigen Streit. Als er vom Tod des Vaters, mit dem jede Beziehung abgebrochen war, erfährt, betrinkt er sich – damals 18jährig – derart, daß er im Krankenhaus entgiftet werden muß. Die nächsten Jahre ist Josef bewußt alkoholabstinent. Mit 22 Jahren heiratet er eine 3 Jahre ältere Verkäuferin. Sie ist für ihn die erste große Liebe. Gleichsam als Wunschkind schenkt sie ihm eine Tochter. Die Ehe verläuft zunächst glücklich, auch im Beruf ist Herr H. sehr erfolgreich. Nach dem Bau eines Hauses nimmt er seine Mutter zu sich: „Von da an ging's bergab". Es kommt ständig zu Streitereien, da sich die „drei Frauengenerationen" überhaupt nicht verstehen. Anfänglich versucht Josef J. noch schlichtend einzugreifen, kommt aber auch selber mit seiner Mutter in keiner Weise zurecht. Nun geht er immer öfter nach der Arbeit mit seinen Freunden in die Stammkneipe, so daß er allmählich alkoholabhängig wird. Aufgrund seiner Alkoholabhängigkeit und den damit verbundenen zusätzlichen familiären Problemen haben sich die „drei Damen immer mehr gegen ihn zusammengetan". Durch seinen Alkoholmißbrauch kommt es nun immer häufiger vor, daß er „blau macht" und nicht zur Arbeit geht. Auch seine Arbeitsleistung als Buchhalter läßt merklich nach. Bei den Mitarbeitern ist er jedoch sehr beliebt, „immer freundlich". Im Kreise der Trinkkumpanen bzw. im Gasthaus ist er meist beträchtlich alkoholisiert, in gehobener Stimmung, jedoch niemals aggressiv. Betrunken nach Hause kommend bedroht er Tochter, Frau und Mutter mit dem Umbringen. Er ist auf die Frau sehr eifersüchtig, fordert von ihr jeden Abend unter Gewaltandrohung den Geschlechtsverkehr. Als sie dies einmal verweigert, droht er ihr zuerst mit dem Messer und versetzt ihr dann einen Faustschlag, so daß sie bewußtlos zusammenbricht und zwei Zähne verliert. Seine Mutter und die Tochter habe er körperlich nie angegriffen, jedoch im Rausch auch mit dem Umbringen bedroht. Er habe auch niemals ein sexuelles Verlangen den beiden gegenüber verspürt.

Zum Untersuchungszeitpunkt will sich die Ehefrau scheiden lassen und mit der Tochter ausziehen. Die Mutter halte „trotz dieser Vorfälle" zu ihm. Während der Tage in der Haft treten heftige Alkoholentzugserscheinungen auf.

Diagnose

Es handelt sich eindeutig um eine Alkoholabhängigkeit (ICD 303), jedoch um keinen alkoholischen Eifersuchtswahn. Das abnorme Verhalten von Herrn H. ist lebensgeschichtlich mitgeprägt bzw. psychologisch erklärbar. Die organ-neurologische sowie neuroradiologische Durchuntersuchung ergibt keinen krankhaften Befund.

Ergebnis der klinischen Prognose. Folgende 5 abnorme Verhaltensweisen können zu „mit Strafe bedrohten Taten mit schweren bzw. nicht bloß leichten Folgen" führen:

a) Alkoholmißbrauch
b) Eifersucht
c) gefährliche Drohung
d) sexuelle Gewalt
e) Körperverletzung

Ergebnis der sozialen Realitätenanalyse

Es wurde eine eingehende Befragung der Mutter, der Ehegattin, der Tochter, der Freunde sowie der Mitarbeiter durchgeführt.

1) Die *Mutter* werde von ihrem Sohn nur unter Alkoholeinfluß bedroht. Wenn er beispielsweise vom „Abstechen" umherbrülle, habe sie „echt" Angst, es könne etwas passieren.
2) Die *Ehefrau* habe früher seine Drohungen nicht ernst genommen. Mit zunehmender Alkoholsucht sei er jedoch eifersüchtig geworden und habe sie laufend vergewaltigt. Nun habe er sie auch noch schwer mißhandelt. Sie sei überzeugt, daß er, wenn er nicht das Trinken aufhöre, eines Tages einen Mord begehe. Unter Alkohol sei er ihr gegenüber wie ein wildes Tier.
3) Die 25jährige *Tochter* meint, daß der Vater zwar auch ihr gegenüber im Rausch von „Vertilgen" rede, aber es eigentlich nur auf die Mutter (Ehefrau) abgesehen habe. Damit der Mutter nichts geschehe, sei sie mit ihr von zu Hause ausgezogen. Sexuell habe sie der Vater nie belästigt. Nüchtern sei er ein ruhiger und netter Mensch.
4) Die *Mitarbeiter* schildern Josef H. als einen äußerst korrekten, stets freundlichen Mann, der die Buchhaltung im kleinen Finger habe. Man wisse allerdings von seinen Alkoholproblemen, deretwegen er tageweise im Krankenstand sei. Der Chef stelle auch fest, daß seine Arbeitsleistung nachlasse. Obwohl er Herrn H. als Mensch und Mitarbeiter sehr schätze, sei dieser mittlerweile alkoholsüchtig. Wenn es so weitergehe, sehe er sich zur Kündigung gezwungen.
5) Der *Freundeskreis* könne sich nicht vorstellen, daß Josef H. seine Frau so mißhandelt habe. Er sei immer nett und zuvorkommend. Auf Alkohol reagiere er heiter und sei noch nie aggressiv oder gereizt gewesen, auch nicht Frauen gegenüber. Ähnlich wird Herr H. auch vom Wirt der Stammkneipe geschildert. Josef H. habe allerdings einmal zu ihm gesagt, er werde jetzt nach Hause gehen und „seine Alte hernehmen, daß sie nicht auf dumme Gedanken kommt".

Auf der Grundlage des Ergebnisses der klinischen Prognose und der Informationen aus der sozialen Realitätenanalyse kann man folgende prognostische Relevanzmatrix erstellen (Abb. 2).

Prinzipiell gelten alle formalen Zusammenhänge, wie sie bereits in Abb. 1 beschrieben wurden. Die in Abb. 2 dargestellte Relevanzmatrix soll als Entscheidungsgrundlage für die richterliche Beurteilung des Täters, ob er als gefährlich einzuschätzen ist oder nicht, dienen. Fassen wir diese Relevanzmatrix in Worte: Von den 5 prognostizierten Verhaltensweisen ist der Alkoholmißbrauch in allen Wirklichkeitsbereichen relevant (die 1. Spalte links hat ausschließlich Einsen). Eifersucht, sexuelle Gewalt sowie Körperverletzung betreffen nur die Ehefrau. Hingegen sind gefährliche Drohun-

	Alkoholmißbrauch	Eifersucht	gefährliche Drohung	sexuelle Gewalt	Körperverletzung
Tochter	1	0	1	0	0
Ehefrau	1	1	1	1	1
Mutter	1	0	1	0	0
Mitarbeiter	1	0	0	0	0
Freundeskreis	1	0	0	0	0

1 : trifft zu

0 : trifft nicht zu

Abb. 2. Prognostische Relevanzmatrix (Josef H.)

gen nicht nur für die Ehefrau, sondern auch für die Mutter des Probanden und die Tochter relevant. Für Mitarbeiter und den Freundeskreis ist ausschließlich der Alkoholmißbrauch relevant.

Damit haben wir aus psychologisch-psychiatrischer Sicht eine positive Gefährlichkeitsprognose erarbeitet und formal dargestellt. Es handelt sich dabei aber nicht um eine globale Aussage „mit hoher Wahrscheinlichkeit", sondern um eindeutige Ja-Nein-Aussagen, welche auf bestimmte soziale *Relevanzbereiche* bezogen sind. Im vorliegenden Fall ist der soziale Relevanzbereich der Gefährlichkeit von Josef H. eindeutig die Familie, insbesondere die Ehefrau.

Zur Gefährlichkeitsprognose genügt die bloße hypothetisch-abstrakte Besorgnis einer Tatwiederholung nicht. Solche Besorgnis muß vielmehr zu einer konkreten Befürchtung verdichtet sein, d. h. mit so hoher Wahrscheinlichkeit vorliegen, daß bei *realistischer Betrachtung* mit ihrer Aktualität als naheliegend zu rechnen ist (OGH 27.9.83, 10 Os 134/83, unsere Hervorhebung).

Legt man unseren Forschungsansatz zugrunde, so haben wir nachzuweisen versucht, daß prognostische Aussagen in (hohen) Wahrscheinlichkeitsgraden als pseudowissenschaftlich verworfen werden müssen. Dagegen schlagen wir eine formale Beschreibung der vom OGH geforderten „realistischen Betrachtung" vor. Wir verstehen darunter, daß die *Relevanz prognostischer Aussagen* auf bestimmte soziale Wirklichkeitsbereiche eindeutig (Ja-Nein) und nicht in Wahrscheinlichkeitsgraden festgelegt werden sollte.

Schlußbemerkungen

Wenngleich sich die vorliegende Studie in erster Linie als Untersuchung der Grundlagen der wissenschaftlich begründbaren Vorhersagbarkeit menschlichen Verhaltens durch den Sachverständigen versteht, sind zur speziellen Problematik der Gefährlichkeitsprognose abschließend noch einige Bemerkungen erforderlich.

Wir haben zu zeigen versucht, daß – zumindest nach biokybernetischer Wissenschaftstheorie – prognostische Aussagen über menschliches Verhalten mit statistischen Methoden nicht zulässig sind. Hingegen sind Aussagen über bereits stattgefundenes menschliches Verhalten in Wahrscheinlichkeitsgraden wissenschaftlich erlaubt und praktisch sinnvoll. Die ohne Wahrscheinlichkeitsaussagen scheinbar reduzierte Verläßlichkeit der Gefährlichkeitsprognose soll durch eine sorgfältige Analyse der sozialen Relevanz klinisch prognostischer Aussagen nicht nur kompensiert, sondern auch „realistisch" begründet werden.

Dabei sind wir uns voll bewußt, daß die erforderlichen aufwendigen Befragungen des sozialen Feldes für den psychologisch-psychiatrischen Sachverständigen oft nicht möglich sind. Er sollte sich gerade in solchen Fällen zu keinen prognostischen Aussagen in Wahrscheinlichkeitsgraden „hinreißen" lassen. Die Methode der Erstellung einer prognostischen Relevanzmatrix dürfte vor allem bei Entscheidungen der Lockerung bzw. Entlassung aus dem Maßregelvollzug operationsfähig sein, zumal hier meist ein Team zur Verfügung steht, welches, wenn irgendwie möglich, die zu erwartenden sozialen Realitätsbereiche auf deren gefährlichkeitsprognostische Relevanz hin untersuchen kann.

„Bezüglich unseres so wichtigen Anliegens einer sicheren Prognostik ist wenig Grund vorhanden, um optimistisch zu sein. Wir können es uns aber nicht leisten, zu resignieren" (Harrer 1976). In diesem Sinne möge der kritische Leser unsere Arbeit verstehen.

Literatur

Ashby WR (1963) Induction, prediction and dicisionmaking in cybernetic systems. In: Kyberg HE, Nagel E (eds) Induction: some current issues. Wesleyan University Press, Connecticut, pp 55–66
Campbell JW (1963) A place for the subconscious. Analog science fact – science fiction 8:91–94
Foerster H von (1972) Notes on an epistemology for living things. BCL report 9.3. University of Illinois, Urbana
Frisch W (1983) Prognoseentscheidungen im Strafrecht. Decker, Heidelberg, Hamburg (R. v. Deckers rechts- und sozialwissenschaftliche Abhandlungen, Bd. 54)
Göppinger H (1980) Kriminologie, 4. Aufl. Beck, München
Günther G (1971) Die Theorie der „mehrwertigen" Logik. In: Berlinger R, Fink E (Hrsg) Philosophische Perspektiven, Bd. III. Klostermann, Frankfurt, S 110–131
Günther G (1973) Life as poly-contexturality. In: Fahrenbach H (Hrsg) Wirklichkeit und Reflexion. Festschrift für Walter Schul. Neske, Pfullingen, S 187–210
Günther G (1978) Als Wille verhält der Geist sich praktisch. In: Bayer R (Hrsg) Hegel-Jahrbuch 1977/78. Pahl-Rugenstein, Köln, S 55–59
Harrer G (1976) Kriminalprognose. Österr. Richterwoche 55:32–36
Hinz S (1987) Gefährlichkeitsprognosen bei Straftätern: Was zählt? Lang, Frankfurt Bern New York Paris

Iberall AS, McCulloch WS (1969) The organizing principle of complex living systems. Transactions of the ASME. MIT Press, Ma, pp 290–294

Kilmer WL, McCulloch WS, Blum J (1969) A model of the vertebrate central command system. Int J Man-Machine Studies 1:279–309

Kühl J, Schumann KF (1989) Prognosen im Strafrecht – Probleme der Methodologie und Legitimation. Recht Psychiat 7:126–148

Maturana HR (1970) Biology of cognition. BCL-report 9.0. University of Illinois, Urbana

McCulloch WS (1965) Embodiments of mind. The MIT Press, Cambridge, Ma

Mischel W (1968) Personality and assessment. Wiley, New York

Mitterauer B (1985) Die Logik der Handlungsfreiheit. Forensia 6:125–148

Nedopil N (1986) Kriterien der Kriminalprognose bei psychiatrischen Gutachten. Forensia 7:167–183

Pask G (1977) Organizational closure of potentially conscious systems. NATO international conference on applied general systems research: recent developments and trends. Plenum Press, New York

Wolff J (1971) Die Prognose in der Kriminologie. In: Schaffstein F, Schüler-Springorum H (Hrsg) Kriminologische Studien, Bd VII. Schwartz, Göttingen, S 72–91

Gegenwärtiger Stand
der kriminologischen Prognoseforschung

Michael Bock

Vorbemerkung

Nach übereinstimmender Meinung deutscher Kriminologen stagniert die Prognoseforschung (z. B. Kaiser 1988, S. 507). Diesem Urteil ist bis auf wenige, allerdings gewichtige und unten zu berichtende Ausnahmen zuzustimmen. Da dies so ist, empfiehlt sich zunächst ein Blick auf die *Entwicklung* der Prognoseforschung, vor deren Hintergrund neuere *Ergebnisse* und ihre Bedeutung zu würdigen sind. Anschließend wird zu der kritischen Frage Stellung genommen, wie aus der Prognoseforschung *Methoden* zur Prognosestellung in der Praxis zu gewinnen sind. In einem abschließenden *Ausblick* wird angedeutet, wie mit dem insgesamt unbefriedigenden Stand der Forschung umgegangen wird.

Alle Ausführungen beziehen sich nur auf kriminologische Individualprognosen und nicht auf sonstige, eher kriminalpolitisch interessante Trends wie etwa der allgemeinen Kriminalitätsentwicklung oder der Belegung der Vollzugsanstalten. Außer Betracht bleiben auch Untersuchungen über das faktische Entscheidungshandeln bei Prognosen in der Strafrechtspflege.

Zur Entwicklung der Prognoseforschung

Die Entwicklung der Prognoseforschung läßt sich für den Zweck dieses Berichtes recht gut in drei Phasen untergliedern.

Beginn und Blütezeit

Eine erste Phase fällt mit der Blütezeit des sog. Mehrfaktorenansatzes (auch: multifaktorieller Ansatz) zusammen, beispielhaft verkörpert durch die Forschungen des Ehepaars Glueck (1957). Die Entwicklung tauglicher Prognoseinstrumente, namentlich für spezialpräventiv differenzierende Rechtsfolgeentscheidungen wie etwa die sog. „parole", sollte durch multifaktorielle Vergleichsuntersuchungen vorangetrieben werden. Den bahnbrechenden Arbeiten von Burgess (1928) und den Gluecks (1957) folgten viele andere Studien (Göppinger 1980, S. 341ff.); für die Rezeption in Deutschland sorgte vor allem Exner, so daß auch hierzulande ähnliche Prognoseinstrumente entwickelt wurden (Meyer 1965). Es handelte sich hierbei international überwiegend um verschiedene Varianten der sog. statistischen Prognose (s. unten).

Forensia-Jahrbuch, Band 3
© Springer-Verlag Berlin Heidelberg 1992

Getragen war die ganze Forschungsrichtung zunächst von durchaus optimistischen
Erwartungen, nicht nur bezüglich der Erkennbarkeit der einschlägigen kriminogenen
Defektzustände und Mängellagen der Persöhnlichkeit und des sozialen bzw. familiären
Umfeldes, sondern auch bezüglich der Wirksamkeit kompensierender therapeutischer
Maßnahmen (vgl. statt anderer Powers u. Witmer 1951 und McCord et al. 1962).
Insofern fällt diese Phase der Prognoseforschung auch mit der Diskussion und Erpro-
bung behandlungsorientierter Vollzugsformen und ambulanter Alternativen zusammen
(Göppinger 1980, S. 402ff.). Ein Nachhall war auch die hiesige Diskussion um die
Sozialtherapeutischen Anstalten.

Stagnation und Kritik

Ein tiefer Einschnitt für die Prognoseforschung folgte aus dem seit den 60er Jahren vorgetragenen Frontalangriff der Etikettierungsansätze („labeling approach") auf
die bisherige ätiologische Kriminologie. Der bekannte Vorwurf, eine Kriminologie,
welche bei Straffälligen überzufällig häufig vorkommende „Merkmale" oder „Faktoren" identifiziere, verdoppele lediglich das sozial selektive Entscheidungshandeln der
Instanzen der sozialen und strafrechtlichen Kontrolle, mußte natürlich die Prognoseforschung (und -praxis) in besonderer Weise treffen: Die Aussonderung, Ausgrenzung
und Zurichtung von Personen bzw. Verhaltensweisen, die von den herrschenden Normen bzw. den Normen der Herrschenden abweichen, vollziehe sich hier in besonders
infamer Weise, nämlich unter dem Deckmäntelchen von (rationaler) Wissenschaft und
(humaner) Behandlung, welche jedoch in Wahrheit die Betreffenden pathologisierten,
stigmatisierten und auf diese Weise zur Verdinglichung und Verfestigung abweichender
Karrieren beitrügen (vgl. statt anderer Sack 1978).

Daß sich die Annahmen der Etikettierungsansätze jedenfalls in dieser radikalen Ein-
seitigkeit als nicht haltbar erwiesen haben, ändert nichts daran, daß sie faktisch die
Prognoseforschung als die Speerspitze der täterorientierten, ätiologischen Forschung
fast vollständig zum Erliegen gebracht und den Schwerpunkt der kriminologischen
Forschung auf das Entscheidungshandeln derer, die mit Kriminalität umgehen, verla-
gert haben (vgl. Bock 1990a). Als wichtigste Ausnahmen seien hier genannt: die Cambridge Study in Delinquent Development (zusammenfassend West 1982), die Tübinger
Jungtäter-Vergleichsuntersuchung (zusammenfassend Göppinger 1983, 1987) sowie –
mit einem gewissen Abstand – das „Stockholm Boys and Crime" Projekt (vgl. Sarnecki
1985). Allerdings sind die Wirkungen des durch die Etikettierungsansätze eingetre-
tenen kriminologischen Perspektivenwechsels für die Prognoseforschung keineswegs
durchweg negativ zu bewerten. Dies gilt zum einen für die Entstehung einer größeren
Sensibilität bezüglich der Eigendynamik von Prognosen für die weitere Entwicklung
eines Menschen. Eine solche Eigendynamik kann sich teils über sozialpsychologische Mechanismen in einer negativen Veränderung des Selbstbildes niederschlagen,
aber auch in der Weise auswirken, daß durch das Fortschreiben negativer Prognosen
von Entscheidung zu Entscheidung eine statisch-retrospektive Festschreibung des Probanden erfolgt, gegenüber der aktuelle Tendenzen zum Besseren stets prognostisch
unterbelichtet bleiben und schließlich, aufgrund schlechter Prognosen, etwa bei der

Strafaussetzung zur Bewährung oder bei Vollzugslockerungen, auch tatsächlich nicht erprobt, ausgebaut und entfaltet werden können.

Zum zweiten führten entsprechende Einwände zu der Erkenntnis, daß die selbständige prognostische Verwertung von Kriterien der bisherigen Legalbiographie, insbesondere der Kriterien Frühkriminalität und Vorstrafenbelastung, methodisch unhaltbar (und rechtlich bedenklich) ist (vgl. etwa Fenn 1981, S. 22). Denn für eine erfahrungswissenschaftlich saubere Prognosestellung ist es unerläßlich zu prüfen, ob diejenigen Charakteristika des Lebenszuschnitts, aus denen heraus es *damals* zur Straffälligkeit kam, *immer noch* vorliegen oder nicht, während eine Berücksichtigung von Vorverurteilungen *als solchen* unweigerlich ein zirkuläres Element in die Prognose hineinträgt, so daß insoweit auch der Vorwurf einer Verdinglichung und Verdoppelung des strafrechtlichen Entscheidungshandelns durch derartige Prognosen schwer entkräftet werden kann.

Neubelebung im Zeichen des Sicherungsgedankens

Eine dritte, bis heute andauernde Phase ist gekennzeichnet durch eine moderate Wiederbelebung der Prognoseforschung. Obgleich es inzwischen um die Etikettierungsansätze merklich stiller geworden ist, kann man darin aber nicht eine einfache Wiederaufnahme der unterbrochenen Traditionen sehen, denn die kriminalpolitische Ausgangslage ist eine andere. Der ursprüngliche Optimismus bezüglich therapeutischer Interventionen und überhaupt einer spezialpräventiven Differenzierung strafrechtlicher Eingriffe ist, wenn nicht völliger Enttäuschung, so doch spürbarer Ernüchterung gewichen. Die Ergebnisse der Sanktions- und Behandlungsforschung werden überwiegend in der Richtung skeptischer Einschätzungen interpretiert (vgl. z. B. Lipton et al. 1975). Vor diesem Hintergrund sind ganz unverblümte, praktische, handfeste Überlegungen v. a. in den USA zu sehen, die wirklichen Karrieretäter, die viele und relativ schwere Straftaten begehen, schlicht aus dem Verkehr zu ziehen und auf diesem Weg den Umfang der Kriminalität zu reduzieren. Der Bedarf an prognostischem Wissen für eine derartige Strategie der „selective incapacitation" folgt hier also, straftheoretisch formuliert, nicht mehr aus der positiven, sondern aus der negativen Spezialprävention, nicht mehr aus dem Besserungs- oder Resozialisierungsgedanken, sondern aus dem Sicherungsgedanken (zusammenfassend Blumstein et al. 1986).

Ergebnisse

Zur allgemeinen Tendenz der Befunde

An der generellen Richtung der Ergebnisse der Prognoseforschung hat sich seit langem nichts Wesentliches geändert. Danach finden sich bei Straffälligen Auffälligkeiten sowohl in der Herkunftsfamilie als auch im eigenen Sozialverhalten, dagegen sind Unterschiede in der körperlichen und psychischen Konstitution zwar bei statistischen Vergleichen mit der Durchschnittspopulation immer wieder festgestellt worden (zusammenfassend Wilson u. Herrnstein 1985, S. 69–212), doch sind sie weitaus weniger deutlich ausgeprägt und insofern für die Kriminalprognose bei psychopathologisch unauffälligen Rechtsbrechern kaum von Belang. Straffällige kommen häufiger aus Familien mit niedrigem sozioökonomischem Status, haben häufiger sozial und/oder strafrechtlich auffällige Erziehungspersonen, werden häufiger in strukturell unvollständigen und funktional gestörten Familien inkonsistent („erratisch") erzogen, mangelhaft beaufsichtigt bzw. sie entziehen sich selbst aktiv der elterlichen Kontrolle. Sie sind häufiger in Erziehungsheimen, wechseln häufiger den für sie ohnehin belanglosen Wohnort, der gesamte Leistungsbereich (Schule, Ausbildung, Beruf) ist häufiger von Leistungsverweigerung, Mißerfolg, Abstieg und beruflicher Untätigkeit gekennzeichnet. Ein Übermaß an Freizeit wird häufiger außer Hause mit unstrukturierten Aktivitäten („hanging about") bei offenen Abläufen verbracht, den Kontakten fehlt es meist an Dauerhaftigkeit und nichtutilitaristischen Grundlagen. Häufig liegt Drogen- und/oder Alkoholmißbrauch vor, der sich verstärkend auf die Auffälligkeiten in allen Lebensbereichen auswirkt. Diese Auffälligkeiten sind international gut belegt (Göppinger 1988; Loeber u. Dishion 1983; Blumstein et al. 1986; Wilson u. Herrnstein 1985, S. 213–406), wobei hier statt Einzelbelegen der Hinweis genügen mag, daß sie von der Cambridge Study in Delinquent Development (West 1982) und der Tübinger Jungtäter-Vergleichsuntersuchung (Göppinger 1983, 1987) gleichermaßen bestätigt werden. Dies ist deshalb wichtig, weil beide Untersuchungen als vorbildlich gelten, was die Gesamterfassung des Lebenszuschnitts ihrer Probanden betrifft (Kaiser 1990a, S. 34), aber methodisch unterschiedlich angelegt sind: die Cambridge Study prospektiv, die Tübinger Untersuchung retrospektiv.

Die überschätzten Frühindikatoren

So eindeutig jedoch die generelle Tendenz der Befunde ist, so eindeutig zeigt sich auch, daß die statistischen Zusammenhänge für Prognosen kaum ausreichend hoch sind. Es gibt erwartungswidrige Fälle in zu großer Zahl, als daß man aus den Befunden auf statistischem Weg zu validen Prognoseinstrumentarien gelangen könnte (s. unten). Einige Forschungsergebnisse machen plausibel, warum dies so ist.

Sowohl bei der Cambridge Study als auch bei der Tübinger Untersuchung zeigte sich, daß es eine zahlenmäßig durchaus relevante Gruppe unter den erheblich Straffälligen gab, bei denen das familiäre Umfeld eher intakt war. So schreibt West (1982, S. 75f.) über die „latecomers to crime":

> It became at once obvious that the latecomers shared only to a slight extent the five major early background features that had been found typical of other delinquents... it was clear that in most respects the latecomers were nearer to non-delinquents than to the generality of young offenders.

Für die Tübinger Untersuchung mag der Befund herausgegriffen werden, daß das Syndrom familiärer Belastungen nur bei 11% der H_2-Probanden (1. Verurteilung erst mit 18 Jahren), dagegen bei 28% der frühkriminellen H_1-Probanden vorlag (Göppinger 1983, S. 174, Schaubild). Selbst wenn eine etwas geringere Tatendichte und Tatschwere von West vermutet wird (1982, S. 76), was sich bei Göppinger nicht bestätigt (1983, S. 149, Tabelle 63), so zeigt sich hier doch sehr deutlich, daß es nicht nur viele Jugendliche gibt, die problematische Verhältnisse ihrer Kindheit zu kompensieren in der

Lage sind, sondern auch Späteinsteiger ohne entsprechende Auffälligkeiten, welche die generelle (statistische) prognostische Verwertbarkeit in der frühen Kindheit und Jugend liegender Kriterien, insbesondere solcher der „Sozialisation" in der Herkunftsfamilie, empfindlich beeinträchtigen.

In die gleiche Richtung zielen die interessanten Ergebnisse von Kerner u. Janssen (1983) bzw. von Hermann u. Kerner (1988), die bei einer Nachuntersuchung einer Studie von Höbbel (1968) gefunden wurden. Höbbels Untersuchung war seinerzeit prognoseorientiert gewesen, und er hatte bei seinen Probanden daher soziale Auffälligkeiten und Defizite mit Indikatoren aus den traditionellen, oben genannten Bereichen erhoben (Kerner u. Janssen 1983, S. 217f.; Hermann u. Kerner 1988, S. 488f.). Es zeigte sich nun bei einer Analyse der Rückfälligkeit in einem Zeitraum von mehr als 20 Jahren, daß der Effekt jener täterbezogenen Defizite für die Rückfalldichte im 1. Nachuntersuchungszeitraum geringer war als die Rückfalldichte jedes Nachuntersuchungszeitraums für den jeweils nächsten (Hermann u. Kerner 1988, Schaubilder 4 und 6, S. 492 und 495). Außerdem waren die Probanden mit den intensivsten und längsten Karrieren nur ganz geringfügig stärker mit den täterbezogenen Defiziten belastet (Hermann u. Kerner 1988, S. 498). Beides spricht dafür, daß die prognostische Kraft solcher früh in der Biographie liegender Kriterien im weiteren Lebenslauf immer geringer wird und daß der statistische Zusammenhang zwischen diesen Kriterien und (erheblicher) Straffälligkeit keinesfalls im Sinne eines *konstanten* Verursachungsverhältnisses angesehen werden kann.

Kritisch ist allerdings anzumerken, daß die theoretische Zuspitzung der Interpretation dieser Ergebnisse im Sinne einer „Eigendynamik der Rückfallkriminalität" (Hermann u. Kerner 1988) so nicht haltbar ist. Dies liegt nicht nur an der – von den Autoren durchaus gesehenen – gegenläufigen Tendenz, daß die Rückfalldichte in sämtlichen Teilgruppen mit dem Alter kontinuierlich sinkt, was nicht gerade für eine *Eigendynamik* spricht. Es liegt aber vor allem daran, daß die Untersuchung eben nur eine Rückfalluntersuchung ist, bei der die Lebensentwicklung der Probanden selbst unberücksichtigt bleibt (auch dies wird gesehen und auf die insoweit aussagekräftigere Tübinger Untersuchung verwiesen, Hermann u. Kerner 1988, S. 487). Denn es sind ja nicht die Rückfälle als solche, die für die jeweils nächsten Rückfälle prognostisch aussagekräftig sind, sondern das aktuelle Vorliegen eines Lebenszuschnitts, aus dem heraus es häufig zu Straftaten kommt. Hierzu können u. U. auch Verurteilungen und Inhaftierungen verschlechternd beitragen, aber auch dies ändert nichts daran, daß es auf den Lebenszuschnitt oder, wie Göppinger (1983) formuliert, auf den „Täter in seinen sozialen Bezügen" ankommt. Hohe Rückfalldichte ist lediglich ein Indikator dafür, daß bei vorhandenen Defiziten keine irgendwie gearteten Kompensationen erfolgt sind oder daß trotz des Fehlens dieser Defizite (s. oben) ein kriminalitätsbegünstigender Lebenszuschnitt vorliegt. Anders ausgedrückt: Bei hoher Rückfalldichte hat sich die Spreu der vielen, bezüglich der Frühindikatoren (noch) erwartungswidrigen Fälle vom Weizen derer getrennt, die tatsächlich eine *spezifisch* zur Kriminalität tendierende Lebensentwicklung aufweisen. Insofern ist es zwar zweifellos richtig, daß eine schematische Wiederholung bzw. Dauerverwertung jener Frühindikatoren empirisch (und rechtlich) untragbar ist, von einer geheimnisvollen „Dynamik" des Rückfalls kann aber nicht die Rede sein, wenn man diesen nicht selbst „verdinglichen" will.

Ähnliche Vorbehalte müßte man wohl auch gegenüber manchen Interpretationen in den Untersuchungen von Pongratz (gesammelt abgedruckt in Pongratz u. Jürgensen 1990) anmelden. Zwar ist der Befund recht eindrucksvoll, daß die frühen Indikatoren aus der Kindheit schon für die Kriminalität im Jugendalter nur begrenzt aussagekräftig sind (s. S. 80f.) und daß sich ihre prognostische Relevanz für die Kriminalität im Erwachsenenalter im Vergleich mit Variablen aus dem Jugendalter noch weiter reduziert (s. S. 167), doch muß dies keineswegs, wie angedeutet (s. S. 178), kontrolltheoretische Deutungen stützen. Genauso plausibel sind die mitgeteilten Befunde damit zu erklären, daß die für kriminelle Karrieren spezifischen Verhaltensmuster und Lebensstile sich erst ab dem späteren Jugendalter verfestigen.

In Übereinstimmung mit diesen Befunden stehen auch die Bemühungen um eine Früherkennung krimineller Gefährdungen im Rahmen der Tübinger Jungtäter-Vergleichsuntersuchung. Man versuchte, Indikatoren sozialer Auffälligkeit zu möglichst aussagekräftigen Syndromen zusammenzufassen (Göppinger 1983, S. 169f.), was auch insofern gelang, als die entsprechenden Syndrome fast ausschließlich bei Häftlingsprobanden vorlagen (höchstens 1,5% der Vergleichsprobanden waren betroffen). Die soziale Auffälligkeit in den einzelnen Bereichen liegt hier also in einer solchen Verdichtung vor, daß diese Syndrome für Entwicklungen in die Straffälligkeit *spezifisch* sind und sich von daher weit besser zur Früherkennung eignen (Göppinger 1985, S. 217ff.; Jehle 1984; Rössner 1988, S. 141ff.) als die (ausweislich beiderseitig erwartungswidriger Gruppen) unspezifischeren Kriterien der älteren Prognoseforschung. Es zeigte sich jedoch selbst hier, daß die in der Kindheit und frühen Jugend liegenden Syndrome, das Syndrom familiärer Belastungen mit 20% und das sozioscolare Syndrom mit 15%, nur bei einer relativ kleinen Gruppe der H-Probanden vorlagen (Göppinger 1985, S. 219 und 226), während die biographisch späteren, stärker den eigenen Lebenszuschnitt der Probanden reflektierenden Syndrome des Leistungs-, Freizeit- und Kontaktbereichs mit 43%, 75% und 60% (Göppinger 1985, S. 222ff.) weitaus häufiger zu verzeichnen waren.

Schwächen der neueren Forschung

Nimmt man die gerade berichteten Befunde zusammen, so ist der Gesamteindruck wenig ermutigend. Nicht Konsolidierung und Differenzierung eines im wesentlichen gesicherten Bestandes an prognostischem Wissen ist die gegenwärtige Tendenz, sondern Zweifel und Auflösung vermeintlicher Sicherheiten über die Aussagekraft früher Defizite und Mängellagen in der Sozialisationsbiographie sowie der Frühkriminalität. Es fragt sich daher, ob die neueren Forschungen zum Verlauf von Karrieren (s. oben) bzw. zur Identifizierung häufig oder gefährlich delinquierender Täter erfreulichere Perspektiven bieten.

Überschattet wird die ganze Diskussion durch einen zwar leicht nachvollziehbaren, aber schwer verständlichen Streit über die Vorzüge und Nachteile von Langzeit- und Querschnittsuntersuchungen (Berichte bei Mischkowitz 1990 und Kaiser 1990a). Es geht um längst bekannte und an sich triviale Dinge, wenn etwa darauf aufmerksam gemacht werden muß, daß für manche Fragen, etwa gerade nach dem Verlauf von

Karrieren, aber auch zur Kontrolle von Alters-, Perioden- und Kohorteneffekten Langzeituntersuchungen (u.a. auch mit mehreren Kohorten) nötig sind. Andererseits kann aber auch vieles mit (weitaus weniger aufwendigen) retrospektiven Vergleichsuntersuchungen geklärt werden, so daß es anachronistisch erscheint und nur durch Rivalitäten im Zugang zu Forschungsmitteln erklärt werden kann, wenn man hierbei die eine gegen die andere Methode ausspielen will. Im Vergleich zu dem, was über die Leistungsfähigkeit von derartigen Langzeituntersuchungen verlautbart wird, sind die bisherigen Resultate nun freilich eher dürftig. Das liegt zum einen an dem schlechten Datenmaterial. Wenn berichtet wird, es handle sich entweder um „self reports" oder um Aktenuntersuchungen (Blumstein et al. 1986, S. 2), so springt der Abstand zu den Untersuchungen von West (1982) und Göppinger (1983, 1987) unmittelbar ins Auge.

Aber auch konzeptionell kranken die Untersuchungen daran, daß die Daten über den Verlauf der Delinquenz nicht konsequent mit dem jeweils aktuellen Lebenszuschnitt in Beziehung gesetzt werden, ein Manko, das auch die Aussagekraft der Untersuchungen von Hermann u. Kerner (1988) und Kaiser (1990b; vgl. hierzu Bock 1990a, S. 524f.) entscheidend reduziert. So ist es zwar durchaus sinnvoll (allerdings auch in gar keiner Weise neu, vgl. etwa Keske 1983), kriminelle Karrieren in die Dimensionen „participation, frequency, duration and seriousness" (Blumstein et al. 1986, S. 13) aufzuspalten und nach potentiell unterschiedlichen Bedingungszusammenhängen zu forschen. Auch ist das deskriptive Wissen über Umfang und Verteilung der Kriminalität durchaus bereichert worden, wozu insbesondere die bekannte Kohortenstudie aus Chicago beigetragen hat (Wolfgang et al. 1972). Doch sind die „primären" Informationen zum Lebenszuschnitt im Vergleich zu den „sekundären", die Delinquenz als solche betreffenden, meist auf wenige Merkmale wie Alter, Geschlecht, Rasse, Drogenkonsum, Arbeitslosigkeit und Familienstand beschränkt, die für prognostische Zwecke nur teilweise und nur bedingt aussagekräftig sind. Man weiß jetzt, daß demographische Variablen wie Alter, Geschlecht und Rasse zwar mit Straffälligkeit überhaupt („participation") korrelieren (was aber prognostisch noch niemals gut verwertbar war), jedoch nicht mit λ, dem heute üblichen Maß für die Häufigkeit von Delikten (Straftaten pro Jahr). Die Häufigkeit wiederum korreliert mit ständigem Drogenkonsum und länger andauernder Arbeitslosigkeit, was zweifellos richtig ist, aber eben längst bekannt.

Ansonsten aber wird man immer wieder auf die „sekundären" Kriterien verwiesen. Frühkriminalität und hohe bisherige Häufigkeit sind Indikatoren für weiterhin hohe Häufigkeit, die bisherige Länge der Karriere ist Indikator für die weitere Dauer (s. Blumstein et al. 1986, S. 4f.), d. h. es wird nichts anderes als die seit langem bekannte Korrelation zwischen Rückfälligkeit und Rückfall vorgetragen. Zu der prognostisch entscheidenden Frage, an welchen „primären" Charakteristika man diejenigen erkennt, die früh, häufig, schwer und lange straffällig werden bzw. bleiben, trägt diese Art von Forschung daher wenig bei, sie bietet aber umgekehrt ein ideales Einfallstor für etikettierungstheoretisch fundierte Kritik (s. oben).

Im übrigen kann von einer einigermaßen zuverlässigen Früherkennung relevanter Karrieren, wie sie eine Politik der „selective incapacitation" voraussetzen würde, kaum die Rede sein. Die Ergebnisse von Megargee (1988, S. 97ff.) z. B. lassen diesbezüglich an Deutlichkeit keine Wünsche offen (etwas optimistischer Farrington 1985). Es ändert sich insofern nichts an der vorher begründeten skeptischen Einschätzung der Leistungsfähigkeit statistischer Prognosen, von den offensichtlichen ethischen und rechtlichen Problemen dieser kriminalpolitischen Strategie ganz abgesehen.

Methoden

Versuche mit multivariaten Verfahren

Für den Stand der kriminologischen Prognoseforschung ist es bezeichnend, daß man bei
der Umsetzung von Ergebnissen für die Praxis der Prognosestellung fast ausschließlich
an die statistische Prognose denkt (Blumstein et al. 1986; Farrington u. Tarling 1985).
Dabei wurde seit einem programmatischen Aufsatz (Wilkins u. McNaughton-Smith
1964) immer wieder stereotyp die Behauptung aufgestellt, die mangelhafte Treffsicherheit der bekannten Prognosetafeln ließe sich entscheidend durch den Einsatz multivariater statistischer Verfahren verbessern. Inzwischen sind solche Versuche unternommen
worden (vgl. z. B. Megargee 1988, S. 97ff.), allerdings ohne erkennbaren Erfolg. Es ist
daher außerordentlich verdienstvoll, daß ein methodisch ausgewiesener Wissenschaftler wie Farrington (1985) mit einem Datenmaterial von hoher Qualität (nämlich mit
dem der Cambridge Study in Delinquent Development) die prognostische Effektivität
einfacher und multivariater Prognoseverfahren einem Vergleich unterzogen hat. Danach kann kein Zweifel mehr daran bestehen, daß die mangelhafte Treffsicherheit der
statistischen Prognose nicht durch weitere Verfeinerung der statistischen Techniken
behoben werden kann, denn die multivariaten Verfahren schneiden im Vergleich eher
schlechter als besser ab (Farrington 1985, S. 170f.). Etwas bessere Ergebnisse zeigten sich bei den neueren, in den USA entwickelten und angewandten Prognosetafeln
(insbesondere für Entlassungsprognosen), doch waren auch hier noch knapp 40% sog.
„false-positives" (Schlechtprognosen, die sich als falsch herausstellen) in den Validierungssamples (Blumstein et al. 1986, S. 188; dort auch zur Entstehungsgeschichte und
Anwendung der Skalen).

Abgesehen von allen anderen Problemen scheinen die Möglichkeiten der statistischen Prognose damit ausgereizt, obgleich natürlich aus naheliegenden Gründen professioneller Optimismus an den Tag gelegt wird (Blumstein et al. 1986, S. 198ff.;
Farrington u. Tarling 1985, S. 258ff.), der die nächsten Forschungsmittel sichern soll.
Zu unterschiedlich sind die Entwicklungsmöglichkeiten der Probanden und die situativen Umstände, in die sie hineingestellt werden, als daß bei ihrer Zusammenfassung
zu Gruppen ein ordentlich kalkulierbares Risiko entstehen könnte. Es ist deshalb eindrucksvoll, daß ein passionierter Forscher nach langjährigen eigenen Mißerfolgen diese
Art von Prognoseforschung schlicht verabschiedet und aus der Offenheit der menschlichen Möglichkeiten eine Tugend macht:

> Instead of attempting to derive predictive equations to select people for lengthy imprisonment,
> practical criminologists might better focus on identifying those for whom rehabilitation can
> be most successful (Megargee 1988, S. 100).

Alternativen im Bereich der Klinischen Prognose

Ob diese Folgerung eines endgültigen Abschieds von der Prognoseforschung, die der Tendenz nach auch Hermann u. Kerner (1988, S. 502) ziehen, richtig ist, kann man freilich insofern bezweifeln, als die statistische Prognose eben nicht die einzig mögliche wissenschaftliche Form der Prognosestellung ist. Schon in der Darstellungsweise und in der Terminologie tut sich eine ganz andere Welt auf, wenn z. B. ein Psychiater wie Bresser (1990) über seine Prognosepraxis bei „Lebenslänglichen" und Sicherungsverwahrten berichtet. Mit der Bezeichnung „klinische Prognose", die hierfür in der Kriminologie üblich ist, läßt sich der Unterschied zwar benennen, aber eher verharmlosen, denn es handelt sich um ein fundamental anderes Erkenntnis- und Wissenschaftsprogramm, das sich hier an der Kriminalprognose konkretisiert. Aufschlußreich ist schon die Unterscheidung, ja Gegenüberstellung von Erfahrungswissen und Erfahrungswissenschaft (Bresser 1990, S. 336), in der sich ein grundsätzlicher Vorbehalt dagegen ausspricht, als könne die empirische Forschung die persönliche Erfahrung bei der Prognosebegutachtung entbehrlich machen. Die Prognosemethode ist hier daher nicht lediglich eine logisch und mathematisch zwingende Fortsetzung der Forschung und aus ihr ableitbar, sondern hat eine durchaus selbständige Bedeutung.

Es kann an dieser Stelle nicht voll ausgeführt werden, wie bei Bresser (1990) die Integration von Erfahrungswissen und Erfahrungswissenschaft (auf die natürlich auch bei ihm keineswegs verzichtet werden soll) geleistet und auf eine nachvollziehbare Weise objektiviert wird. Andeutungsweise sei darauf hingewiesen, daß es um eine völlig andere Form von Vergleichen geht als bei der statistischen Prognose. Wird bei dieser der zu prognostizierende Einzelfall bezüglich einiger Merkmale mit der dem Prognoseinstrument zugrundeliegenden Eichstichprobe verglichen, die immer und für alle Prognosen dieselbe ist, so wird hier und wohl generell bei „klinischen" Praktikern erst im Anschluß an eine (eher deskriptive) Erfassung des Einzelfalls gefragt, welches denn die für diesen besonderen Fall überhaupt passenden, relevanten Vergleichsfälle sind, die dann zu prognostischen Schlüssen herangezogen werden. Der Erkenntnisweg ist hier also gerade umgekehrt und er erlaubt, ja erzwingt unweigerlich die Prüfung folgender 2 Fragen: 1) ob es in *diesem* Fall auch so ist, wie es generell (oder theoretisch) zu erwarten ist, oder gerade nicht, und 2) ob bei *diesem* Fall alles weiter so gehen wird, wie es bisher war, oder ob sich gerade jetzt Änderungs- und Entwicklungsmöglichkeiten zeigen. Eben diese beiden Fragen überhaupt zu stellen ist bei statistischen Prognosen von der Logik des Erkenntniswegs her ausgeschlossen.

Hierin liegt eine prinzipielle Überlegenheit der sog. klinischen Prognose begründet (Leferenz 1972), auf die hier mit Rücksicht auf die einschlägigen Beiträge dieses Bandes nicht näher eingegangen wird.

Zur Methode der idealtypisch-vergleichenden Einzelfallanalyse

Ein ausgebautes prognostisches Instrumentarium, das ebenfalls mit der statistischen Prognose nichts zu tun hat, wurde bekanntlich von Göppinger (1985) vorgelegt. Die Methode der idealtypisch-vergleichenden Einzelfallanalyse ermöglicht aufgrund der Verwendung relationaler Kriterien und idealtypischer Begriffe (Bock 1988 und 1990b;

zum wissenschaftstheoretischen Hintergrund Bock 1984) in besonderer Weise eine den individuellen Verhältnissen des Einzelfalls gerechter werdende Prognose. Im Unterschied zum Vorgehen Bressers (1990) und anderer Varianten der klinischen Prognose, die doch an enorme Kenntnisse gebunden sind und letztlich eine psychiatrische oder psychologische Schulung und Erfahrung voraussetzen, ist die Methode Göppingers jedoch ohne psychiatrische und/oder psychologische Fachkenntnisse sachgerecht anzuwenden, wenngleich auch hier eine gewisse Erfahrung im Umgang mit Menschen i. allg. und mit Straffälligen im besonderen vorteilhaft ist. Zusammen mit dem ausgereiften und differenzierten Leitfaden (Göppinger 1985) bietet daher gerade diese Methode viele Vorteile für die tägliche Prognosestellung auf den verschiedenen Stufen strafrechtlicher Entscheidungen (vgl. etwa Göppinger 1985, S. 4–8). Jedenfalls ist sie auch den Vorschlägen vorzuziehen, die in einer Kombination von statistischer und intuitiver Prognose (z. B. Tenckhoff 1982, S. 95) das Mittel der Wahl sehen (kritisch hierzu Bock 1990a, S. 514f.). Für den Praktiker hilfreich sind insbesondere auch die zur Prophylaxe tauglichen Syndrome krimineller Gefährdung (Göppinger 1985, S. 217ff.).

Das methodische Vorgehen im einzelnen wird bei Göppinger (1985) ausführlich erläutert. Hier soll daher nur kurz darauf hingewiesen werden, daß diese Prognosemethode auch andere Mängel der statistischen Prognose (s. oben) vermeidet. So werden im Unterschied zu den bis heute in den USA gebräuchlichen Prognosetafeln (Blumstein et al. 1986, S. 178ff.) keine („sekundären") Variablen der Legalbiographie verwertet. Bezugspunkt der Prognose sind stets („primäre") Fakten über den Täter in seinen sozialen Bezügen bzw. die Frage, wie tief die Delinquenz in seinen Lebenszuschnitt, sein Wertgefüge und seine Relevanzbezüge verwoben ist oder auch nicht. Dadurch wird nicht nur eine zirkuläre Begründungsstruktur vermieden, sondern auch die statisch-retrospektive Festschreibung von Karrieren. Denn nur wenn man vom Täter in seinen sozialen Bezügen ausgeht, kann man der Frage näherkommen, ob z. B. der 10. Rückfall der letzte war oder ob eine neue Serie zu erwarten ist. Nur wenn man den Täter in seinen sozialen Bezügen im *ganzen* Lebenslängs- und im *aktuellen* Lebensquerschnitt betrachtet, wird man sensibel für die Wendepunkte bzw. -chancen einer Karriere. Außerdem bietet nur eine die Besonderheiten des Einzelfalls erfassende Methode Anhaltspunkte für die konkrete Ausgestaltung spezialpräventiver Interventionen (Weisungen, Auflagen, Vollzugsplan usw.), wogegen bei der statistischen Prognose nur zur Kriteriumsvariablen (Rückfall ja/nein in der Regel) Aussagen gemacht werden. Auch eine Differenzierung nach Häufigkeit und Schwere des Rückfalls, die neuerdings angestrebt wird (Blumstein et al. 1986, S. 186ff.), hilft hier nicht weiter.

Um so erfreulicher ist es, daß Ansätze zu verzeichnen sind, die wissenschaftlichen Grundlagen dieser Prognosemethode zu verbreitern und zu vertiefen.

In erster Linie ist hier die noch im Gang befindliche Nachuntersuchung der Tübinger Jungtäter-Vergleichsuntersuchung zu nennen. Die außerordentliche Variationsbreite der Verläufe, über die Maschke (1990) berichtet, obgleich es sich bei den H-Probanden der Tübinger Untersuchung doch um eine zum Untersuchungszeitpunkt relativ homogene Gruppe gehandelt hatte, zeigt erneut eindringlich, wie notwendig die Erfassung der jeweils *aktuellen* Lebenssituation ist, um auch im späteren Lebensalter Entwicklungslinien bzw. Änderungen zu erkennen oder durch entsprechende Interventionen zu beeinflussen. Die Befunde werden, wie übrigens laufend gewonnenes Erfahrungswissen aus der praktischen Anwendung der Methode, weiteren Aufschluß über verschiedene Varianten des „Aussteigens" aus bzw. „Abbrechens" von kriminellen Karrieren im späteren Lebensalter erbringen, die dann in das prognostische Instrumentarium einzubringen sein werden. Daneben ist aber auch von Untersuchungen zu berichten, welche die Kriterien der Tübinger Untersuchung bei anderen Populationen erprobten. So untersuchte Fischer-Jehle (1991) die Lebensentwicklung inhaftierter Frauen und fand hierbei neben einer Gruppe von sozial eher unauffälligen Frauen auch solche, deren massive soziale Auffälligkeiten sich unter Berücksichtigung der spezifisch weiblichen Rollenanforderungen mit den entsprechenden Kategorien Göppingers erfassen ließen. Auch Friedrichsmeier (1990) fand bei einer Untersuchung von Prostituierten erstaunliche Übereinstimmungen zum Sozialverhalten von wiederholt straffälligen Männern, wobei auch hier die geschlechtsspezifischen Unterschiede zu beachten waren. Wasserburger (1990) berichtet über erste Versuche, den Lebenszuschnitt von Gewaltdelinquenten zu erfassen, der sich doch in manchen Punkten von dem der typischen Eigentumsdelinquenten unterscheidet. Alle diese Forschungen könnten weiter ausgebaut und behutsam schrittweise in die Methode der idealtypisch-vergleichenden Einzelfallanalyse eingearbeitet werden.

Ausblick

Die Hoffnung auf weitere Fortschritte bezüglich der statistischen Prognose durch weitere Forschung (Kaiser 1988, S. 507) scheint illusionär. Ihr dürftiger Stand ist das Resultat ihrer der Komplexität und Variabilität des Gegenstandes prinzipiell unangemessenen Forschungslogik. Die Methode Göppingers andererseits wird nicht angemessen rezipiert (Böhm 1990; Bock 1990c).

Aus dem damit bezeichneten „Stand" der kriminologischen Prognoseforschung resultiert ein zunehmendes Unbehagen über das Mißverhältnis zwischen dem wissenschaftlich verfügbaren und in praktische Entscheidungen transformierbaren kriminologischen Erfahrungswissen einerseits und dem extensiven Bedarf an prognostischen Entscheidungen aufgrund eines spezialpräventiv differenzierenden strafrechtlichen Normenbestandes (Jung 1986; Krainz 1984; Kögler 1988) andererseits. Mehr als die Verbesserung der erfahrungswissenschaftlichen Grundlagen oder die Ausbildung der Praktiker (hierzu Jehle 1990) interessiert daher zunehmend die Frage, wie sich der aus diesem Mißverhältnis entstehende Schaden begrenzen läßt, sofern man nicht, wie die Mehrzahl der Kriminologen, überhaupt anstelle von Prognoseforschung rechtstatsächliche Erhebungen *über* Prognoseentscheidungen anstellt.

International sind erhebliche straftheoretische und kriminalpolitische Gewichtsverlagerungen zu Lasten der positiven Spezialprävention zu verzeichnen (Bock 1990a), die sich negativ auf die Forschung in diesem Bereich auswirken; aber auch auf dogmatischem Gebiet versucht man, die bestehenden Unsicherheiten durch eine Einschränkung der Notwendigkeit von Prognosen zu entschärfen (Frisch 1983, 1988; teilweise kritisch hierzu Bock 1990b) und normativ zu bewältigen. Das gestiegene Problembewußtsein zeigt sich nicht zuletzt daran, daß man über Haftungsfragen bei Fehlprognosen nachdenkt (Grützner 1990; Grünebaum 1990). Insgesamt stehen die

 Michael Bock

Zeichen für die erfahrungswissenschaftlich-kriminologische Prognoseforschung nicht sonderlich gut.

Literatur

Bock M (1984) Kriminologie als Wirklichkeitswissenschaft. Duncker & Humblot, Berlin
Bock M (1988) Angewandte Kriminologie: Ihre praktische und wissenschaftliche Bedeutung. Forensia 9:189–204
Bock M (1990a) Kriminologie und Spezialprävention. Ein skeptischer Lagebericht. ZStW 102:504–533
Bock M (1990b) Zur dogmatischen Bedeutung unterschiedlicher Arten empirischen Wissens bei prognostischen Entscheidungen im Strafrecht. NStZ 10:457–463
Bock M (1990c) Lebensführung und Straffälligkeit. In: Kerner HJ, Kaiser G (Hrsg) Kriminalität. Persönlichkeit, Lebensgeschichte und Verhalten, Festschrift für Hans Göppinger. Springer, Berlin Heidelberg New York Tokyo, S 15–26
Böhm A (1990) Besprechung von: Ostendorf, Heribert, Kommentar zum Jugendgerichtsgesetz. ZStW 102:836–842
Blumstein A, Cohen J, Roth JA, Visher CA (eds) (1986) Criminal careers and "career criminals", vol I. National Academy Press, Washington/DC
Bresser PH (1990) Theorie und Praxis der Prognosebeurteilung. Erfahrungswissenschaft einmal anders betrachtet. In: Kerner HJ, Kaiser G (Hrsg) Kriminalität. Persönlichkeit, Lebensgeschichte und Verhalten, Festschrift für Hans Göppinger. Springer, Berlin Heidelberg New York Tokyo, S 335–348
Burgess EW (1928) Factors determining success or failure on parole. In: Bryce AA et al. (eds) The working of the indeterminate – sentence law and the parole system in Illinois. Thomas, Springfield/ILL
Farrington DP (1985) Predicting self-reported and official delinquency. In: Farrington DP, Tarling R (eds) Predicting in criminology. State University of New York Press, Albany
Farrington DP, Tarling R (eds) (1985) Predicting in criminology. State University of New York Press, Albany
Fenn R (1981) Kriminalprognose bei jungen Straffälligen. Max-Planck-Institut, Freiburg i.Br.
Fischer-Jehle P (1991) Frauen im Strafvollzug. Eine empirische Untersuchung über Lebensentwicklung und Delinquenz strafgefangener Frauen. Forum, Bonn
Friedrichsmeier H (1990) Zur Vergleichbarkeit der Lebensverläufe von Prostituierten und Straftätern. In: Jehle J-M, Maschke W, Szabo D (Hrsg) Strafrechtspraxis und Kriminologie (Festgabe für Hans Göppinger) 2. Aufl. Forum, Bonn, S. 131–142
Frisch W (1983) Prognoseentscheidungen im Strafrecht. Zur normativen Relevanz empirischen Wissens und zur Entscheidung bei Nichtwissen. von Decker, Heidelberg Hamburg
Frisch W (1988) Unsichere Prognose und Erprobungsstrategie – am Beispiel der Urlaubsgewährung im Strafvollzug. Strafverteidiger 8:359–367
Glueck S, Glueck E (1957) Unraveling juvenile delinquency, 3. Aufl. Harvard University Press, Cambridge/MA
Göppinger H (1980) Kriminologie, 4. Aufl. Beck, München
Göppinger H (1983) Der Täter in seinen sozialen Bezügen. Ergebnisse aus der Tübinger Jungtäter-Vergleichsuntersuchung, unter Mitwirkung von Michael Bock, Jörg-Martin Jehle und Werner Maschke. Springer, Berlin Heidelberg New York Tokyo
Göppinger H (1985) Angewandte Kriminologie. Ein Leitfaden für die Praxis, unter Mitarbeit von Werner Maschke. Springer, Berlin Heidelberg New York Tokyo
Göppinger H (1987) Life style and criminality. Basic research and its application: criminological diagnosis and prognosis. Springer, Berlin Heidelberg New York Tokyo
Göppinger H (Hrsg) (1988) Angewandte Kriminologie – International. Forum, Bonn
Grünebaum R (1990) Zur Strafbarkeit der Bediensteten der Maßregelkrankenhäuser wegen fehlgeschlagener Vollzugslockerung. Bewährungshilfe 37:241–252

Grützner W (1990) Schäden durch mißglückte Vollzugslockerungen – wer trägt die Folgen? ZfStrVo 4:200–203

Herrmann D, Kerner H-J (1988) Die Eigendynamik der Rückfallkriminalität. KZfSS 40:485–504

Höbbel D (1968) Bewährung des statistischen Prognoseverfahrens im Jugendstrafrecht. Schwartz, Göttingen

Jehle J-M (1984) Zur Früherkennung kriminell gefährdeter Kinder und Jugendlicher. In: Göppinger H, Vossen R (Hrsg) Humangenetik und Kriminologie. Kinderdelinquenz und Frühkriminalität. Enke, Stuttgart (Kriminologische Gegenwartsfragen Heft 16, S 131–144)

Jehle J-M (1990) Kriminologische Fortbildung in der Strafrechtspflege. In: Jehle J-M, Maschke W, Szabo D (Hrsg) Strafrechtspraxis und Kriminologie (Festgabe für Hans Göppinger) 2. Aufl. Forum, Bonn, S 311–328

Jung H (1986) Die Prognoseentscheidung zwischen rechtlichem Anspruch und kriminologischer Einlösung. In: Ostendorf H (Hrsg) Integration von Strafrechts- und Sozialwissenschaften. Festschrift für Lieselotte Pongratz. Schweitzer, München

Kaiser G (1988) Kriminologie, 8. Aufl. C.F. Müller, Heidelberg

Kaiser G (1990a) „Lebensstil". Entwicklung und kriminologische Bedeutung eines Konzepts. In: Kerner H-J (Hrsg) Kriminalität. Persönlichkeit, Lebensgeschichte und Verhalten (Festschrift für Hans Göppinger). Springer, Berlin Heidelberg New York Tokyo, S 27–40

Kaiser G (1990b) Kohortenforschung mit Daten des Bundeszentralregisters und der Statistischen Ämter. In: Jehle J-M (Hrsg) Datensammlungen und Akten in der Strafrechtspflege (Kriminologie und Praxis, Bd IV). Eigenverlag Kriminologische Zentralstelle e.V., Wiesbaden, S 203–211

Kerner H-J, Janssen H (1983) Rückfall nach Jugendstrafvollzug – Betrachtungen unter dem Gesichtspunkt von Lebenslauf und krimineller Karriere. In: Kerner H-J, Göppinger H, Streng F (Hrsg) Kriminologie – Psychiatrie – Strafrecht (Festschrift für Heinz Leferenz). C.F. Müller, Heidelberg, S 211–232

Keske MB (1983) Die Kriminalität der „Kriminellen". Eine empirische Untersuchung von Struktur und Verlauf der Kriminalität bei Strafgefangenen sowie ihrer Sanktionierung. Minerva, München

Kögler M (1988) Die zeitliche Unbestimmtheit freiheitsentziehender Sanktionen des Strafrechts. Lang, Frankfurt am Main Berlin New York

Krainz K (1984) Die Problematik der Prognose zukünftigen menschlichen Verhaltens aus kriminologischer und rechtsstaatlicher Sicht. Mschr Krim 67:297–309

Leferenz H (1972) Die Kriminalprognose. In: Göppinger H, Witter H (Hrsg) Handbuch der forensischen Psychiatrie II. Springer, Berlin Heidelberg New York Tokyo, S 1347–1384

Lipton D, Martinson R, Wilks J (1975) The effectiveness of correctional treatment. A survey of treatment evaluation studies. Prager, New York

Loeber R, Dishion T (1983) Early predictors of male delinquency: A review. Psychol Bull 94:68–99

Maschke W (1990) Lebensentwicklung und Kriminalität. Erste Eindrücke aus der Fortuntersuchung der Tübinger Jungtäter-Vergleichsuntersuchung. In: Jehle H-J, Maschke W, Szabo D (Hrsg) Strafrechtspraxis und Kriminologie (Festgabe für Hans Göppinger) 2. Aufl. Forum, Bonn, S 47–65

McCord W, McCord J, Zola IK (1962) Origins of crime. A new evaluation of the Cambridge Somerville-Youth-Study, 2nd edn. Columbia University Press, New York London

Megargee EI (1988) Research on the prediction of criminal behavior. In: Göppinger H (Hrsg) Angewandte Kriminologie – International. Forum, Bonn, S 84–100

Meyer F (1965) Der gegenwärtige Stand der Prognoseforschung in Deutschland. Mschr Krim 48:225–246

Mischkowitz R (1990) Forschungspraktische Probleme von Längsschnittstudien. In: Jehle H-J, Maschke W, Szabo D (Hrsg) Strafrechtspraxis und Kriminologie (Festgabe für Hans Göppinger) 2. Aufl. Forum, Bonn, S 23–45

Pongratz L, Jürgensen P (1990) Kinderdelinquenz und kriminelle Karrieren. Centaurus Verlagsgesellschaft, Pfaffenweiler

Powers E, Witmer H (1951) An experiment in the prevention of delinquency. The Cambridge-Somerville-Youth-Study. Columbia University Press, New York

Rössner D (1988) Angewandte Kriminologie und Prävention. In: Göppinger H (Hrsg) Angewandte Kriminologie – International. Forum, Bonn, S 138–155

Sack F (1978) Probleme der Kriminalsoziologie. In: König R (Hrsg) Handbuch der empirischen Sozialforschung, Bd 12, 2. Aufl. Enke, Stuttgart, S 192–492

Sarnecki J (1985) Predicting social maladjustment. Stockholm Boys Grown Up I. Almänna, Stockholm

Tenckhoff J (1982) Die Kriminalprognose bei Strafaussetzung und Entlassung zur Bewährung. Dtsch Richterzeitung: 95–101

Wasserburger I (1990) Gewalttäter in ihren sozialen Bezügen. Erste Eindrücke aus einer Vergleichsuntersuchung. In: Jehle J-M, Maschke W, Szabo D (Hrsg) Strafrechtspraxis und Kriminologie (Festgabe für Hans Göppinger) 2. Aufl. Forum, Bonn, S 89–108

West DJ (1982) Delinquency. Its roots, careers and prospects. Heinemann, London

Wilkins LT, MacNaughton-Smith P (1964) New prediction and classification methods in criminology. J Res Crime Delinquency 1:19–32

Wilson JQ, Herrnstein RJ (1985) Crime and human nature. Simon & Schuster, New York

Wolfgang M, Figlio RF, Sellin T (1972) Delinquency in a birth cohort. University of Chicago Press, Chicago

Prognosegutachten. Klinisch-psychiatrische und psychologische Beurteilungsmöglichkeiten der Kriminalprognose

Norbert Leygraf und Sabine Nowara

Prognosegutachten im Streit der Wissenschaft

Die Diskussion über Möglichkeiten und Grenzen individueller Legal- bzw. Kriminalprognosen steht seit Jahrzehnten im Brennpunkt des kriminologischen Interesses. Als umstritten gilt insbesondere die Frage, inwieweit Psychiater und Psychologen aufgrund eines speziellen „Expertenwissens" zu solchen Verhaltensvorhersagen in der Lage sind (Steadman 1983; Rasch 1984).

Wären die Vertreter der Psychowissenschaften tatsächlich als besondere Experten in diesem Bereich anzusehen, dann wäre zu erwarten, daß sie eine hohe Übereinstimmung und Zuverlässigkeit in ihren Beurteilungen zeigen, sich ihre Entscheidungen von denen durch Laien unterscheiden und sie sich in ihren Beurteilungen auf Kriterien ihres speziellen Wissenschaftsbereichs stützen. Bei einem experimentellen Vergleich von Prognosebeurteilungen durch Lehrer bzw. forensische Psychiater sahen Quinsey u. Ambtman (1979) keines dieser Kriterien als erfüllt an: die Beurteilungsvarianz war bei beiden Berufsgruppen gleichermaßen hoch; im Mittel glichen sich die Beurteilungen beider Gruppen, und die Psychiater stützten sich in ihrer prognostischen Bewertung ebenso wie die Lehrer kaum auf psychiatrisch-psychologische Befunde, sondern überwiegend auf Aspekte der delinquenten Vorgeschichte.

Eine „natürliche" Sachkompetenz der Psychiatrie wäre im übrigen auch nur bei den Straftätern anzunehmen, bei denen die früheren Straftaten überwiegend auf dem Hintergrund einer psychischen Erkrankung bzw. Störung entstanden. Psychiatrisch-psychologische Prognosegutachten werden aber auch bei der Anordnung und im Vollzug der Sicherungsverwahrung gefordert und ebenso bei der Aussetzung einer lebenslangen Freiheitsstrafe, also bei Tätern, bei denen ein solcher Zusammenhang im Strafverfahren nicht angenommen wurde.

Zwar verfügt die klinische Psychiatrie mittlerweile über recht umfangreiche Kenntnisse des Langzeitverlaufs psychischer Erkrankungen bzw. Störungen. Sie ermöglichen jedoch nur statistische Angaben auf Gruppenebene und keine Prognose im Einzelfall. Präzisere und praktisch nutzbare Prädiktoren für eine individuelle Verlaufsvorhersage liegen bislang allein für den Bereich schizophrener Erkrankungen vor. Hier ist eine Vorhersage der Rückfallgefahr innerhalb eines Prognosezeitraums von 2 Jahren mit einer Zuverlässigkeit von bis zu 88% möglich (Buchkremer et al. 1991). Inwieweit die hierbei zugrunde gelegten Prognosefaktoren in gleicher Weise auch für den längerfristigen Verlauf gültig sind, ist jedoch noch ungenügend erforscht. Für die Problematik der Kriminalprognose läßt sich der psychiatrischen Prädiktorenforschung v. a. entnehmen, daß für eine hohe Vorhersagewahrscheinlichkeit neben den rein krankheits- bzw. persönlichkeitsbedingten Variablen eine Einbeziehung von Merkmalen der sozialen, therapeutischen und innerfamiliären Situation erforderlich ist.

Forensia-Jahrbuch, Band 3
© Springer-Verlag Berlin Heidelberg 1992

Im übrigen erscheint auch bei vielen psychisch kranken Straftätern eine alleinige Kausalität der Erkrankung für das kriminelle Verhalten zweifelhaft (Leygraf 1988). Hier ist oft ein komplexer Zusammenhang von dissozialer Entwicklung und Erkrankung anzunehmen. Somit bedeutet eine günstige Krankheitsprognose nicht zwingend eine ebenso positive Legalprognose; vor allem aber rechtfertigt ein ungünstiger Krankheitsverlauf für sich genommen nicht bereits die Feststellung einer ebenfalls weiterbestehenden Gefährlichkeit.

Eine Reihe von Studien, die vor allem zu Beginn der 70er Jahre erfolgten, ließen die Verläßlichkeit psychiatrisch-psychologischer Legalprognosen in einem recht ungünstigen Licht erscheinen. Es wurden Fehlerquoten von bis zu 95% berichtet und den Psychiatern jegliche Fähigkeit abgesprochen, ein fremdgefährdendes Verhalten ihrer Patienten vorhersagen zu können (Ennis u. Emery 1978). Dabei wurden jedoch die Ergebnisse verschiedener, z. T. methodisch wenig fundierter Untersuchungen oft unkritisch übernommen und verallgemeinert (Monahan 1984); nicht selten standen im Hintergrund der Kritik neben wissenschaftlichen auch ideologische Interessen.

Zudem erscheint fraglich, ob die zu den Prognosestellungen hinzugezogenen Ärzte überhaupt über die erforderlichen methodischen und kriminologischen Vorkenntnisse verfügten (Steadman 1983). Die Praxis der Prognosebegutachtung wurde oft von einer ausgeprägten *„Kriterien-Reduktion"* (Rasch 1984) bestimmt. Prognostische Stellungnahmen bei untergebrachten psychisch kranken Straftätern zeigten sich überwiegend an einem möglichst angepaßten, „anstaltskonformen" Verhalten ausgerichtet und ließen kaum Rückschlüsse auf die tatsächliche Gefahr einer erneuten Straffälligkeit zu (Leygraf 1988). Es stellt sich somit generell die Frage, ob gutachterliche Fehlprognosen – so Horstkotte (1986) – „nicht weniger der Prognosewissenschaft als vielmehr einer schlechten Praxis der Prognosebegutachtung" zur Last gelegt werden müssen.

Prognosegutachten als tägliche Praxis

Im eigentümlichen Gegensatz zur vielfältig geäußerten Kritik an psychiatrisch-psychologischen Kriminalprognosen erscheint die Selbstverständlichkeit, mit der in der klinischen und forensischen Alltagspraxis derartige Prognoseentscheidungen den Psychiatern ständig abverlangt werden und auch erfolgen (Rasch 1988).

Dies gilt in der Bundesrepublik insbesondere im Bereich des *psychiatrischen Maßregelvollzugs*. Die vom Psychiater geforderten Gefährlichkeitsprognosen betreffen hier die

– Notwendigkeit einer Unterbringung nach § 63 StGB im Rahmen des Strafprozesses,
– Lockerungen im Verlauf der Unterbringung
– und schließlich die bedingte Entlassung.

Die Brisanz und der Druck auf die Entscheidungsträger wachsen mit der obigen Reihenfolge, nicht aber die prognostische Treffsicherheit.

Gefährlichkeitsprognosen werden jedoch nicht erst dann gefordert, wenn der Betroffene seine Gefährlichkeit zumindest einmal schon durch eine entsprechende Straftat unter Beweis gestellt hat. Zahlenmäßig häufiger erfolgen sie bereits in einem sozusagen

primär präventiven Bereich, nämlich im Rahmen der *ordnungsrechtlichen Zwangsein-
weisungen* entsprechend den jeweiligen Unterbringungsgesetzen.

Hier wird eine prognostische Entscheidung hinsichtlich der Gefährlichkeit eines Patienten gefordert, der bis dahin u. U. noch nie ein gefährliches Verhalten gezeigt hat, was sicher besonders
problematisch ist. Im Gegensatz zu sonstigen Kriminalprognosen ist dabei jedoch nicht auf
eine „künftige", sondern allein auf die „gegenwärtige", also aktuelle Gefährdung abzuheben,
was die Beurteilung erleichtert: Je kürzer und hinsichtlich der verschiedenen Einflußvariablen
überschaubarer der Prognosezeitraum ist, um so zuverlässiger sind entsprechende Vorhersagen
möglich.

Methoden der Kriminalprognose

In der teils recht kontrovers geführten forensisch-psychiatrischen und kriminologischen
Diskussion besteht der größte Konsens noch in der begrifflichen Differenzierung prognostischer Strategien:

Die *intuitive Prognose* basiert auf einer rein gefühlsmäßigen Erfassung der betreffenden Persönlichkeit, also ohne die explizite Einbeziehung von Fachwissen. Sie
ist das wissenschaftlich am wenigsten fundierte, praktisch aber am häufigsten benutzte Prognoseverfahren, z. B. durch Richter bei der Frage, ob eine Freiheitsstrafe zur
Bewährung ausgesetzt werden kann. Tatsächlich erfolgen aber auch solche Prognosen nie rein intuitiv, sondern sind stets von den subjektiven, teils wenig reflektierten
Vorerfahrungen des Beurteilers geprägt.

Die zahlreichen Varianten der *statistischen Methode* versuchen hingegen, aus einer
empirischen Verallgemeinerung der Lebensläufe vieler einzelner Rechtsbrecher (bzw.
-gruppen wie z. B. Rückfalltätern) kriminogene Persönlichkeitsfaktoren abzuleiten. Im
Vergleich zu Individualprognosen weisen sie eine höhere Verläßlichkeit auf (Schneider
1981). Dabei handelt es sich aber stets nur um gruppenstatistische bzw. Wahrscheinlichkeitsaussagen.

Statistische Prognosetafeln sind zumeist auf relativ wenige, leicht erfaßbare Items
beschränkt. Hierdurch erscheinen sie übersichtlich, einfach handhabbar und wissenschaftlich transparent, bergen aber zugleich die Gefahr, in Selbstverständlichkeiten
steckenzubleiben (Rasch 1988). Sie basieren durchweg auf anamnestischen Daten, deren hohe Korrelation mit einer negativen Kriminalprognose vielfach untersucht und
gesichert wurde (Zusammenfassung bei Schneider 1981).

In den Fällen, in denen ein psychiatrisch-psychologisches Prognosegutachten zu erstellen ist (also v. a. bei der Frage der Einweisung in den bzw. einer Entlassung aus dem
Maßregelvollzug), sind sie jedoch zumeist wenig hilfreich. Denn auf Patienten, deren
Delikte im engen Zusammenhang mit einer psychischen Erkrankung standen (z. B.
einer Psychose oder hirnorganischen Erkrankung), sind die im Bereich „normaler"
Rückfallkriminalität entwickelten Kriterien kaum übertragbar. Bei der anderen Gruppe
von Untergebrachten, bei denen überwiegend eine abnorme Persönlichkeitsstruktur
vorliegt, handelt es sich dagegen bereits um eine derart hochselektierte Tätergruppe
(Leygraf 1988), daß die Beurteilung allein anhand anamnestischer Kriterien stets zu
einem negativen Ergebnis führen muß. Da anamnestische Daten naturgemäß für keinerlei Änderungen zugänglich sind, liefe dies regelhaft auf eine dauerhafte Unterbringung
hinaus. Eine Entlassung käme allenfalls dann in Betracht, wenn aufgrund des fortge-

schrittenen Lebensalters ein erneutes kriminelles Verhalten nicht mehr zu erwarten wäre.

Hier liegt der entscheidende Schwachpunkt aller auf Prognosetafeln beruhenden Beurteilungsverfahren: Sie basieren auf einem statischen Persönlichkeitskonzept und sind somit nicht dazu in der Lage, mögliche Wandlungen der Persönlichkeit oder potentiell erfolgreiche Behandlungsverläufe in der Prognosebeurteilung zu berücksichtigen.

Dagegen soll die *klinische Prognose* alle im Einzelfall relevanten Faktoren erfassen und in ihrer Bedeutung hinsichtlich der Kriminalprognose gewichten. Sie bietet somit den Vorteil eines individuellen Einzelbezugs, hebt stärker auf die spezielle Problematik psychisch kranker bzw. gestörter Rechtsbrecher ab und ermöglicht es, die in der Behandlung gewonnenen Erfahrungen und therapeutischen Veränderungen zu berücksichtigen. Sie setzt also ein spezifisches Fachwissen ein, dessen Ansammlung im Laufe eines Berufslebens jedoch ebenfalls einer schwer objektivierbaren Selektion unterliegt.

Dabei sieht sich jeder Versuch, konkret und hinsichtlich ihrer prognostischen Relevanz nachvollziehbare Kriterien für klinische Kriminalprognosen zu entwickeln und empirisch auf ihre Validität zu überprüfen, mit einer Reihe grundsätzlicher Probleme konfrontiert:

- Schwere Delikte bzw. Gewaltdelikte sind seltene Ereignisse mit kleinen Basiswahrscheinlichkeiten und schon deshalb aus statistischen Gründen schwierig vorherzusagen.
- Katamnestische Untersuchungen an entlassenen Patienten lassen stets nur Aussagen über eine der beiden Fehlermöglichkeiten zu, nämlich die der „false negatives", bei denen sich eine günstige Prognosestellung im nachhinein als falsch erwies. Die Patienten jedoch, bei denen zu Unrecht eine ungünstige Legalprognose gestellt wird, werden in der Regel weiterhin in den Institutionen festgehalten und können somit ihre Ungefährlichkeit zwangsläufig nicht unter Beweis stellen. Die in den USA gewonnenen Befunde lassen die Quote solcher „false positives" außerordentlich hoch erscheinen (Übersicht bei Monahan 1978). Dies weist auf eine naheliegende Tendenz hin, durch „overprediction" zu einer Entscheidungssicherheit zu gelangen.
- Prognostische Begutachtungen sind überwiegend persönlichkeitszentriert. Kriminelles Verhalten wird jedoch nicht allein durch persönlichkeitsgebundene Aspekte determiniert. Hier sind Umgebungsfaktoren sowie situative Einflußgrößen von gleicher Gewichtigkeit, so daß neben der Suche nach kriminogenen Persönlichkeitsmerkmalen auch Möglichkeiten der Umschreibung potentiell kriminogener Situationen bzw. Situationsveränderungen untersucht werden sollten (Monahan 1975).
- Mit zunehmendem Prognosezeitraum erhöht sich zwangsläufig die Zahl der unvorhersehbaren Ereignisse bzw. Situationen, zumal Prognose- und Validierungskontext in der Regel auseinanderfallen (Monahan 1978). Nicht selten erweisen sich Gewaltdelikte als „soziale Unfälle" (Rasch 1985), die auch im nachhinein kaum vermeidbar erscheinen.

Die wissenschaftliche Auseinandersetzung zwischen Verfechtern statistischer bzw. klinischer Kriminalprognosen relativiert sich in der Regel dann, wenn Vorschläge zur praktischen Durchführung prognostischer Stellungnahmen erfolgen. Hier werden zumeist die Vorzüge einer *Verbindung beider Prognoseverfahren* betont.

So weisen klinisch orientierte Gutachter auf die Notwendigkeit einer systematischen Vorgehensweise anhand nachvollziehbarer Kriterien hin, wobei Prognosetafeln es erleichtern, entscheidungsrelevante Faktoren nicht zu übersehen (Rasch 1986). Befürworter statistischer Verfahren warnen dagegen vor einem unkritischen, mechanisch-schematischen Gebrauch von Prognosetafeln und heben die Bedeutung einer zusätzlichen sorgfältigen Anamnese, eines ergänzenden Aktenstudiums und v. a. des im Gespräch mit dem Probanden vermittelten persönlichen Eindrucks hervor (Schneider 1981).

Anforderungen an ein psychiatrisch-psychologisches Prognosegutachten

Zu Recht wird von Rasch (1985) betont, daß es angesichts der methodischen Unsicherheiten auf diesem Feld und des heutigen Wissenschaftspluralismus unangebracht sei, „den Gutachter auf die Verwendung ganz bestimmter psychologischer Tests oder die Verwendung einer bestimmten psychologisch-psychopathologischen Theorie festzulegen". Dennoch ist bei der Erstellung eines klinischen Prognosegutachtens die Beachtung eines gewissen *Minimalstandards* zu fordern:

- Der Gutachter muß sich auf eine eingehende Exploration und Untersuchung des Probanden stützen, ggf. unter Einbeziehung testpsychologischer Verfahren.
- Er muß die den Akten entnehmbaren anamnestischen Daten einbeziehen sowie die während der Behandlung bzw. des Vollzuges mit dem Betroffenen gemachten Erfahrungen, insbesondere eventuelle Zwischenfälle.
- Und schließlich sollte das Gutachten die Kriterien, auf die sich die abschließende Beurteilung stützt, nachvollziehbar erkennen lassen.

Diese Forderungen erscheinen zwar angesichts der schicksalsträchtigen Bedeutung eines solchen Gutachtens für den Probanden selbst wie für die von seinem Verhalten Betroffenen nahezu banal. Ihre Einhaltung ist jedoch in der Prognosepraxis leider keineswegs selbstverständlich (Nowara 1991).

Darüber hinaus wurden von Rasch (1985, 1986) 4 *Dimensionen* (frühere Delinquenz, Querschnittsbild der Persönlichkeit bzw. Erkrankung, Verlauf seit Tatbegehung, Perspektiven) beschrieben, die bei einer kriminologischen Prognosestellung zu beachten sind. Da es sich hier um die bislang systematischste Darstellung klinischer Prognosekriterien handelt, ist auch die folgende Darstellung prognostisch relevanter Aspekte hieran ausgerichtet. Die in den verschiedenen Bereichen aufgeführten Einzelkriterien sind jeweils kritisch auf die zu beurteilende Problematik hin abzuwägen. Zudem gewinnen die Beurteilungsebenen eine unterschiedliche Gewichtung in Abhängigkeit von der jeweiligen Fragestellung (Einweisungs-, Lockerungs- oder Entlassungsprognose).

Anamnestische Befunde

Rückfallgefährdete Straftäter weisen im Vergleich zu Einmaltätern signifikant häufiger bestimmte anamnestische Auffälligkeiten auf. Diese betreffen die *Herkunftsfamilie* (z. B. mangelnde innere oder äußere Stabilität; sprunghafter und inkonsequenter Erziehungsstil; Alkohol- bzw. Drogenmißbrauch sowie dissoziales Verhalten bei weiteren Mitgliedern der Primärfamilie) wie auch die eigene *biographische Entwicklung* (z. B. Schuleschwänzen, früher Beginn dissozialer Verhaltensweisen, frühzeitiger Alkohol-

oder Drogenmißbrauch, mangelnde Arbeitskontinuität, inkonstantes Partnerschaftsverhalten, häufige und längere Vorstrafen und insbesondere häufiges Bewährungsversagen). Diese Befunde sind statistisch vielfach gesichert (Schneider 1981), müssen jedoch
stets auf ihre Relevanz im konkreten Einzelfall überprüft werden.

Im wesentlichen stellt sich die Frage, ob die bisherige Delinquenz vorwiegend auf
der (abnormen) Persönlichkeit bzw. psychischen Erkrankung des Täters basierte oder
ob hier situative Einflußfaktoren von entscheidender Bedeutung waren, einschließlich
der oft komplexen Situation einer Mittäterschaft (Rasch 1986). Generell ist die Gefahr
einer Tatwiederholung um so geringer einzuschätzen, je stärker Tatmotivation und
Tatbegehung an spezifische *konstellative Bedingungen* geknüpft waren. Gerade bei
psychisch kranken oder abnormen Straftätern treten situative Zufallseinflüsse jedoch
eher in den Hintergrund, da diese Tätergruppe dazu neigt, in ein pathogenes Milieu
zurückzukehren oder sich ihre kriminogenen Situationen selbst zu schaffen (Rasch
1985).

Von besonderer prognostischer Bedeutung ist zudem die Frage, ob der Tat eine spezifische *Täter-Opfer-Beziehung* zugrunde lag, was auf eine geringe Wiederholungsgefahr hinweist (Rode u. Scheld 1986). Dies gilt auch für Delikte im Zusammenhang
mit einer psychotischen Erkrankung. So entwickeln sich Gewalttaten schizophrener
Patienten zumeist aus einer langdauernden, konfliktträchtigen Beziehung zum späteren
Opfer (Böker u. Häfner 1973) und zeichnen sich oft durch spezifische situative Bedingungen aus, die eine Wiederholungsgefahr gering erscheinen lassen. Dies wird in
der Prognosepraxis häufig nicht genügend berücksichtigt. Stattdessen findet sich vielfach eine unkritische Gleichsetzung von weiterbestehender Krankheitssymptomatik mit
einer ebenfalls fortdauernden Gefährlichkeit (Leygraf 1988).

Alkohol- oder Drogeneinfluß zum Tatzeitpunkt ist zumindest dann von prognostischer Relevanz, wenn zugleich ein genereller Rauschmittelmißbrauch vorliegt. Dies
spräche für eine eher ungünstige Prognose. Ob eine akute Alkoholisierung ohne Vorliegen einer Sucht tendenziell auf eine günstige Prognose hinweist (vgl. Rasch 1986), ist
bislang empirisch nicht gesichert. Die von Rode u. Scheld (1986) bei Tötungsdelikten
ermittelten Daten weisen eher auf eine generell erhöhte Wiederholungsgefahr bei Taten
hin, die unter Alkoholeinfluß begangen wurden.

Aktuelle Persönlichkeitsmerkmale bzw. Krankheitssymptomatik

Untersuchungen zur Kriminalprognose konzentrierten sich lange Zeit auf den Versuch,
bestimmte *Persönlichkeitsfaktoren* zu identifizieren, die auf eine erhöhte kriminelle
Rückfälligkeit hinweisen sollen. Die Ergebnisse dieser Arbeiten wurden von Menzies et al. (1985) zu einem Schema zusammengefaßt, wobei u. a. folgenden Faktoren
besondere Bedeutung zugemessen wird: Emotionalität, Empathievermögen, Fähigkeit
zu Schuldgefühlen, Toleranz, Wandlungsmöglichkeit durch Erfahrung, Handlungskontrolle, (kriminelles) Selbstkonzept. Laut Rasch (1986) weisen insbesondere eine „hohe
Störbarkeit, geringe Frustrationstoleranz, Depressivität, geringes Selbstwertgefühl, Impulsivität, Augenblicksverhaftung" auf eine ungünstige Prognose hin, ebenso ein hohes
Suchtpotential, sofern die frühere Kriminalität auf die Sucht zurückzuführen war.

Generell ist zu beachten, daß keine Persönlichkeitsauffälligkeit für sich genommen bereits auf eine ungünstige Legalprognose hinweist. Jeder Befund ist kritisch daraufhin zu prüfen, welche tatsächliche Relevanz ihm für ein bestimmtes Verhalten zukommt. Dies gilt auch für die im Maßregelvollzug untergebrachten *schizophren erkrankten Straftäter*. So läßt sich allein aus vorhandenen Residualsymptomen der Erkrankung in der Regel allenfalls eine ungünstige Sozialprognose, nicht aber eine hohe kriminelle Rückfallgefährdung ableiten. Eine weiterbestehende paranoid-halluzinatorische Krankheitssymptomatik weist dagegen auf eine höhere Wiederholungsgefahr hin, sofern sich die früheren Delikte wesentlich aus einer entsprechenden Wahnthematik heraus entwickelt hatten. In Hinblick auf Gewaltdelikte gefährdet erscheinen v. a. jüngere Patienten mit einem chronisch-fixierten Wahnerleben, zumal wenn sie früher bereits eine Tendenz gezeigt haben, aus ihrem wahnhaften Erleben heraus „aktiv" zu werden (Shore et al. 1988).

Speziell auf die prognostische Beurteilung von *Sexualstraftätern* bezogen werden von Schorsch (1986) folgende Kriterien genannt.

– Determinations- und Intensitätsgrad der sexuellen Deviation,
– Objektbezogenheit der Handlungsimpulse bzw. Phantasien bei der Straftat,
– Fähigkeit zur Integration der devianten Dynamik in das Selbstbild.

Je ichdystoner die sexuellen und aggressiven Impulse vom Betroffenen selbst erlebt werden, je stärker er in seinem Erleben auf die Deviation festgelegt ist, je progredienter die Verlaufsform und je wahllos-destruktiver die Handlungsimpulse beim Tatgeschehen, um so problematischer wird die Prognose.

Gerade bei der Begutachtung von Sexualdelinquenten stellt sich jedoch oft die Frage der tatsächlichen Offenheit des Betroffenen, und zwar nicht erst im Zusammenhang mit Lockerungs- oder Entlassungsentscheidungen. Angesichts ihrer oft basalen Beziehungsstörung fällt es diesen Patienten besonders schwer, sich innerhalb der mit erheblichen Scham- und Schuldgefühlen besetzten sexuellen Thematik zu öffnen. Der früher zuweilen gewählte Weg einer scheinbar „objektiven" Beurteilung der sexuellen Präferenz und Ansprechbarkeit mittels phallographischer Untersuchungsmethoden ist sicher keine Hilfe (Schorsch u. Pfäfflin 1985): die Ergebnisse sind unzuverlässig, die Methode basiert auf einem rein mechanistischen Sexualitätskonzept und geht an der eigentlichen Problematik dieser Patienten vorbei.

Die Forderung nach möglichst objektivierbaren und vergleichbaren Befunderhebungen legt die Hinzuziehung *testpsychologischer Untersuchungsverfahren* nahe. Das bei dissozialen Persönlichkeiten am häufigsten untersuchte Verfahren stellt das „Minnesota Multiphasic Personality Inventory" (MMPI) dar. Versuche, mit dessen Hilfe zwischen Erst- und Rückfalltätern zu differenzieren, kamen jedoch zu widersprüchlichen Ergebnissen. Reproduzierbare Befunde haben sich lediglich für die Sondergruppe der „überkontrollierten Gewalttäter" finden lassen (Megargee et al. 1967). Die besondere Bedeutung testpsychologischer Verfahren liegt jedoch in der Möglichkeit, zu unterschiedlichen Zeitpunkten erhobene Querschnittsbefunde der Persönlichkeit vergleichbarer zu machen. Änderungen in spezifischen, hinsichtlich der kriminellen Rückfallgefährdung bedeutsamen Persönlichkeitsbereichen können somit besser erfaßt werden.

Verlaufsbefunde

Prognosekriterien, die auf den Verlauf seit Tatbegehung ausgerichtet sind, basieren in der Regel auf dem beobachtbaren Verhalten des Betroffenen während des Vollzugs einer Maßregel oder Freiheitsstrafe. Ihre tatsächliche prognostische Relevanz wird in der Literatur zumeist kritisch bewertet (z. B. Rasch 1984). Dennoch reduziert sich die Gutachtenpraxis vielfach auf eine Bewertung äußerer Verhaltenskriterien, die nicht selten an einem möglichst „anstaltskonformen" Verhalten ausgerichtet sind (Leygraf 1988; Nowara 1991).

Dabei kann die Fähigkeit, sich den Bedingungen einer Einrichtung anzupassen, auch durchaus auf eine günstige Persönlichkeitsveränderung hinweisen, sofern zuvor tatsächlich Defizite im Bereich der sozialen Anpassungsfähigkeit vorlagen. Eine übermäßige Ausprägung konformer Verhaltensweisen, zumal unter den konfliktträchtigen und belastenden Bedingungen einer Unterbringung, kann jedoch auch einen Indikator für das Fortbestehen der eigentlichen Problematik des Betroffenen darstellen. So zeichnet sich die Gruppe der „überkontrollierten Gewalttäter" und insbesondere ein Großteil aggressiver Sexualstraftäter gerade durch die Diskrepanz zwischen sozialer Überanpassung und plötzlichen Aggressionsdurchbrüchen aus.

Eine Analyse[1] der in der Literatur beschriebenen Kriterien sowie der „hausinternen" Fragebögen bzw. Checklisten verschiedener Maßregeleinrichtungen ergab, daß hinsichtlich der in der Unterbringung feststellbaren Aspekte u. a. folgende Bereiche als prognoserelevant angesehen werden:

- Verhältnis von Anpassung und Durchsetzung eigener Interessen, insbesondere Fähigkeit zur Impulskontrolle,
- Kooperationsfähigkeit im Stationsalltag,
- Krankheitseinsicht bzw. kritische Selbsteinschätzung der Persönlichkeitsproblematik,
- Behandlungsmotivation und Bereitschaft zur Wahrnehmung therapeutischer Angebote,
- Ansprechen einer psychotischen Krankheitssymptomatik auf die (medikamentöse) Behandlung und Erfolg einer Rezidivprophylaxe,
- Auseinandersetzung mit dem früheren delinquenten Verhalten,
- Fähigkeit zur Knüpfung und Aufrechterhaltung sozialer Kontakte zu Mitpatienten, Mitarbeitern sowie Personen außerhalb der Einrichtung,
- vertrauensvolle Bindung an einen Therapeuten,
- Einstellung zur bzw. Stellung innerhalb der „Subkultur" der Patientengruppe,
- Affektive Resonanz und Schwingungsfähigkeit,
- emotionale Störbarkeit und Frustrationstoleranz,
- Umgang mit Alkohol oder anderen Suchtmitteln,
- Tendenz zu funktionellen bzw. konversionsneurotischen Beschwerden,
- Fähigkeit zum Erfahrungslernen,
- Antriebs- und Durchhaltevermögen,
- Fähigkeit zur Tagesstrukturierung und Freizeitgestaltung,
- realistische Zukunftsorientierung.

---

[1] Es handelt sich um eine von der Deutschen Forschungsgemeinschaft unterstützte Untersuchung, in der z. Z. ein entsprechender Kriterienkatalog auf seine Operationalisierbarkeit und Itemreliabilität geprüft wird.

Über diese Kriterien hinaus wird dem Umgang mit gewährten „*Lockerungen*" eine besondere Bedeutung beigemessen. Das Verhalten unter den Belastungen eines zunehmend größeren Freiheitsraums soll Aufschluß darüber geben, inwieweit vorhandene Änderungen im Verhaltensmuster auch außerhalb stärker strukturierter Lebensbedingungen konstant bleiben (Leygraf u. Heinz 1984). Dies darf jedoch nicht dazu führen, prognostische Beurteilungen schrittweise auf eine Versuchs-Irrtum-Methode zu reduzieren (Rasch 1985). Stattdessen setzt jede Lockerung bereits eine entsprechende prognostische Bewertung voraus.

Ein spezielles Problem stellt die Bewertung von *Entweichungen* dar. Diese gelten zumeist auch dann als Hinweis auf eine ungünstige Legalprognose, wenn der Betroffene in dieser Zeit keinerlei Straftaten begangen hat. Ein solcher Ablauf ist jedoch eher positiv zu bewerten. Schließlich hat der Entwichene gezeigt, daß er zumindest eine Zeitlang außerhalb des Vollzuges – unter der zusätzlichen Belastung der Illegalität – ohne erneute Delinquenz leben konnte, was „eher für Entlassungsreife" spricht (Horstkotte 1986).

Perspektiven

Die Notwendigkeit, insbesondere die zukünftige Lebenssituation des Betroffenen in die Legalprognose einzubeziehen, wird in der Literatur immer stärker in den Vordergrund gestellt (Mohanan 1975; Nedopil 1986; Rasch 1988). Letztlich beinhaltet ein solches Vorgehen aber bereits für sich genommen eine prognostische Antizipation. Zum Zeitpunkt der Gutachtenerstellung läßt sich die Beurteilung lediglich auf die Lebenssituation abstellen, in die hinein die Entlassung erfolgen soll. Je weiter der zeitliche Abstand zum Gutachtenzeitpunkt, um so größer wird die Möglichkeit, daß die der Prognosebeurteilung zugrunde gelegte Lebenssituation von der tatsächlichen divergiert. Dies ist ein wesentlicher Grund für die Abhängigkeit der Prognosesicherheit vom Prognosezeitraum (Monahan 1984).

Auch hier sind die zumeist genutzten Kriterien (z. B. das Vorliegen sozialer Kontakte; Wohn- und Arbeitsmöglichkeiten) lediglich als offene Gesichtspunkte anzusehen, deren Ausrichtung und Relevanz im Einzelfall sehr unterschiedlich sein können. So ist eine stabile *familiäre Verankerung* häufig prognostisch günstig zu bewerten; sie kann aber – besonders bei zu starker emotionaler Zuwendung der Familie – auch einen rückfallprovozierenden Charakter haben (Buchkremer et al. 1991). Ebenso kann eine während der Haft oder Unterbringung aufgebaute *Partnerschaft* im Einzelfall durchaus einen stabilisierenden Einfluß haben. Oft beruhen solche Partnerschaften aber auf Illusionen, die sich nach der Entlassung eher belastend als stabilisierend auswirken (Rasch 1985). Ihre vor der Entlassung gezeigte Stabilität basiert häufig gerade auf der durch den Freiheitsentzug bedingten Unmöglichkeit von tatsächlicher Nähe und Miteinander. Von den Untergebrachten bzw. Strafgefangenen selbst wird eine solche Partnerschaft zuweilen auch aus rein rationalen Erwägungen gesucht, um somit ein „günstiges" Prognosekriterium aufweisen zu können.

Auch die konkreten Möglichkeiten einer *beruflichen Tätigkeit* nach der Entlassung sind als Kriterium der Legalprognose nur mit Einschränkungen verwendbar, nicht nur aufgrund der derzeitigen gesamtwirtschaftlichen Verhältnisse. Eine Analyse der

Rückfallbedingungen bei erneut in den Maßregelvollzug aufgenommenen Straftätern zeigte im Anschluß an die frühere Entlassung eine Arbeitslosenquote von zunächst nur 14%, die dann im weiteren Verlauf jedoch erheblich zunahm (Schlösser 1990). Bedeutsamer als das Vorliegen eines konkreten Arbeitsplatzes zum Entlassungszeitpunkt scheint die Fähigkeit des Betroffenen, eine berufliche Tätigkeit über einen längeren Zeitraum aufrecht zu erhalten bzw. die durch Arbeitslosigkeit bedingten Probleme der Tagesstrukturierung zu kompensieren.

Von besonderer Bedeutung sind in diesem Zusammenhang dagegen die Möglichkeiten, durch gezielte therapeutische Maßnahmen die Prognose aktiv günstig zu beeinflussen. Hierzu gehört neben der Vermittlung individuell adäquater Wohn- und Arbeitsmöglichkeiten v. a. , eine notwendige ambulante Fortsetzung der Therapie frühzeitig zu sichern. Speziell bei psychisch kranken/gestörten Straftätern haben sich in der Vergangenheit die mangelhaften komplementären bzw. ambulanten Betreuungsmöglichkeiten als ein die Legalprognose besonders ungünstig beeinflussender Faktor erwiesen (Leygraf 1988).

Ausblick

So einleuchtend und nachvollziehbar die genannten und in der Prognosebegutachtung genutzten Kriterien im einzelnen auch erscheinen mögen: Ob sie tatsächlich einen Aufschluß über die künftige Legalbewährung des Betroffenen ermöglichen, wird sich nur in längerfristigen, prospektiv angelegten und auf genügend großen Fallzahlen basierenden Untersuchungen klären lassen.

Am Ende solcher Untersuchungen wäre sicher kaum die herausragende prognostische Bedeutung eines Einzelkriteriums zu erwarten, sondern allenfalls spezifische Kriteriencluster für bestimmte Patienten- bzw. Tätergruppen. Denkbar wäre aber auch die Erkenntnis, daß sich einzelne, derzeit übereinstimmend als prognostisch wichtig bewertete Faktoren als unbedeutend für die tatsächliche Legalbewährung erweisen könnten. Dies böte u. a. eine zumindest indirekte Möglichkeit, sich dem Problem der zu Unrecht als weiter gefährlich beurteilten und im Freiheitsentzug verbleibenden Personengruppe zu nähern.

Literatur

Böker W, Häfner H (1973) Gewalttaten Geistesgestörter. Springer, Berlin Heidelberg New York
Buchkremer G, Stricker K, Holle R, Kuhs H (1991) The predictability of relapses in schizophrenic patients. Eur Arch Psychiatry Neurol Sci 240:292–300
Ennis B, Emery R (1978) The rights of mental patients. Avon, New York
Horstkotte H (1986) Strafrechtliche Fragen zur Entlassungspraxis nach § 67d Abs. 2 StGB. Mschr Krim 69:332–341
Leygraf N (1988) Psychisch kranke Straftäter. Epidemiologie und aktuelle Praxis des psychiatrischen Maßregelvollzugs. Springer, Berlin Heidelberg New York Tokyo
Leygraf N, Heinz G (1984) Stationäre psychiatrische Behandlung psychisch kranker Täter. In: Blau G, Kammeier H (Hrsg) Straftäter in der Psychiatrie. Situationen und Tendenzen des Maßregelvollzuges. Enke, Stuttgart, S 44–57
Megargee EI, Cool PE, Mendelsohn GA (1967) Development and validation on an MMPI scale of assaultivness in overcontrolled individuals. J Abnorm Psychol 72:519–528

Menzies RJ, Webster CD, Sepejak DS (1985) The dimensions of dangerousness. Evaluating the accuracy of psychometric predictions of violence among forensic patients. Law Human Behav 9:49–70

Monahan J (1975) The prediction of violence. In: Chappell D, Monahan J (eds) Violence and criminal justice. Lexington, Toronto London, pp 15–31

Monahan J (1978) Prediction research and the emergency commitment of dangerous mentally ill persons: a reconsideration. Am J Psychiatry 135:198–201

Monahan J (1984) The prediction of violent behavior: toward a second generation of theory and policy. Am J Psychiatry 141:10–15

Nedopil N (1986) Kriterien der Kriminalprognose bei psychiatrischen Gutachten. Eine Bestandsaufnahme aufgrund praktischer Erfahrung. Forensia 7:167–183

Nowara S (1991) Prognosebegutachtungen im Maßregelvollzug. (In Vorbereitung)

Quinsey VL, Ambtman R (1979) Variables affecting psychiatrists' and teachers' assessments of the dangerousness of mentally ill offenders. J Consult Clin Psychol 477:353–362

Rasch W (1984) Zur Praxis des Maßregelvollzugs. Verhalten in der Institution als Basis der Prognosebeurteilung. In: Eisenbach-Stangl I, Stangl W (Hrsg) Grenzen der Behandlung. Soziale Kontrolle und Psychiatrie. Westdeutscher Verlag GMBH, Opladen, S 128–138

Rasch W (1985) Die Prognose im Maßregelvollzug als kalkulierbares Risiko. In: Schwind HD (Hrsg) Festschrift für Günter Blau zum 70. Geburtstag. Walter de Gruyter, Berlin New York, S 309–325

Rasch W (1986) Forensische Psychiatrie. Kohlhammer, Stuttgart Berlin Köln Mainz

Rasch W (1988) Dimensionen und Verläßlichkeit der Kriminalprognose. In: v. Andel H, Pittrich W (Hrsg) Fortschritte der forensischen Psychiatrie. Behandlung und Prognose. Schriftenreihe des Landschaftsverbandes Westfalen-Lippe, Münster, S 20–39

Rode I, Scheld S (1986) Sozialprognose bei Tötungsdelikten. Springer, Berlin Heidelberg New York Tokyo

Schlösser R (1990) Rückfälle in den Maßregelvollzug. Eine Untersuchung gescheiterter Rehabilitationsversuche bei psychisch kranken Straftätern. Medizinische Dissertation, Universität Münster

Schneider HJ (1981) Kriminalprognose. In: Schneider HJ (Hrsg) Die Psychologie des 20. Jahrhunderts, Band XIV: Auswirkungen auf die Kriminologie. Delinquenz und Gesellschaft. Kindler, Zürich, S. 816–853

Schorsch E (1986) Die sexuellen Deviationen und sexuell motivierte Straftaten. In: Venzlaff U (Hrsg) Psychiatrische Begutachtung. Gustav Fischer, Stuttgart New York, S 279–316

Schorsch E, Pfäfflin F (1985) Zur Phallographie bei Sexualdelinquenten. Recht Psychiatrie 3:55–59

Shore D, Filson CR, Johnson WE (1988) Violent crime arrests and paranoid schizophrenia: the white house case studies. Schizophr Bull 14:279–281

Steadman HJ (1983) Predicting dangerousness among the mentally ill: art, magic and science. Int J Law Psychiatry 6:381–390

Die Bewährung von Prognosekriterien im Maßregelvollzug

Norbert Nedopil

Kriminologische und psychiatrische Ansätze bei der Risikoabschätzung des psychisch kranken Rechtsbrechers

Entwicklung von Prognosekriterien in der Kriminologie

Die Frage nach der Kriminalprognose wird in Deutschland seit 1933, als der Maßregelvollzug in das Strafgesetzbuch aufgenommen wurde, an den Psychiater gestellt. Auf diese Frage versuchten Juristen bereits wesentlich früher eine Antwort zu geben, wenn sie die bedingte Entlassung aus der Haftanstalt begründen mußten. Letztendlich bleibt die Frage auch bei den psychisch kranken Rechtsbrechern eine juristische: Der Richter hat darüber zu entscheiden, ob die Voraussetzungen vorliegen, um einen Menschen im Maßregelvollzug unterzubringen oder ihn daraus zu entlassen. Aufgabe des psychiatrischen Sachverständigen ist vordringlich, dem Richter empirisches Wissen zu vermitteln, damit dieser seine Entscheidung fundierter treffen kann als ohne solche Erkenntnisse.

Aufgrund der Entscheidungszwänge der Juristen erscheint es auch verständlich, daß zunächst von Rechtswissenschaftlern und soziologisch orientierten Kriminologen Kriterienkataloge zusammengestellt wurden, mit Hilfe derer die Entscheidung über eine Kriminalprognose erleichtert werden sollte. Eine der ersten Merkmalssammlungen wurde von Burgess 1928 in den USA veröffentlicht. Die erste deutsche Prognosetafel stammt von Schiedt aus dem Jahre 1936. Derartige Kriteriensammlungen wurden bis heute weiter – oder wieder neu – entwickelt und nahmen ganz unterschiedlichen Umfang an. Sie reichten von 3 Merkmalen, nämlich Bettnässen, Tierquälerei und Brandlegung (Hellman et al. 1966) bis zu Merkmalslisten mit mehr als 80 Items (Dietz 1985). Auch wurden unterschiedliche Verfahren empfohlen, wie der Untersucher zur Prognoseentscheidung kommen sollte. Diese reichten von der Berechnung einfacher Summenscores (Schiedt 1936, zit. nach Leferenz 1972) bis zur Entwicklung komplexerer mathematischer Algorithmen (Ballard u. Gottfredson 1963).

In einer Zusammenfassung der Literatur wurden vom Autor dieses Artikels die Prädiktorenkataloge von 12 Autoren (Burgess 1928; Schiedt 1936; Glueck u. Glueck 1950; Frey 1951; Mannheim u. Wilkins 1955; Brückner 1958; Meyer 1959; Ballard u. Gottfredson 1963; Hoffman et al. 1974; Michigan State Correctional Office 1978, zit. n. Monahan 1981; Dietz 1965) analysiert und die einzelnen Merkmale nach Häufigkeit ihrer Nennung aufgelistet (Nedopil 1988a). Dabei wurden in absteigender Reihenfolge folgende Beurteilungskriterien extrahiert:

1) Zahl der Vorstrafen,
2) unregelmäßige Arbeit,
3) Disziplinarstrafen in der Haftanstalt,
4) Art des Delikts,
5) Dissozialität oder Delinquenz im Elternhaus und
6) frühes Alter bei erster Haftentlassung.

Bei 25 weiteren Kriterien erfolgten jeweils weniger als 6 Nennungen.

Derartige Merkmalskataloge scheinen zunächst für den forensischen Psychiater, der eine Kriminalprognose abgeben soll, von untergeordneter Bedeutung, da sie vorwiegend kriminologische und kaum vom Psychiater zu beurteilende Faktoren berücksichtigen. Auch in der juristischen Literatur wurde der Wert von Kriterienkatalogen wiederholt angezweifelt (Mey 1965; Leferenz 1972). Während von juristischer Seite einerseits auf eine Verbesserung der intuitiven Methode hingewiesen wurde (Welsch, zit. in Meyer 1965), wurde von anderer Seite die Überlegenheit statistischer Prognoseverfahren betont (Meyer 1965).

Prognosemethodik in der Psychiatrie

Von Psychiatern wurde immer wieder auf die notwendige klinische Gesamterfassung der Persönlichkeit für die Prognosestellung hingewiesen (Leferenz 1972). In jüngster Zeit wurde vom Westfälischen Arbeitskreis „Maßregelvollzug" (NStZ 2, 1991) beschrieben, daß ein Prognoseinstrumentarium nicht in Sicht sei. Zahlreiche Forschungsvorhaben der letzten Jahre und Jahrzehnte würden den Schluß nahelegen, daß es die zuverlässige Prognose zukünftigen nichtkriminellen Verhaltens gerade im Bereich der Gewalttaten nicht geben wird. Keine der gängigen Prognosemethoden hatte bisher vermocht, zuverlässige Verhaltensvorhersagen zu gewährleisten.

In der Praxis scheint sich noch am ehesten die methodisch umstrittene intuitive Prognose auf der Grundlage eines überlieferten Erfahrungswissens zu bewähren (NStZ 2, 1991).

Dieser Anschauung widersprechen die zahlreichen Veröffentlichungen aus den USA und Kanada, die sich sehr detailliert mit dem Problem der forensisch-psychiatrischen Kriminalprognose auseinandergesetzt haben. Diese Untersuchungen werden aber bedauerlicherweise in Deutschland kaum rezipiert. Der vorgenannte Artikel in der NStZ greift auf keine ausländische Arbeit zurück. Der Mangel an internationalem Gedankenaustausch zu diesem Thema ist um so beklagenswerter, weil die Ergebnisse empirischer Untersuchungen zur Kriminalprognose – im Gegensatz zu vielen anderen forensisch-psychiatrischen Fragen – nur in begrenztem Umfang von unterschiedlichen Gesetzgebungen abhängen.

Eine große Anzahl der im Ausland veröffentlichten Arbeiten wies auf die häufigen Irrtümer der Psychiater bei Prognoseentscheidungen hin (Halleck 1967; Rubin 1972; Monahan 1981, 1984; Steadman 1983; Faust u. Ziskin 1988).

Die Unfähigkeit, empirisch fundierte prognostische Entscheidungen abzugeben, hat sowohl in den USA wie in Deutschland zu alternativen Vorschlägen über die Entlassungsvoraussetzungen bei psychisch kranken Rechtsbrechern geführt. Stone (1984) gelangte zu der Ansicht, daß sich der Psychiater aus solchen empirisch unbeantwortbaren

Fragen zurückziehen und Prognoseentscheidungen gänzlich den Gerichten überlassen solle. Baur (1990) schlug vor, daß die Dauer des Maßregelvollzugs zeitlich begrenzt wird und die Prognose für die Entlassung nur eine untergeordnete Rolle spielen soll.

Prognosekriterien in der forensischen Psychiatrie

Entwicklung differenzierter klinischer Prognosemethoden

Trotz der kontinuierlichen Kritik an der Unzulänglichkeit prognostischer Entscheidungen durch Psychiater und trotz des theoretischen Wissens um die begrenzten Möglichkeiten der wissenschaftlichen Vorhersage menschlichen Verhaltens allgemein (Arthur 1971) und insbesondere seltenen menschlichen Verhaltens (Rosen 1954; Laves 1975) sind in den letzten Jahren eine Reihe neuer Forschungsvorhaben zur Erweiterung prognostischer Aspekte bei psychisch kranken Rechtsbrechern durchgeführt worden. Solche Erweiterungen waren offensichtlich dringend erforderlich, da noch bis in die Mitte der 80er Jahre beklagt wurde, daß sich die Prognoseentscheidungen von Psychiatern im Maßregelvollzug vorwiegend auf das Wohlverhalten in der Institution berufen und andere möglicherweise wichtigere Aspekte außer acht ließen (Rasch 1984).

Vom Autor wurde erstmals 1985 ein differenzierter Kriterienkatalog vorgelegt, der mit Hilfe einer Analyse von Prognosegutachten erfahrener Gerichtsgutachter entwickelt worden war (Ehlers et al. 1985; Nedopil 1986). Darin wurde vorwiegend auf die klinisch relevanten Aspekte der Prognose abgehoben, die über die von Kriminologen erarbeiteten Prädiktoren hinausgingen. Danach wurden in der Reihenfolge ihrer Bedeutung für die prognostische Entscheidung 8 Kriterien der Entlassungsprognose aus dem Maßregelvollzug extrahiert:

1) Krankheitseinsicht und Therapiemotivation,
2) günstiger sozialer Empfangsraum,
3) Abnahme der klinischen Symptomatik,
4) selbstkritische Auseinandersetzung mit der Tat,
5) Offenheit bei der Selbstdarstellung,
6) Bewährung in der bisher erlangten Freiheit,
7) Nachreifung der Persönlichkeit,
8) konkrete und realisierbare Zukunftsperspektiven.

Diese Beurteilungsaspekte wurden nicht als aufsummierbarer Prädiktorenkatalog konzipiert, vielmehr sollte jeder Aspekt einen nach beiden Seiten offenen Bereich darstellen, in dem der Untersuchte einzuordnen ist. Diese Bereiche haben somit eher dimensionalen Charakter. Die Zusammenschau der einzelnen Aspekte sollte die Prognosebeurteilung erleichtern, jedoch nicht die idiographische Beurteilung ersetzen.

Rasch (1985) erarbeitete ebenfalls einen dimensionalen Ansatz, in dem folgende Bereiche zur Beurteilung empfohlen wurden:

1) Die Auslösetat;
2) die Persönlichkeit bzw. die Krankheit, aus der sich delinquentes Verhalten ableiten läßt;
3) das Verhalten während der Unterbringung;
4) der Gebrauch der Freiheit.

In seinem Lehrbuch (Rasch 1986) fügte er „Perspektiven (Außenorientierung)" hinzu, die in etwa dem sozialen Empfangsraum und den Zukunftsperspektiven aus den vorher genannten Kriterien (Nedopil 1986) entsprechen.

Bischof (1988) versuchte eine eher typologische Beschreibung des rückfallgefährdeten, psychisch kranken Rechtsbrechers. Beim Vergleich von 89 Rückfalltätern mit 379 Erstuntergebrachten zeichnete sich der Typ des Rückfalltäters durch soziologische Besonderheiten aus, die eher an rückfällige Strafgefangene als an psychisch Kranke erinnern. Merkmale wie früher Beginn der Delinquenz, Mehrfachdelinquenz vor der Ersteinweisung, Entweichungen aus der Unterbringung fanden sich bei ihnen häufiger. Sie hatten vorwiegend Eigentumsdelikte begangen; außerhalb des Maßregelvollzugs waren sie kaum in psychiatrischer Behandlung. Die Rückfalltäter waren zudem seltener verheiratet als die Erstuntergebrachten.

Eine ausgefeilte typologische Beschreibung von rückfallgefährdeten Straftätern stammt auch von Göppinger (1983), deren Anwendbarkeit für die Prognose von Maßregelvollzugspatienten allerdings begrenzt ist.

Auswirkungen von Kriterienkatalogen auf die Praxis

Die Auswirkung derartiger Untersuchungen auf die Praxis war, wenn überhaupt, bisher relativ gering. Zwar wurde die Hilfestellung, die Kriterienkataloge bei Prognosegutachten leisteten, in persönlichen Gesprächen von Kollegen durchaus gewürdigt, in der juristischen Literatur oder in veröffentlichten Gerichtsentscheiden wurde jedoch nicht auf sie Bezug genommen. Auch in neu erschienenen Lehrbüchern der forensischen Psychiatrie (Glatzel 1985; Venzlaff 1986; Baer 1988) wird ihnen keine Bedeutung beigemessen oder das Thema der Prognose und Risikoeinschätzung bei psychisch kranken Rechtsbrechern überhaupt ausgespart.

In der wissenschaftlichen Literatur wurden zwar einzelne Aspekte hervorgehoben, wie beispielsweise die Bedeutung des „sozialen Empfangsraums" (Mende u. Schüler-Springorum 1989), andererseits wurden häufiger Einzelaspekte kritisiert. Rasch (1986) betonte z. B., daß es für die Prognoseentscheidung nicht interessiere, wie sich der Untergebrachte mit der Tat auseinandergesetzt habe. Die Bedeutung einer kriterienorientierten Gesamtschau wurde jedoch kaum diskutiert. Die eingangs zitierte Veröffentlichung des Arbeitskreises Maßregelvollzug zeigt gerade dieses Mißverständnis.

Prognosen nach Kriterienkatalogen waren offenbar den auf Erfahrung beruhenden intuitiven Prognosen nicht überlegen. Das Ziel der Erarbeitung von Prognosekriterien lag jedoch nicht vorrangig in der Verbesserung der Treffsicherheit des Prognostikers, sondern neben einer Erweiterung der Basis für Prognoseentscheidungen besonders in der Verbesserung der Transparenz von Prognosebeurteilungen (Nedopil 1988a). Dadurch sollte einerseits die psychiatrische Empfehlung für den Juristen nachvollziehbar werden, andererseits sollten ihm die Grenzen empirisch begründbarer Prognoseentscheidungen aufgezeigt werden können.

Im weiteren erschien dadurch auch die Möglichkeit verbessert, prognostische Methodik im Maßregelvollzug lehr- und lernbar zu machen. Für den Maßregelvollzug sollte aus derartigen kriterienorientierten Prognosegutachten erkennbar werden, wo die spezifischen Defizite beim einzelnen liegen und ob oder wie sie ausgeglichen werden können.

Eine schematische Anwendung von Kriteriensammlungen, eventuell sogar verbunden mit statistischen Verfahren im Prognosegutachten, verbietet sich aus methodischen Gründen. Derartige Verfahren erlauben lediglich Gruppenvergleiche, nicht aber die Risikoabschätzung im Einzelfall. Hier zeigen sie auch ihre Überlegenheit gegenüber intuitiven oder klinischen Verfahren (Faust u. Ziskin 1988). In der forensisch-psychiatrischen Tätigkeit ist jedoch die individuelle Betrachtung und idiographische Erfassung Voraussetzung für die Beurteilung. Sie kann bestenfalls durch operationale Kriterien ergänzt und der wissenschaftlichen Aufarbeitung zugänglich gemacht werden (Nedopil 1988b).

Dabei unterscheidet sich der Standpunkt des wissenschaftlich arbeitenden Gutachters einer Universität durchaus von dem des im Maßregelvollzug tätigen Praktikers. Auch die Prognose verändert sich in einem dynamischen Prozeß, der einerseits durch die Entwicklung des Patienten, andererseits durch die Veränderung der Situation, in der er lebt und in die er entlassen wird, gekennzeichnet ist. Der zur Prognose gefragte Therapeut des Maßregelvollzugs ist Teil dieser Dynamik; er vermag deshalb weniger reflektierend und abstrahierend als vielmehr intuitiv zu reagieren. Der externe universitäre Gutachter, der den Untersuchten nur nach einer relativ kurzen Beobachtungszeit beurteilen kann, muß hingegen aufgrund eines Querschnittbildes und unter Berücksichtigung bestimmter Einzelaspekte der Anamnese kondensierend und abstrahierend die Prognose abschätzen. Es ist daher nicht verwunderlich, daß abstrahierende Kriteriensammlungen in diesem Bereich entwickelt wurden, während sich die Erfahrung der im Maßregelvollzug tätigen Ärzte weniger widerspiegelt.

Es bleibt die Frage, ob sich die prognostischen Fähigkeiten der forensischen Psychiatrie für die Beurteilung künftiger Delinquenz überhaupt verbessern lassen. Faust u. Ziskin (1988) haben in ihrer Kritik der psychiatrischen Arbeit vor Gericht vorgeschlagen, die Anforderungen der Justiz zu ändern und statistische Prognosedaten als Grundlage richterlicher Entscheidungen zuzulassen, weil dies die einzigen Daten seien, die der empirische Wissenschaftler aufgrund seiner Fachkenntnis zu interpretieren vermag.

Andererseits wurde erst in der jüngsten Zeit von einer Reihe von Kritikern darauf hingewiesen, daß es durchaus Verbesserungsmöglichkeiten für die Abschätzung des Rückfallrisikos von psychisch kranken Rechtsbrechern gäbe. Von Monahan (1988) wurde darauf abgehoben, daß der Umfang der bisher verwendeten Prädiktorenlisten zu klein und die Prädiktoren zu wenig spezifisch sind. In der McArthur Risk Study, die von einem interdisziplinär zusammengesetzten Team renommierter amerikanischer Wissenschaftler durchgeführt wird, werden umfangreiche demographische, soziologische, kriminologische und klinische Datensammlungen über die Patienten angelegt, aufgrund derer das Risiko künftigen kriminell aggressiven Verhaltens abgeschätzt werden soll (Steadman et al. 1988; Steadman 1991). Das kanadische Philippe Pinel Institut hat einen Erhebungsbogen zur Evaluation der Gefährlichkeit psychisch kranker Rechtsbrecher entwickelt (Millaud et al. 1990), der sowohl der Entwicklung therapeutischer Konzepte wie der Prognosestellung dienen soll. Speyer u. Nedopil (1992) haben versucht, das Spektrum der Prognosekriterien bei Sexualdelinquenten zu erweitern, indem sie den Unterschied zwischen Selbst- und Fremdbild dieser Täter auf sein Gewicht für die Prognoseentscheidung überprüften.

Zusammenfassung des derzeitigen Wissensstands

Versucht man den derzeitigen Stand der Prognoseforschung zusammenzufassen und für die Praxis anwendbar zu machen, so kommt man zu folgenden Schlüssen:

1) Kriterienkataloge und darauf aufbauende statistische Prognoseverfahren sind überfordert und methodisch unzureichend, wenn die Vorhersage künftigen normverletzenden Verhaltens bei psychisch kranken Rechtsbrechern verlangt ist.
2) Der forensische Psychiater sollte sich im Einzelfall auf das Aufzeigen von Risikofaktoren künftiger Delinquenz beschränken. Eine Prognose ist eine Wahrscheinlichkeitsaussage, die von ihren methodischen Voraussetzungen her nicht auf den Einzelfall anwendbar ist.
3) Die Entwicklung von Prognosekriterien für künftiges normverletzendes Verhalten mag zwar für den Einzelfall nur bedingte Relevanz haben, solche Kriterien haben jedoch zu einer Verbreiterung der Basis für die Einschätzung des Einzelfalls geführt. Sie können dazu beitragen, daß wichtige Aspekte bei der Risikoabwägung nicht übersehen werden und daß die psychiatrische Einschätzung für die Gerichte leichter nachvollziehbar wird.
4) Für eine Risikoabschätzung, die dem heutigen Wissensstand gerecht wird, erscheint es erforderlich, die dynamischen Aspekte der Entwicklung des einzelnen Patienten mit dem aufgrund von Prognosekriterien erlangten Wissen zu kombinieren.
5) Da die Prognoseentscheidung ein komplexer Prozeß ist, der selbst bei Anwendung von Kriterienkatalogen sehr weitgehend von der Erfahrung und Intuition des Gutachters abhängt, scheint es wichtig, eine Struktur zu finden, welche die Gedankengänge des Gutachters durchschaubar macht und es erlaubt, diese Gedankengänge am allgemeinen klinischen und kriminologischen Wissen zu überprüfen.

Der folgende aufgezeigte Vorgehensvorschlag (Struktur der gutachterlichen Überlegungen bei Prognosegutachten), der sich auf eigene Arbeiten und auf Vorschläge von Rasch (1986) stützt, erscheint nach Auffassung des Autors insbesondere dann sinnvoll, wenn die Entscheidungsfindung schwierig ist:

A) Das Ausgangsdelikt:
   1) statistische Rückfallwahrscheinlichkeit (Basisrate),
   2) situative Eingebundenheit des Delikts,
   3) Ausdruck einer vorübergehenden Krankheit,
   4) Zusammenhang mit der Persönlichkeit,
   5) Motivationale Zusammenhänge.

B) Die prädeliktische Persönlichkeit:
   1) Kindheitsentwicklung und Faktoren einer Fehlentwicklung,
   2) soziale Integration,
   3) lebensspezifische Umstände (Pubertät, Adoleszenz etc.),
   4) Art und Dauer von krankhaften Verhaltensauffälligkeiten.

C) Die postdeliktische Persönlichkeitsentwicklung:
   1) Anpassung,
   2) Nachreifung,
   3) Entwicklung von Copingmechanismen,
   4) Umgang mit bisheriger Delinquenz,
   5) Persistieren deliktspezifischer Persönlichkeitszüge,
   6) Aufbau von Hemmungsfaktoren,
   7) Folgeschäden durch Institutionalisierung.

D) Der soziale Empfangsraum:
   1) Arbeit,
   2) Unterkunft,
   3) soziale Beziehungen,
   4) Kontrollmöglichkeiten,
   5) Konfliktbereiche, die rückfallgefährdende Situationen wahrscheinlich machen,
   6) Verfügbarkeit von Opfern.

Es kann dann zu jedem der genannten Einzelpunkte das zur Verfügung stehende wissenschaftliche Material aus der Literatur, die eigene klinische Erfahrung und die spezifische Position des zu begutachtenden Individuums im Spektrum der statistisch definierten Gruppe dargelegt werden. Dem Leser ist es dadurch möglich, die individuelle Prognoseentscheidung vor dem wissenschaftlichen und klinischen Hintergrund einzuschätzen und gegebenenfalls die Schlußfolgerungen des Gutachters zu relativieren. Allerdings würde auch ein solcher prognostischer Entscheidungsprozeß kaum wissenschaftlichen Kriterien genügen.

Anforderungen an wissenschaftlich begründete Prognoseentscheidungen

Um wissenschaftlich begründete Risikoabschätzungen abzugeben, bedürfte es einer wissenschaftlichen Theorienbildung und der Entwicklung von Hypothesen zur Genese der Delinquenz des zu begutachtenden Patienten (Rubin 1972; Pollock 1990). Wenngleich eine solche Hypothesenbildung schwierig ist und auch nicht in jedem Fall gelingt, so erscheint eine solche „experimentelle" Methode keineswegs aussichtslos, zumal ihre Anwendung im Gesetz vorgesehen ist. Die Erprobung von Lockerungen im Maßregelvollzug und bedingten Entlassungen aus der Unterbringung erfolgt heute allerdings weitgehend ohne explizite Hypothesenbildung. Auch wäre es verfehlt, derartige Hypothesen erst bei der Risikoabschätzung zur Entlassung zu entwickeln. Vielmehr bedarf es einer wissenschaftlichen Fundierung der Therapie im Maßregelvollzug, um wissenschaftlich begründete Prognosen abgeben zu können. Bereits zu Beginn der Unterbringung im Maßregelvollzug muß mit der Theorienbildung und Hypothesenentwicklung begonnen werden, um darauf ein therapeutisches Konzept aufzubauen. Dann können im Laufe der Behandlung die Hypothesen überprüft, verworfen, ergänzt oder erneuert werden. Vollzugslockerungen können gezielt der Hypothesenprüfung dienen, die Risikoeinschätzung bei der Entlassung wird zum Ergebnis mehrfach geprüfter und modifizierter Hypothesen.

In Ansätzen wird ein solches, von Hypothesen über die individuelle Delinquenzent-
stehung geleitetes Therapiekonzept mit dem „Program on Development Evaluation"
bereits praktiziert (Rice et al. 1990).

Bei diesem Konzept haben Prognosekriterien ein nicht zu unterschätzendes Gewicht, weil sie die empirisch fundierte Grundlage der Hypothesenentwicklung bilden.
Nach einem solchen Konzept würde die Prognose nicht erst zum Zeitpunkt einer ge-
planten Entlassung relevant, sondern würde „hypothesengeleitet" die Behandlung im
Maßregelvollzug von Anfang an begleiten.

In letzter Konsequenz würde dies allerdings auch bedeuten, daß bereits bei der
Begutachtung zur Einweisung in den Maßregelvollzug differenziert und mit fundierten Hypothesen Stellung genommen wird. Wenngleich ein derartiges Vorgehen vom
Gesetzgeber nach den §§ 63 und 64 StGB verlangt wird, lassen sich in den forensisch-
psychiatrischen Gutachten zu diesen Fragen kaum entsprechende Ansätze finden (Nedopil 1988a).

Literatur

Arthur R (1971) Success is predictable. Milit Med 136:539–545
Baer R (1988) Psychiatrie für Juristen. Enke Beck, Stuttgart München
Ballard KB, Gottfredson D (1963) Predictive attribute analysis and prediction of parole perfor-
    mance. Institute for study of crime and delinquency. Vacaville, Ca
Baur FR (1990) Probleme der unbefristeten Unterbringung und der Entlassungsprognose bei
    psychisch kranken Tätern (§ 63 StGB). MDR 44:473–485
Bischof HL (1988) Zur Typologie des psychisch kranken/gestörten Rückfalltäters. Forensia 9:89–
    103
Brückner G (1958) Untersuchungen über die Rückfallprognose bei chronischen Vermögensver-
    brechern. Mschr Krim 41:93ff
Burgess EW (1928) Factors determining success of failure on parole. J Crim Law Criminol
    19:241ff
Dietz PE (1985) Hypothetical criteria for the prediction of individual criminality. In: Webster
    CD, Ben-Aron MH, Hucker SJ (eds) Dangerousness. Cambridge University Press, Cambridge
    London, pp 87–102
Ehlers A, Lamott F, Mende M, Weber J (1985) 15. Interdisziplinäres Symposium über „Aspekte
    der forensischen Prognosebeurteilung" vom 8. bis 9.6.1985 in München. Mschr Krim 68:249–
    250
Faust D, Ziskin J (1988) The expert witness in psychology and psychiatry. Science 241:31–35
Frey E (1951) Der frühkriminelle Rückfallverbrecher. Verlag für Recht und Gesellschaft, Basel
Glatzel J (1985) Forensische Psychiatrie. Enke, Stuttgart
Glueck S, Glueck ET (1950) Unraveling juvenile delinquency. Harvard University Press, Cam-
    bridge, Mass
Göppinger H (1983) Der Täter in seinen sozialen Bezügen. Springer, Berlin Heidelberg New
    York Tokyo
Halleck S (1967) Psychiatry and the dilemmas of crime. Harper & Row, New York
Hellman D, Blackman N (1966) Enuresis firesetting and cruelty to animals: A triad predictive
    to adult crime. Am J Psychiatry 122:1431–1435
Hoffman P, Goodfredson D, Wilkins L, Pasela G (1974) The operational use of an experience
    table. Criminology 12:214–228
Laves RG (1975) The prediction of "dangerousness" as a criterion for involuntary civil com-
    mitment: constitutional considerations. J Psychiatry Law 3:291–326
Leferenz H (1972) Die Kriminalprognose. In: Göppinger H, Witter H (Hrsg) Handbuch der
    Forensischen Psychiatrie, Bd II. Springer, Berlin Heidelberg New York Tokyo, S 1347–1384

Mannheim H, Wilkins LT (1955) Prediction methods in relation to borstal training. Her Majesty's Stationary Office, London

Mende W, Schüler-Springorum H (1989) Aktuelle Fragen der forensischen Psychiatrie. Psychiatrie der Gegenwart, Bd 9. Springer, Berlin Heidelberg New York Tokyo, S 303–338

Mey D (1965) Die Voraussage des Rückfalls im intuitiven und im statistischen Prognoseverfahren. Mschr Krim 48:1

Meyer F (1959) Der kriminologische Wert von Prognosetafeln. Mschr Krim 42:214–245

Meyer F (1965) Der gegenwärtige Stand der Prognoseforschung in Deutschland. Mschr Krim 48:224–246

Millaud F, Roy R, Gendron P, Aubut J (1990) Un inventaire pour l'évaluation de la dangerosité psychiatrique. Manuskript aus dem Institut Philippe Pinel Montreal

Monahan J (1981) Predicting violent behavior. An assessment of clinical techniques. Sage, Beverly Hills London

Monahan J (1984) The prediction of violent behavior: toward a second generation of theory and policy. Am J Psychiatry 141:10–15

Monahan J (1988) Risk assessment of violence among the mentally disordered: Generating useful knowledge. Int J Law Psychiatry 11:249–257

Nedopil N (1986) Kriterien der Kriminalprognose bei psychiatrischen Gutachten. Eine Bestandsaufnahme aufgrund praktischer Erfahrungen. Forensia 7:167–183

Nedopil N (1988a) Die Begutachtung zum Maßregelvollzug – welche Rolle spielen Prognosekriterien? In: Weig W, Böcker F (Hrsg) Aktuelle Kernfragen in der Psychiatrie. Springer, Berlin Heidelberg New York Tokyo, S 464–472

Nedopil N (1988b) Operationalisierung und Standardisierung als Hilfen bei der psychiatrischen Begutachtung.. Mschr Krim 71:117–128

Pollock NL (1990) Accounting for predictions of dangerousness. Int J Law Psychiatry 13:207–215

Rasch W (1984) Zur Praxis des Maßregelvollzugs. Verhalten in der Institution als Basis der Prognosebeurteilung. In: Eisenbach-Stangl I, Stangl W (Hrsg) Grenzen der Behandlung Soziale Kontrolle und Psychiatrie. Westdeutscher Verlag, Opladen, S 128–138

Rasch W (1985) Die Prognose im Maßregelvollzug als kalkuliertes Risiko. In: Schwind HD (Hrsg) Festschrift für G. Blau. de Gruyter, Berlin New York, S 309–327

Rasch W (1986) Forensische Psychiatrie. Kohlhammer, Stuttgart

Rice ME, Harris GT, Quinsey VL, Cyr M (1990) Planning treatment programs in secure psychiatric facilities. In: Weisstub DN (ed) Law and mental health international perspectives, vol 5. Pergamon Press, New York Oxford Beijing Frankfurt Sao Paulo, pp 162–198

Rosen A (1954) Detection of suicidal patients: an example of some limitations to the prediction of infrequent events. J Counsel Psych 18:397–403

Rubin B (1972) Prediction of dangerousness in mentally ill criminals. Arch Gen Psychiatry 72:397–407

Schiedt R (1936) Ein Beitrag zum Problem der Rückfallprognose. Jur Dissertation, München

Speyer R, Nedopil N (1992) Abweichungen zwischen Fremd- und Selbstbild bei persönlichkeitsgestörten Sexualdelinquenten und ihre Relevanz bei Prognoseentscheidungen. Mschr Krim 75:1–9

Steadman HJ (1983) Predicting dangerousness among the mentally ill. – Art magic and science. Int J Law Psychiatry 6:381–390

Steadman HJ (1991) Risk factors for violence. Findings from the MacArthur risk assessment study. (Vortr XVIIth Int Congr of the Intern Academy of Law and Mental Health) Leuven, May 27–30

Steadman HJ, Rosenstern MJ, MacAskill RL, Manderscheid RW (1988) A profile of mentally disordered offenders admitted to inpatient psychiatric services in the United States. Law Human Behav 12:91–99

Stone A (1984) Law psychiatry and morality. Pergamon, New York

Venzlaff U (Hrsg) (1986) Psychiatrische Begutachtung. Fischer, Stuttgart New York

Westfälischer Arbeitskreis Maßregelvollzug (1991) Lockerungen im Maßregelvollzug (§ 63 StGB) – ein „kalkuliertes Risiko"? NStZ 11:64–70

Sozialprognose und Rückfallgefährdung bei jungen Straftätern

Paul H. Bresser

Diagnose – Prognose

Am Anfang einer Prognose muß eine Diagnose stehen. Zunächst sind also Feststellungen zu treffen, aus denen sich dann Folgerungen herleiten lassen. Hier soll für jugendliche Rechtsbrecher zusammengefaßt werden, aus welchen Feststellungen welche Folgerungen ablesbar sind.

Zunächst ist etwas Grundsätzliches vorauszuschicken. Ursprünglich wurde der Begriff Diagnose ebenso wie der Begriff Prognose bevorzugt im Bereich der Heilkunde angewandt. Dabei ging es stets um die Erkenntnis einer Krankheit und um die Voraussage eines Krankheitsverlaufs. Das einschlägige diagnostische Erfahrungswissen ermöglicht weitgehend verläßliche Prognoseaussagen. Jede Krankheit hat ihre Verlaufsgesetzlichkeit, auf die durch geeignete Behandlungsmaßnahmen mehr oder weniger günstig eingewirkt werden kann. Ergänzend zur *Verlaufsprognose* des Krankheitsgeschehens ist deshalb immer auch die *Behandlungsprognose* im Blickfeld.

Eine Verlaufsgesetzlichkeit der Lebensgestaltung – ähnlich der Verlaufsgesetzlichkeit eines Krankheitsprozesses – gibt es beim Menschen nicht. Somit sind Voraussagen darüber, wie sich der einzelne im Verlauf seines weiteren Lebens verhalten oder entfalten wird, nur sehr eingeschränkt möglich. Alles ist weitgehend auch davon abhängig, welches Schicksal ihm beschieden ist, wie sich seine Einstellungen wandeln und wie sich die Folgen seines vorausgegangenen Verhaltens auf die Voraussetzungen seines späteren Verhaltens auswirken. Von alters her waren deshalb Voraussagen über die Lebensentwicklung eines Menschen eng verbunden mit der Wahrsagekunst und mit einem gewissen Anspruch auf Hellseherei. So bleibt auch heute die Lebens-, Sozial- oder Kriminalprognose eines Menschen eine viel vagere „Erkenntnis" als die Prognose eines Krankheitsverlaufs.

Der zu prognostizierende Krankheitsverlauf ist abhängig von dem engverflochtenen, aber weitgehend kalkulierbaren Zusammenwirken der *Verlaufsgesetzlichkeit* des diagnostizierten Krankheitsprozesses und der *Wirkungsgesetzlichkeit* einer geeignet erscheinenden Behandlung. Bei der seelischen Entwicklung und Weiterentwicklung zumal eines jungen Menschen gibt es nicht nur *keine* erkennbare oder weitgehend kalkulierbare Verlaufsgesetzlichkeit wie bei den Krankheitsprozessen, sondern auch *keine* einigermaßen generalisierbare *Wirkungsgesetzlichkeit* von Behandlungsmaßnahmen. So kann die Erstellung einer Prognose nicht mit einer definierten Diagnose verknüpft werden, sondern lediglich in der Orientierung an lebensnahen Erfahrungssätzen und aufgrund einer zusammenfassenden Situationseinschätzung erfolgen. Die prognostisch relevanten Gesichtspunkte sind zu erläutern. Was schließlich im einzelnen Fall der

Forensia-Jahrbuch, Band 3
© Springer-Verlag Berlin Heidelberg 1992

Behandlung dienen kann – sei es in dem unbestimmt weiten Sinne einer Psycho-
oder Sozialtherapie, sei es mit dem Ziel einer erzieherischen Einwirkung, sei es in
Form persönlicher Zuwendung oder als einfache Hilfe zur sozialen Stützung – bleibt
abhängig von grundsätzlichen Fragen des Menschenverständnisses innerhalb des Rahmens der sozialen und der rechtlichen Möglichkeiten. Dabei spielt auch die Frage
eine Rolle, welche Behandlungsansprüche wir gegenüber den an der Schwelle des
Erwachsenwerdens stehenden Menschen geltend machen und durchsetzen können.

Das Thema der Prognose soll im vorliegenden Zusammenhang für den (engeren)
Kreis junger Menschen behandelt werden, die schon straffällig geworden sind. Zu
sprechen ist 1) über die prognostische Wertigkeit eines einzelnen (insbesondere des
ersten) Rechtsbruchs, 2) über die prognostisch relevanten Eigenschaften des Täters
und 3) über die Zusammenschau der Argumente im prognostischen Urteil. Es geht
also um *Feststellungen von Tatmerkmalen,* um die („diagnostische") *Feststellung von
Persönlichkeitsmerkmalen* und um abwägende *prognostische Schlußfolgerungen.*

Prognostische Aspekte der Tat

Aus einer einzelnen rechtsverletzenden Tat läßt sich prognostisch nur sehr wenig herleiten. Sie ist nur als Indikator für eine zunächst unbestimmbare „Labilität gegenüber
der Rechtsordnung" anzusehen. Aber diese Labilität ist weit verbreitet, sie ist nahezu
„allgemein-menschlich" und in jungen Jahren noch etwas größer als im späteren Leben.
Wenn einerseits die Gefahr gesehen werden muß, einen Verstoß gegen die Rechtsordnung prognostisch zu überschätzen, ist andererseits auch die Gefahr zu beachten, ihn
diagnostisch zu unterschätzen. Gegenüber dem Jugendlichen sollte die Fehlhandlung
keinesfalls bagatellisiert werden, weil sich dies prognostisch nachteilig auswirken kann.
Das Fehlverhalten muß Anlaß zu erzieherischen Impulsen geben. Wo dem jungen Menschen der Respekt vor fremden Rechtsgütern oder auch das Bewußtsein seines eigenen
Verantwortlichseins vielleicht nur vorübergehend aus dem Blickfeld verlorenging, ist
ihm dies vorzuhalten. Der rechtsverletzenden Tat die angemessen ernste Bedeutung
zuzusprechen muß zwar nicht dazu führen, zugleich auch „strenge" Konsequenzen zu
ziehen, aber der gedankliche Einbau in die erzieherische Einflußnahme muß doch deutlich bleiben. Wie die Mitverantwortlichen des persönlichen Umfeldes reagieren, ist ein
Teil der notwendigen „Behandlung" des Täters, die je nach Einzelfall mit möglichst
klarer, wenn auch nachsichtiger Zielsetzung zu gestalten ist. Hier wird schon die enge
Verflechtung von Behandlung und Behandlungsprognose mit der Verhaltensprognose
erkennbar. Die unangemessen bagatellisierende Behandlung einer einzelnen Tat kann
sich rückfallfördernd auswirken. Nicht die Tat als solche hat ihren prognostischen
Stellenwert, sondern eher noch die Reaktion auf die Tat. Es kann nicht generell oder
auch nur in der Regel unterstellt werden, daß es bei jungen Menschen durch eigene
Entscheidungsvorgänge wegen eines „schlechten Gewissens", aus Scham, aus einem
Ehrgefühl oder aufgrund einer Aktualisierung des Verantwortungsbewußtseins zur Ver-
meidung von „Wiederholungen" kommt. Die gegebenenfalls gebotene Reaktion muß
allerdings mit einem Augenmaß für die persönliche Ansprechbarkeit des Täters erfolgen. Psychologisch definierte Meßwerte gibt es dafür nicht. Im übrigen findet auch
die einzelne Tat ihren prognostischen Stellenwert in erster Linie dann, wenn sie im

Koordinatensystem der allgemeinen Lebensgestaltung des jungen Menschen betrachtet wird.

Junge Rechtsbrecher begehen ihre ersten Taten häufig gemeinsam mit anderen. Prognostisch sind solche Mittäterschaften immer unter dem gruppendynamischen Aspekt zu beurteilen, daß jeder einzelne, der mitmacht, in unterschiedlicher Weise Eigendynamik einsetzt. Immer ist (mindestens) einer dabei, der die anderen animiert und ihnen „Mut macht", während eben diese anderen sich entweder bedenkenlos mitreißen lassen oder nicht „den Mut haben", Abstand zu halten. Für jeden, der dabei war, ist die prognostische Gefährdung anders einzuschätzen. Ausschlaggebend bleibt auch bei dieser Einschätzung die individuelle Grundstruktur, die sich aus den übrigen Merkmalen der persönlichen Lebensgestaltung ablesen läßt.

Auch Gewalttaten, insbesondere Tötungsdelikte, so schwer sie im Einzelfall sein mögen oder so brutal sie unter Umständen begangen werden, können keine ungünstige Prognose besiegeln. Soweit nicht das Vorleben des Täters andere Hinweise auf ein aggressives oder hinterlistiges Verhalten erkennen läßt, kann der prognostische Stellenwert der Tat oftmals erst im Verlauf einer längeren Beobachtung (etwa in der Haft) beurteilt werden. Aber es gibt Einzelfälle, bei denen an ein tatspezifisch ungünstiges Prognoseurteil gedacht werden muß. Es sind meist allein begangene Tötungsdelikte, die bei sozial integrierten und auch gut begabten jungen Menschen überraschend und mehr oder weniger motivlos erscheinen und in einem teilweise abenteuerlichen, nicht primär sexuell-aggressiven und auch nicht kriegsähnlichen Spiel mit Hinterlist und wenig nachwirkender Betroffenheit begangen werden. Sieht man von Fällen ab, die sich aus der Verlaufsbeobachtung als „Initialdelikt" (also als frühes oder erstes Symptom einer Psychose) darstellen, dann kann sich dahinter eine prognostisch ungünstig zu beurteilende, den sadistischen Verhaltensimpulsen zuzuordnende Tatmotivation verbergen. Das lehren solche dem Verfasser bekannt gewordene Tötungsdelikte, bei denen jugendliche Täter nach einem früh begangenen „Mord" (mit oder ohne zwischenzeitliche Verwahrung oder Behandlung) mit einschlägigen Taten rückfällig wurden. Die Kasuistik kann in der hier gebotenen Kürze nicht angemessen wiedergegeben werden. Da bei diesen motivisch meist undurchsichtigen Delikten eine radikale Offenheit in den Selbstschilderungen kaum zu erwarten ist, sind für die „aufdeckende" (meist allerdings: hineindeutende) Interpretation alle Wege offen. Gängige Denkansätze ergeben sich aus Verknüpfungen mit unbewußten Nachwirkungen anderweitiger Erlebnisse, aus der Unterstellung eines heilsamen Abreagierens von Selbstaggression oder aus dem Zugeständnis eines Hilferufs an die Mitwelt, die den Ausbruch der Gewalt „determinieren" oder „motivieren" soll. Es wird sogar (mit dem Anspruch auf eine „Erkenntnis") von Symbolhandlungen gesprochen. Solche Deutungen verbergen meist das prognostisch Relevante und versperren auch den – für die Behandlungsprognose so entscheidenden – Blick auf die eigene Verantwortlichkeit des handelnden (und nicht nur reagierenden) Menschen.

Wenn typische Fälle mit tatspezifischen Gefährlichkeitsmerkmalen auch relativ selten sind, so müssen sie doch im Blickfeld des Prognostikers bleiben, um nicht blind gegenüber solchen Problemfällen zu werden. Die Hoffnung darf auch nicht einfach auf die (vermeintliche) Wirkungsgesetzlichkeit einer bestimmten Behandlung gesetzt werden, mit der die postulierte „Persönlichkeitsstörung" zu beheben sein soll. Wenn nicht der Weg zu einer selbstkritischen, selbstverantwortlichen und sozial orientierten

Lebensgestaltung gefunden wird, dann ist eine prognostisch relevante Wende (also Besserung) schwerlich oder gar nicht zu erreichen. Gelegentlich vollzieht sich die Wende (früher oder später) mit einem eigenständigen Schritt zur Bewältigung der destruktiven Impulse. Langzeitbeobachtungen lassen erkennen, daß als „Nachhilfe" für eine solche prognostisch bedeutsame Leistung oftmals ernste, vertrauensvolle und lebensnahe Gespräche hilfreicher sind als alle Anleitungen zu psychologisierenden Reflexionen.

Prognostische Aspekte der Persönlichkeit

Von größter sozialprognostischer Bedeutung sind die aus der Lebensgestaltung des Menschen ablesbaren und auf (relative) Dauer im Vordergrund stehenden Weisen der Erlebnisverarbeitung. Im Wechsel der Lebenssituationen zeigen sich bei jedem Menschen vorherrschende Grundzüge, die in der Anschauung dem Bild des Menschen eine Kontur geben. So wie sich in der sinnlichen Wahrnehmung stets Figur und Hintergrund voneinander abheben, so läßt sich die „Gestalt" einer Persönlichkeit als eine dynamische Konstellation von Eigenschaften auf dem Hintergrund seiner Lebensführung erkennen. Wir sprechen beispielsweise von Temperamentsart, von Wesenszügen oder von Persönlichkeitsmerkmalen. Eigenschaften sind die relativ konstanten Besonderheiten des Reagierens *und* des Agierens, die den Menschen als handelndes Individuum in seiner ihm eigenen Art charakterisieren. Selbst wenn der Mensch in eine (überindividuelle) Rolle hineingewachsen ist oder sich in eine soziale Rolle gedrängt oder gezogen fühlt – sei es familiär, beruflich oder anderweitig eingeordnet – so geschieht dies stets in einer ihm eigenen Weise.

Je länger die Zeitstrecke der Beobachtung ist, um so mehr ergänzt und rundet sich das Bild einer auf (relative) Kontinuität gerichteten Entfaltung oder Entwicklung des Menschen. Was sich bis zum Zeitpunkt der Prognosestellung als vorherrschend gezeigt oder gar zunehmend verdeutlicht hat, ist zunächst für die voraussehbare Folgezeit als ein Rahmen der wahrscheinlichen Weiterentwicklung anzusehen. Das gilt auch für den in das strafmündige Alter hineingewachsenen jungen Menschen. Zwar läßt die biologische und psychologische Eigendynamik der Reifezeit immer noch Möglichkeiten von Umschichtungen oder von „spontanen" Neuorientierungen offen, aber als gleichwertig ist auch immer die Möglichkeit einzuschätzen, daß die bis dahin als vorherrschend erkennbar gewordenen Grundzüge sich weiter stabilisieren und vorherrschend bleiben. Wenn überhaupt Anhaltspunkte (Feststellungen) für prognostische Aussagen bei einem strafmündigen Jugendlichen zu gewinnen sind, dann sind es in erster Linie die Grundzüge seiner bis dahin erkennbar gewordenen Persönlichkeitskontur.

Bei einem jungen Menschen, der schon rechtsverletzende Handlungen begangen hat, sind sehr verschiedene Grundzüge als Schwerpunkt einer sozialen Gefährdung zu beobachten. Das Spektrum läßt sich nur mit wenigen Stichworten aufzeigen. Dabei sind anschauliche Beschreibungen in der Praxis – vor allem auch im Gerichtsalltag – für die Verständigung hilfreicher als theorienzentrierte Begriffsschöpfungen. Wenn auch ein junger Mensch schon dazu Anlaß gibt, bei ihm von einer betonten Selbstgefälligkeit, von einer ichzentrierten Anspruchshaltung, von einem Geltungsbedürfnis oder von einer gefühlsbetonten Darstellungstendenz zu sprechen, ist diese Kennzeichnung aufschlußreicher, als wenn mit Bezug auf die psychoanalytische Narzißmustheorie von einer narzißtischen Persönlichkeitsstörung gesprochen wird. Hinter der „diagnostizierten" Frustrationsintoleranz steht meistens eine überzogene Anspruchshaltung, die prognostisch und „therapeutisch" von ausschlaggebendem Gewicht ist. Der völlig konturlos gewordene Begriff der Borderlinepersönlichkeit, der inzwischen bei fast jedem prognostisch ungünstig zu beurteilenden jugendlichen Rechtsbrecher auftaucht, besagt psychologisch spezifizierend soviel wie gar nichts (eben deshalb ist er auch als Passepartout so geeignet). Aber wenn ein junger Mensch erkennen läßt, daß er zunächst leicht führbar, aber mit angestrebter Lösung vom Erziehungsumfeld dann ebenso leicht verführbar ist, dann muß darin ein prognostischer Risikofaktor gesehen werden, der durchaus anschaulich als Willensschwäche bezeichnet werden kann. Bei wieder anderen sind die sozialprognostischen Gefährdungsfaktoren in einer vorherrschenden Neigung zu aggressiven Reaktionen zu erkennen. Solche Menschen sind vergleichsweise betont reizbar oder explosibel, ganz gleich, ob sie damit ihre Macht oder ihre Ohnmacht demonstrieren. Besonders gefährdet oder auch gefährlich sind diejenigen, die eine deutliche Tendenz zu rücksichtslos-eigennützigen Handlungsweisen zeigen. Wir können sie gemütsarm nennen, d. h. sie sind in zwischenmenschlichen Gefühlsbeziehungen eher stumpf, „kalt", fordernd. Prognostisch problematisch sind auch diejenigen, die mit einer unbekümmert-betriebsamen Eigenwilligkeit auffällig werden. Viele jugendliche Rückfalltäter leben ihre Bedürfnisspannungen (auch die sexuellen) nach Lust und Laune aus. Bei anderen wird der Einfluß vorherrschend gewordener „Passionen" (also leidenschaftlicher Beschäftigungsinteressen einschließlich sog. „Süchte") so handlungsbestimmend, daß ihnen frühzeitig der Blick für das „rechtlich Gebotene" und das „mit Strafe Bedrohte" verzerrt oder eingetrübt wird. Damit geraten sie in eine kriminogene Gefahrenzone.

Persönlichkeitsdiagnostische Feststellungen solcher Art, die sich aus der lebensnahen Anschauung des jungen Menschen ergeben, lassen sich nur sehr eingeschränkt durch Testbefunde überprüfen oder objektiver veranschaulichen. Der „Test des Lebens" – die Bewährung (oder Nicht-Bewährung) in den verschiedensten Lebenssituationen – gibt den am ehesten verläßlichen Aufschluß über das, was bei der Persönlichkeitsbeurteilung *prognostisch* relevant ist.

Im vorliegenden Rahmen lassen sich diese beschreibenden Differenzierungen oder Typisierungen junger Rechtsbrecher nicht weiter erläutern oder kasuistisch belegen. Festzuhalten bleibt nur, daß im Blick auf die Persönlichkeit sehr unterschiedliche Merkmalskonstellationen eine sozialprognostische Risikovalenz besitzen, die im Einzelfall nach ihrem Schweregrad zu beurteilen und dann im Rahmenkonzept der jeweiligen Lebenssituation zu gewichten ist.

Prognostisch irrelevant sind alle Denkansätze des Erklärenwollens. Es kann völlig außer Betracht bleiben, ob eine ausgeprägte Verführbarkeit oder eine vorherrschende Aggressivität mehr konstitutionsbiologisch, mehr psychodynamisch oder sonstwie zu „erklären" ist. Wenn im Prognosegutachten mehr und mehr weitläufig über lebensgeschichtliche Daten referiert wird, dann führt der Gedankengang in der Regel von den prognostisch relevanten Anknüpfungspunkten weg. Oft werden Handlungsdeterminanten „im Unterbewußtsein" erdacht oder unterstellt und als diagnostisch relevant gewertet, bei denen jedenfalls völlig unklar bleibt, welche prognostischen Folgerungen sich daraus ergeben. Wird eine Tat etwa als „Symbolhandlung" etikettiert – mit dem Anspruch, dies sei eine „Erkenntnis" oder eine „Feststellung" –, dann wird regelmäßig vermieden, sie in das Koordinatensystem des Persönlichkeitsbildes einzuordnen. Die Unbestimmtheit in diagnostischer Hinsicht führt zu einer noch größeren Unbestimmtheit in prognostischer Hinsicht.

Als ein Teilaspekt der Persönlichkeitsdiagnostik ist die Reifebeurteilung anzusehen. Im Heranwachsendenrecht hat diese Frage einen besonderen Stellenwert bekommen. So wird dem Sachverständigen (oder dem Richter) die Erwartung entgegengebracht, zu erkennen, ob in den zu beurteilenden Heranwachsenden „Entwicklungskräfte noch in größerem Umfang wirksam sind" (BGH-Beschluß vom 26.6.1990). Eine solche Erkenntnis kann man bei jedem Jugendlichen oder Heranwachsenden argumentativ aufbauen – wie die Erfahrung im Gerichtsalltag lehrt –, aber die diagnostische und vor allem die prognostische Valenz erscheint meist sehr fragwürdig.

Psychologische Reife- oder Unreifeentscheidungen lassen sich diagnostisch nicht absichern. Biologische Merkmale sind meßbar und nach ihrem Reifegrad zu bestimmen, sie liefern aber keine Beweisanzeichen für den psychischen Reifegrad. Das bei vielen Jugendlichen naheliegende Argument einer Reifungsdissoziation zwischen der somatischen und der psychischen Entwicklung schafft eine Grauzone der Zuordnung, in der oftmals psychologische Erkenntnisse (von Reifungsdissoziation) postuliert werden, die weitgehend von einem unsicheren Ermessen abhängen. Auch bei schon erwachsenen Menschen lassen sich aus irgendeiner Perspektive immer Reifungsdissoziationen erkennen.

Das Kernproblem liegt darin, daß die feststellbaren, bislang relativ überdauernden psychischen Merkmale nicht erkennen lassen, wie weit sie sich noch aus der Eigengesetzlichkeit der Reifungsvorgänge verändern können, ob sie im Gesamtbild der Persönlichkeitsstruktur einen anderen Stellenwert erlangen werden oder ob ihnen schon eine weitgehende Stabilität eigen ist. So wird eine deutlich hervortretende Verführbarkeit oder ein Mangel an eigenständiger Durchsetzungskraft, also das, was als Willensschwäche zu bezeichnen ist, bei jungen Menschen bevorzugt als Unreifezeichen (als Zeichen einer noch nicht abgeschlossenen Willensbildung) „gedeutet", obwohl dieser sozialprognostische Risikofaktor, wenn er schon über Jahre deutlich geworden ist, in der Regel eher fortbesteht und für die Sozialprognose ungünstig einzuschätzen bleibt. Ebenso wird fast regelmäßig ein Mangel an zwischenmenschlicher Mitschwingung, also ein Mangel an emotionaler Ansprechbarkeit im Sinne einer Gemütsarmut und ihrer Auswirkungen in einer rücksichtslosen Eigennützigkeit prognostisch mißverständlich als emotionale Unreife gewertet. Jedes persönliche Defizit, wie es sich bei einem zu Rechtsverletzungen neigenden jungen Menschen erkennen läßt, wird zu einem Anzeichen von Unreife, auch wenn bei ihm unklar ist, ob „Entwicklungskräfte noch in größerem Umfang wirksam sind". Noch pauschaler wird die Anwendung des Begriffs Unreife, wenn Mängel der sozialen Anpassung mehr oder weniger generell als soziale Unreife etikettiert werden. Damit wird auf die diagnostische Differenzierung verzichtet, und für die Sozialprognose fehlt jeder Anknüpfungspunkt. Was schließlich die Zielsetzung einer Behandlung betrifft, wird ebenso pauschal Sozialtherapie genannt, aber worauf es persönlichkeitsdiagnostisch ankommt, wird gar nicht weiter reflektiert.

Prognostische Schlußfolgerungen

Von den Tatfeststellungen allein läßt sich nur extrem selten ein prognostisches Urteil herleiten. Immer muß das Handeln des Menschen im Koordinatensystem von Grundzügen der Erlebnisverarbeitung auf dem Hintergrund der individuellen Lebensgestaltung gesehen und gewichtet werden. Dabei lassen sich prognostische Risikofaktoren ablesen, die bei angemessener Würdigung der bisherigen sozialen Entgleisungen für den gegenwärtigen Zustand die Annäherung an ein Prognoseurteil ermöglichen. Dieser Abstraktionsschritt, der sich nicht auf die Biographie als Erklärungsmodell, sondern auf die Veranschaulichung der Laufbahn des Versagens stützt, ist eine diagnostische Leistung, die zunächst unabhängig von allen äußeren Umständen ihren Erkenntniswert in sich trägt. Lebensgeschichtliche Interpretationen relativieren in der Regel die prognostische Valenz der individuellen Lebensrealität.

Die prognostischen Risikovalenzen sind jeweils dem Umfeld einer gesteigerten Verführbarkeit (oder Willensschwäche), dem Verhaltensbild des aggressiven Reagierens (oder der gesteigerten Reizbarkeit), dem rücksichtslos-eigennützigen Handeln (oder dem dissozialen Lebensstil), der überbetonten Anspruchshaltung gegenüber den Mitmenschen (oder dem Geltungsdrang) oder dem unbekümmerten Ausleben von Stimmungen und sexuellen (oder anderen) Bedürfnissen zuzurechnen. Auf weitere Differenzierungen und auf Sonderkonstellationen kann im vorliegenden Rahmen nicht eingegangen werden.

Die Feststellung (oder „Diagnose") solcher Risikofaktoren legt unmittelbar die Anschlußfrage nahe, wie denn nun darauf eingewirkt werden kann, um nicht einfach die problematische Prognose im Raum stehen zu lassen, sondern „heilend" und helfend einzugreifen. Der Entwurf eines Behandlungsziels könnte einfach lauten: Überwindung der Versuchungsanfälligkeit, bessere Steuerung der aggressiven Impulse, Drosselung des Eigennutzes, Herstellung des Gleichgewichts zwischen Anspruch und Leistung oder sozialadäquate Beherrschung der Gefühle und Triebregungen.

Wäre ein solches Ziel jeweils durch eine spezifische Behandlung zu gewährleisten, dann müßte bei dem Vorliegen prognostischer Risikofaktoren das jeweils Bestmögliche zur Besserung der Prognose zu tun sein. Eine derart perfektionistische Prognose-Behandlungs-Relation ist jedoch lebensfern. Lebensfern ist auch die Meinung (oder Hoffnung), es könnte eine bestimmte Behandlungsmethode geben, für die auch nur annäherungsweise eine sozialprognostische Erfolgsgarantie vorauszusagen wäre. Die nach wie vor mehr konkurrierenden oder experimentierenden als konvergierenden oder konsensfähigen Wege der Sozialtherapie, aber auch der geradezu inflationistische Markt immer neuer Psychotherapiekonzepte machen deutlich, wie unterschiedlich die Verbesserung der Sozialprognose oder der Lebenstüchtigkeit angegangen und wie unterschiedlich die Einschätzung der Behandlungsprognose gesehen wird.

Soweit sich aus der bisherigen Lebensgestaltung bei einem jungen Menschen prognostische Besorgnisse ergeben, können sie erst dann zurückgestellt werden, wenn Anzeichen für einen überzeugenden (nicht nur verbal vorgetragenen) Neuanfang erkennbar sind, wenn eine ausreichende Bewährungs- oder Stabilisierungsstrecke überschaubar ist oder wenn sich ein soziales Arrangement abzeichnet, in dem eine sozial positive Entwicklung auf Dauer wesentlich erleichtert sein dürfte. Es geht in der Regel nicht um das, was man „Heilung" eines Menschen nach den Regeln einer bestimmten Behandlungsgesetzlichkeit nennen könnte, sondern in erster Linie darum, daß der für sich selbst verantwortliche Mensch den Punkt erreicht, der ihm eine sozialadäquate Lebensgestaltung erleichtert. Es geht nicht um eine Überwindung des Eigennutzes, der ohnehin jedem Menschen eigen ist, sondern ausschließlich darum, andere Rechtsgüter zu respektieren. Es lassen sich auch keine aggressiven Impulse „wegtherapieren", vielmehr muß eine selbstkritische Besinnung dahingehend aufgebaut werden, bei impulsiv aufwallenden Gefühlen solche nicht gerade auf Kosten anderer auszuleben. Falls eine vorherrschende Versuchungsanfälligkeit vorliegt, ist diese nicht als solche zu behandeln, sondern bei dem Betroffenen muß durch äußere stabilisierende Faktoren und mit dem Aufbau leistungsorientierter Lebensgewohnheiten eine bestmögliche Abschirmung gegen ihn gefährdende Verlockungen angestrebt werden, um auf Dauer die Lebensgestaltung in sozialadäquate Bahnen zu lenken.

Das Ziel einer Besserung wird bei einem jungen Menschen nicht selten dadurch erreicht, daß der zunächst prognostisch Belastete aus eigener Initiative die Bahn eines rechtsmäßigen Lebens beginnt. Einleuchtend begründete Rechtsfolgen oder fühlbare persönliche Nachteile können eine wirksame Nachhilfe leisten. Ansonsten ist alles, was dem Training des Zusammenlebens dient, und alles, was die Leistungsorientierung fördert, sozial- (oder behandlungs-)prognostisch positiv einzuschätzen. Ein übergeordneter Leitgedanke muß das Bewußtsein der Eigenverantwortlichkeit bleiben. Mit dem Zugeständnis einer noch vorhandenen „Unreife" wird der Appell an die Verantwortlichkeit nicht selten unangemessen abgeschwächt. Der Jugendliche definiert sich dann nicht als delinquent, sondern als unreif.

Was ansonsten (psychologisch) „Behandlung" genannt wird, erweist sich bei vielen Jugendlichen beinahe kontratherapeutisch. So führt vor allem die weitläufige Aufarbeitung der Vergangenheit, die schwerpunktmäßig auf die ungünstigen Schicksalsschläge oder auf die erlittenen Benachteiligungen (Frustrationen) gerichtet ist, viele sozialentgleiste Jugendliche mehr zu einem sozialschädlichen Selbstmitleid als zu einer sozialverantwortlichen Zukunftsplanung. Die therapeutische Methode der Gruppensitzungen, die weithin ein offenes, vertrauensvolles, angemessen ermahnendes Gespräch „unter vier Augen" verdrängt, verleitet gerade im Zusammensein mit anderen sozial auffälligen Gesprächspartnern dazu, eher klagend-anklagend zu diskutieren und sich in beschönigenden, psychologiegebildeten Redetechniken zu üben, statt sich ganz schlicht betroffen und zukunftsorientiert mit den eigenen Problemen zu beschäftigen. Was für neurotisch leidende Menschen gelegentlich hilfreich sein kann, ist bei den einer Erziehung bedürftigen jungen Rechtsbrechern eine wenig geeignete Methode. Diese thesenhaften Akzentuierungen sollen nur schlaglichtartig das Problem der Sozialprognose in seiner Rückkoppelung an die Behandlungsaspekte verdeutlichen.

Prognoserelevante Diagnosen, die bei realistischer Einschätzung eine sog. Behandlung als aussichtslos erscheinen lassen, die also beinahe eine hoffnungslose Sozialprognose nahelegen, sind zwar selten, aber immer dann am ehesten in Betracht zu ziehen, wenn schon über eine längere Zeitstrecke eine geringe oder fehlende Leistungsorientierung mit gleichzeitig hohen Ansprüchen an die Gesellschaft erkennbar geworden sind, wenn die Kunst des Täuschens im Umgang mit den Mitmenschen sehr perfekt entwickelt ist oder wenn sich die Grundhaltung der Lebensgestaltung einseitig fordernd und rücksichtslos-eigennützig darstellt. In solchen Fällen ist nicht „mit viel Reden" sozialprognostisch etwas zu gewinnen, sondern eher noch mit dem Basisleitsatz: „Arbeitstraining ist das beste Lebenstraining".

Diese verknüpfende Betrachtung der sozialprognostischen mit den behandlungsprognostischen Aspekten soll den Rahmen aufzeigen, in dem über die weitere Lebensentwicklung eines mit Rechtsverletzungen auffällig gewordenen jungen Menschen nachgedacht werden kann. Für die praktische Entscheidungsfindung ist damit die Anregung verbunden, den Blick von statistischen Wahrscheinlichkeitserkenntnissen abzuwenden und gezielt mit Blick auf den Einzelfall dessen Sozialprognose einleuchtend und nachvollziehbar zu begründen. Prognose- und Behandlungsüberlegungen dürfen nicht zu einem Prozeß des – womöglich noch computergesteuerten – Kalkulierens werden. Sie können auch nicht von dem Anspruch auf möglichst perfektionistische Entscheidungen getragen sein. Dem sind schon dadurch Grenzen gesetzt, daß der Richter an die rechtlichen Möglichkeiten und an gesetzliche Erfordernisse gebunden ist. Oft läßt sich auch vorweg nicht entscheiden, was sich nachher aufgrund der Verlaufsbeobachtung als notwendig erweist.

Ein Prognosegutachten kann immer nur abwägend die Risikofaktoren verdeutlichen und zusätzlich die Dimensionen der Lebenssituation mit berücksichtigen, die eher einen günstigen oder eher einen ungünstigen Einflußfaktor darstellen. Eine definitive Prognoseformulierung, so wie sich eine Diagnose definieren und formulieren läßt, ist nur äußerst selten möglich. Entscheidungen, die sich an einer Prognose orientieren sollen, bleiben immer mit einem Wagnis verbunden, wobei dieses Wagnis sich entweder gegen nicht unbegründete Befürchtungen richtet oder gegen eine vielleicht noch bescheidene Hoffnung. Weil die sachverständige Beurteilung, vor allem aber die schließlich fällige richterliche Entscheidung einerseits dem Gesetz und der Gesellschaft und andererseits dem einzelnen und seiner Lebensqualität auf bestmögliche Weise gerecht werden soll, ist der Richter auf ein in sich schlüssiges Rechtsverständnis und auf ein nachvollziehbares Menschenverständnis angewiesen. Ob ein psychowissenschaftlicher Sachverständiger ihm dabei eine wesentliche Erkenntnis- oder Entscheidungshilfe vermitteln kann, wird hier wohl offen bleiben dürfen. Da der Richter in der Rechtspraxis – zumal im Jugendgerichtsverfahren – fast bei jedem seiner Urteile erzieherische Intentionen verfolgen soll und daher prognostische Aspekte im Blickfeld haben muß, ist er gezwungen, sich hierfür ein gewisses Augenmaß und eine Argumentationsgrundlage zu schaffen. Wäre ihm bei dieser Aufgabe nicht ein Vertrauen hinsichtlich seiner einschlägigen Urteilskraft zu schenken, dann wäre unter dem Gesichtspunkt der Gleichbehandlung an jedem Verfahren ein psychowissenschaftlicher Sachverständiger zu beteiligen. Aber es ist bei realitätsgerechter Betrachtung doch so, daß auch seine abwägenden Überlegungen zur Sozialprognose regelmäßig mehr in einem allgemeinen, aus Vergleichen und Erfahrungen erwachsenen Lebens- und Menschenverständnis verankert bleiben als in einem vermeintlichen wissenschaftlich erarbeiteten „Erkenntnisstand".

Diskrepanzen in den prognostischen (und damit auch erzieherisch relevanten) Schlußfolgerungen ergeben sich in aller Regel nicht aus der „wissenschaftlichen Höhe" eines sachkundigen Urteils, sondern fast ausschließlich aus einem unterschiedlichen Rechts-, einem unterschiedlichen Menschen- und einem unterschiedlichen Erziehungsverständnis. Weil das so ist, wird immer neu der Versuch gemacht, bessere oder objektivere Kriterien für die Urteilsbildung festzulegen. Aber eine solche Perfektionierungstendenz hat auch ihre inhumane Seite; sie führt beinahe zwangsläufig zur Lebensferne der Rechtspraxis und läßt insbesondere außer Betracht, daß die prognoseregulierende Funktion der Behandlung (das Gesetz spricht treffender von „Erziehung") weniger von einer vermeintlich objektiven und psychologisch richtigen Entscheidung abhängt, sondern ganz überwiegend von der Überzeugungskraft des („erziehenden") Richters, von der natürlichen Autorität und von der persönlichen Zuwendung des Erziehers (oder „Therapeuten") sowie von diagnostisch schwer erfaßbaren Gesinnungsfaktoren des zur Verantwortung aufgerufenen Menschen, aber nicht zuletzt auch von einer Anerkennung der „Autorität des Rechts", an der es oftmals gerade bei jungen Menschen fehlt.

Hier drängt sich als Schlußgedanke eine sehr grundsätzliche und fast philosophische Frage auf: Kann eine psychodiagnostisch perfektionierte Behandlungsideologie überhaupt noch – zumal bei jungen Menschen – die erzieherische Kraft einer „Autorität des Rechts" vermitteln? Das Selbstverständnis eines sich persönlich verantwortlich wissenden Mitbürgers wird ihm durch psychologisierende Erkenntnisansprüche weithin eher genommen als gestärkt, und das ist bei jungen Straffälligen – um die es hier geht – von großer sozialprognostischer Bedeutung.

Vergleichende Gegenüberstellung von Experten- und Richterprognosen bei vermindert zurechnungsfähigen Straftätern

Rudolf Wyss

Das Interaktionsfeld Gutachter/Richter ist mit allerlei Vorurteilen und Befürchtungen besetzt (Kaufmann 1985), aber kaum erforscht (Dittmann et al. 1988). In der psychiatrischen Klinik Münsingen wurden seinerzeit Untersuchungen durchgeführt, die diese Thematik beleuchten sollten. Es ging v.a. um den Stellenwert des forensisch-psychiatrischen Gutachtens im Strafverfahren und darum, wie seine Akzeptanz und *Rezeption* beim Gericht seien und ob sich nennenswerte Auswirkungen auf die Urteilsfindung zeigten. Da dies nur mittelbar zu unserem Thema gehört, sei kurz vorweggenommen, daß die Akzeptanz grundsätzlich sehr gut ist, daß die Gerichte aber in der Würdigung des Gutachtens durchaus selbständig bleiben, z.B. nur die Hälfte der vom Experten vorgeschlagenen Maßnahmen durchsetzen. Leibundgut (1980) berichtete ausführlich über die Resultate der Untersuchungen anhand einer Gruppe männlicher Probanden. Renz u. Wirz ergänzten 1988 die Erhebungen durch eine vergleichende Untersuchung an einem Kollektiv von Straftäterinnen. Hier sollte zusätzlich abgeklärt werden, ob Frauen von Experten und Richtern anders behandelt werden als Männer. Als eine taugliche Vergleichsgrundlage erwies sich die jeweils von Gutachtern und Richtern gestellte Prognose. Bei Fällen von Straftätern, deren Zurechnungsfähigkeit der Experte als herabgesetzt beurteilt, sind ausdrücklich prognostische Aussagen gefragt, wie Rückfallsgefahr, geeignete Maßnahmen und Therapien und deren präventive und bessernde Aussichten; diese finden sich im Gutachten angeführt. Der Richter muß seinerseits auch entsprechende Überlegungen anstellen und in sein Urteil einfließen lassen. Die Richterprognosen sind in den Gerichtsakten z.T. eindeutig formuliert, oder sie können aus den Urteilserwägungen und den verhängten oder nicht verhängten Sanktionen und Maßnahmen erschlossen werden. Nur die Fälle, in denen dies zweifelsfrei möglich war, wurden für die Richterseite weiter bearbeitet.

Leibundgut (1980) untersuchte die Gutachten und die Gerichtsakten von 200 Straftätern, die 1963–1967 erstmals in einem Strafverfahren begutachtet worden waren. Er konnte – nach Ausschluß der Unzurechnungsfähigen, der Fälle mit Einstellung des Verfahrens, des Todes während der Beobachtungszeit, der andauernden Verwahrung – 182 Gutachten über *Probanden mit verminderter Zurechnungsfähigkeit* verwerten. Verwendbare Urteilsprognosen fanden sich in 135 Fällen. Wegen dieser ungleich großen Gruppen konnten die meisten Vergleichszahlen nur prozentual angegeben werden; mathematisch-statistisch bearbeitet und kontrolliert wurden die absoluten Zahlen mit χ^2-Test, Fisher-Test, Vierfelder-χ^2-Formel. Die Signifikanzgrenze wurde bei 5% angesetzt. Signifikante Werte sind in den Tabellen unterstrichen. Die eher „günstigen" und die eher „ungünstigen" Prognosen wurden den guten bzw. schlechten aufgeschlagen, um mittlere Werte zu vermeiden.

Forensia-Jahrbuch, Band 3
© Springer-Verlag Berlin Heidelberg 1992

Der Untersuchung von Renz u. Wirz (1988) liegen 68 Gutachten von straffälligen Frauen zugrunde, die 1967–1972 erstmals begutachtet worden waren. 65 davon konnten für die weitere Bearbeitung verwendet werden.

Die Prognosen wurden in Beziehung zu den Merkmalen „Art des Delikts", „psychiatrische Diagnose" und „Vorstrafen" gesetzt. Bei den *Delikten* wurden, falls mehrere und unterschiedliche Strafen vorlagen, diejenigen mit der strengsten Strafandrohung als *„Hauptdelikt"* in die Bearbeitung einbezogen, die anderen wurden bei der Gesamtbetrachtung des Falls mitgewürdigt. Es entstanden so die Merkmale „Sittlichkeitsdelikt", „Vermögensdelikt", Delikte gegen „Leib und Leben", denen aus testmethodischen Gründen die Brandstiftung zugeschlagen wurde, „Straßenverkehrsdelikt" und „andere", die nur vereinzelt vorkamen. Auch bei den *Diagnosen* wurde etwas willkürlich eine *„Hauptdiagnose"* bestimmt, um die Zahl in Grenzen zu halten; es entstanden so die Gruppen „Oligophrenie", „Oligophrenie kombiniert mit reaktiver Fehlentwicklung", „organisches Psychosyndrom POS", endogene „Psychosen", „Psychopathie", „Psychopathie kombiniert mit reaktiver Fehlentwicklung", „Neurosen". Der jeweils zugrunde liegenden Hauptdiagnose wurden *Nebendiagnosen* zugeordnet wie beispielsweise „Süchtigkeit", „sexuelle Devianz", „abnorme Erlebnisreaktionen", die in den Tabellen nicht mehr erscheinen. Die *Vorstrafen* wurden berücksichtigt nach den Merkmalen „keine Vorstrafe", „wegen des gleichen Delikts einmal vorbestraft", „wegen des gleichen Delikts mehrmals vorbestraft", „wegen des gleichen und anderer Delikte vorbestraft" und „wegen anderer Delikte vorbestraft". 55% der Männer und 38% der Frauen waren vorbestraft.

Der *Verlauf* nach dem Gerichtsverfahren wurde anhand der Legalbewährung laut Strafregisterauszug beurteilt, wobei Ordnungswidrigkeiten nicht berücksichtigt wurden. Die Beobachtungsdauer betrug mindestens 10 Jahre.

Da erfahrungsgemäß fast jede psychiatrische Klinik ihre eigenen Grundanschauungen und Konzepte hat, erscheint es sinnvoll, kurz darzustellen, wie die hier bearbeiteten Gutachten zustande kamen: Zur psychiatrischen Denkweise in Münsingen gehörte immer auch das Psychiatriegeschichtliche und eine saubere psychiatrische Anamnese bzw. ein sauberer psychopathologischer Befund; das Krankheitsgeschehen wurde verstanden als dynamischer Prozeß, in welchem „Psyche" und „Person" in ständiger Auseinandersetzung mit der „Störung" auf allen Funktionsebenen nach möglichst gleichgewichtiger neuer Struktur und Organisation streben, in welche Betrachtungsweise auch immer psychoanalytische Gedanken Jungscher und Freudscher Prägung einfließen, die aber gutachtlich nicht explizit verwendet wurden. (Diese Sichtweise bringt es z. B. mit sich, daß längst nicht alle Schizophrenien zu Unzurechnungsfähigkeit führen.) Die Gutachten wurden durch mehr oder weniger erfahrene Assistenzärzte unter ständiger Begleitung durch einen Chef- oder Oberarzt erarbeitet, die auch die forensisch-psychiatrische Beurteilung mitentschieden, die endgültige Fassung des Gutachtens in oft mühsamer Arbeit redigierten, sie verantwortlich mitunterzeichneten und nach außen vertraten. Von den 6 bei unserem Material mitwirkenden Chef- und Oberärzten waren 5 psychoanalytisch ausgebildet. Es wirkte auch immer ein klinischer Psychologe mit.

Zur Untersuchung gehören möglichst umfassende Erhebungen zur Herkunftsfamilie, zur Entwicklung, zu früheren Erkrankungen, zu Schule und Ausbildung, zum Arbeitsverhalten, zu den Beziehungen, zu den Lebensverhältnissen und -plänen. All dies kann im Gutachten nicht im Detail angeführt werden, es bildet aber den Hintergrund der Gesamtbetrachtung, aus dem sich einzelnes deutlicher abheben mag und ein Beziehungsnetz entsteht, aus welchem schließlich das „Bild" der Person gestalthaft-ganzheitlich heraustritt und bestimmt wird. Die als wahrscheinlich dazugehörende Prognose möchte ich als *gestalthaft oder ganzheitlich intuitiv-klinische Individualprognose* bezeichnen. Demgegenüber erscheint die Richterprognose als durch Erfahrung, Akten, Gutachten und persönlichen Eindruck unterstützte *intuitive Prognose*. Ein so gewonnenes „Bild" kann nur entstehen, wenn der Gutachter dem Begutachteten als Arzt und nicht als Diagnostikroboter begegnet, wie dies offenbar gewisse Kreise gerne sähen. Nur so kann er anders mit ihm reden als Polizist und Richter, die ja „einvernehmen", weil er Zeit hat, zuzuhören, auf den andern einzugehen. Wenn nötig hilft er, Gedanken zu ordnen, kann er Vertrauen gewinnen und wirkt so, wie dies der Arzt können soll, schon während der Untersuchung „therapeutisch", ohne daß dies das Urteil trübt – im Gegenteil.

Im folgenden wird zuerst untersucht, wie die *Prognosen* der Experten und Richter bei den ausgewählten *Merkmalen* ausfallen. Dann werden die *tatsächlichen Verläufe* betrachtet, und anhand dieser Verläufe wird die *Richtigkeit der gestellten Prognosen* beurteilt.

In Tabelle 1 werden die guten Voraussagen im Zusammenhang mit den Merkmalen für Männer und Frauen dargestellt.

Bei den *Männern* haben *Experten* und *Richter* bei je 7 Merkmalen gute Prognosen gestellt, 5mal übereinstimmend; die Experten waren deutlich zuversichtlicher bei den Delikten gegen „Leib und Leben" und „Brandstiftung" sowie bei den „Straßenverkehrsdelikten", wo sich die Richter nicht entscheiden mochten. Bei den schlechten Prognosen stimmten sie in 7 Merkmalen überein. Bei den Diagnosen „Oligophrenie kombiniert mit Fehlentwicklung" und „organisches Psychosyndrom", „Psychosen", „Psychopathie" und „Psychopathie kombiniert mit Fehlentwicklung" sagten die Experten ungünstig voraus, die Richter hingegen waren zuversichtlicher.

Bei den *Frauen* stellten die *Experten* für 9 Merkmale eine günstige Prognose; 1mal konnten sie sich nicht entscheiden. Die *Richter* waren hier viel optimistischer und wagten 13mal eine gute Voraussage, wobei sie 7mal mit den Experten übereinstimmten. Die Experten konnten sich bei den „Sittlichkeitsdelikten" und die Richter bei den „Psychosen" und bei den wegen des gleichen Delikts 1mal Vorbestraften nicht entscheiden. Die Experten zeigten sich bei den „Vermögensdelikten", den „Oligophrenien", den „Oligophrenien kombiniert mit Fehlentwicklung", den „Psychopathien" und den „wegen gleicher und anderer Delikte Vorbestraften" pessimistisch, die Richter dagegen zuversichtlich. Nur bei den „wegen des gleichen Delikts mehrmals Vorbestraften" stellten sie eine gute Prognose im Gegensatz zu den Richtern, die schlecht prognostizierten. Bei den „Psychosen", bei denen die Richter unentschlossen waren, stellten die Experten eine gute, bei den „wegen des gleichen Delikts 1mal Vorbestraften" eine ungünstige Prognose. Auffällig ist, daß die Richter den ungünstigen Prognosen der Experten in deren eigentlichem Fachbereich – der Diagnostik – kaum Beachtung schenkten. Dies sollten sich die Juristen merken, die so sehr die angebliche Abhängigkeit der Richter von den medizinischen Experten befürchten.

Die Nichtbeachtung der Diagnosen ist im übrigen das einzige einigermaßen systematisch vorkommende Kennzeichen, das sich innerhalb der Unterschiede in den

Tabelle 1. Gegenüberstellung gute Prognosen/Merkmale (Häufigkeit der schlechten Prognosen = 100 – Prozent der guten Prognosen; Unterschiede: ∼ weniger als 10%, > mehr als 10%, >> mehr als 20%, signifikant = unterstrichen; Stichprobenumfang s. S. 75f.)

Merkmal	Männer gute Prognose Experte [%]		Richter [%]	Frauen gute Prognose Experte [%]		Richter [%]
Delikte						
Sittlichkeit	<u>66</u>	∼	75	50	>>	87
Vermögen	12	<<	36	45	<	64
Leib + Leben + Brandstiftung	65	>>	43	78	∼	<u>75</u>
Straßenverkehr	64	>	50			
Andere				100	∼	100
Diagnosen						
Oligophrenie	65	∼	74	33	<<	75
Oligophrenie komb.	38	<	54	44	<<	72
POS	47	<	62	100	∼	100
Psychosen	20	<<	44	66	∼	50
Psychopathie	29	<	40	36	<<	67
Psychopathie komb.	42	∼	37	71	<<	100
Neurosen	<u>69</u>	∼	64	70		75
Vorstrafen						
Keine	63	<	76	69	<<	<u>93</u>
Gleiche Delikte	29	∼	38	17	<<	50
Gleiche Delikte mehrmals	9	<	23	55	>	53
Gleiche + andere Delikte	28	<	41	0	<<	67
Andere Delikte	<u>83</u>		<u>76</u>	100	>>	67

Signifikant schlechte Prognosen (Angaben in %):
Experten Männer:

Vermögen	88
Psychosen	80
Psychopathie	71
Gleiche Delikte mehrmals	91
Gleiche + andere Delikte	72

Richter Männer:

Gleiche Delikte mehrmals	77

Experten Frauen:

Gleiche Delikte 1mal	83
Gleiche + andere Delikte	100

Voraussagen erkennen läßt. Praktisch überall stellen die Richter häufiger die guten Prognosen als die Experten.

Beim prognostischen Optimismus der Richter gegenüber den Frauen könnte ihre bessere Kenntnis über die geringere kriminelle Energie des weiblichen Geschlechts eine Rolle spielen. Daß die Experten bei den Frauen kaum zuversichtlicher sind als bei den Männern, ist m. E. ein Hinweis darauf, daß sie auch bei vermindert zurechnungsfähigen Probanden ihre therapeutischen Erfahrungen einbringen, die zeigen, wie schwierig eine

Veränderung von Haltung, Wertungen und Gewohnheiten zu bewirken ist und wenn, dann nur in direkter Kooperation mit dem Patienten.

Im Gegensatz zu den Richtern, die nur einmal schlecht prognostizierten, stellen die Experten für die Männer 5mal und für die Frauen 2mal eine signifikant schlechte Prognose. Insgesamt stehen bei den Experten 12 Voraussagen in einem signifikanten Zusammenhang mit einem der Merkmale, bei den Richtern korrelieren nur 5. Man könnte also sagen, daß die Experten (häufiger als die Richter) bei der Erstellung einer Prognose gewisse Merkmale als Prädiktoren verstehen.

Bei den Männern stellen die Experten in 48,4% der Fälle eine gute, in 51,6% eine schlechte individuelle Prognose; die Richter stellen in 55,6% der Fälle eine gute, in 44,4% eine schlechte Prognose.

Bei den Frauen stellen die Experten in 57% der Fälle eine gute, in 43% eine schlechte individuelle Prognose, die Richter in 77% der Fälle eine gute, in 23% eine schlechte Prognose.

Bei den Männern besteht eine gute Übereinstimmung der Prognosen zwischen den Experten und den Richtern; es gibt bei 75% eine Konkordanz; statistisch errechnet sich ein mittlerer Zusammenhang. Bei den Frauen ist die statistische Konkordanz klein und der Zusammenhang der Prognosen von Experten und Richtern geringer.

Im ganzen kann man sagen, daß die Richter in der Prognose bei vermindert zurechnungsfähigen Straftätern in allen Belangen optimistischer sind als die Experten und daß sie sich weniger ausgeprägt durch einzelne Merkmale bestimmen lassen.

Tabelle 2 zeigt die tatsächlichen *Verläufe* mit Beobachtungszeiten von mindestens 10 Jahren.

Bei den *Männern* sind 11 von den 16 Gruppenverläufen bzw. 67,5% gut, 32,5% sind schlecht. Bei den Sittlichkeitsdelinquenten ist der Verlauf signifikant oft günstig, ebenso bei den nie oder wegen anderer Delikte Vorbestraften. Signifikant schlecht ist der Verlauf bei den Vermögensdelinquenten, den Straßenverkehrsdelinquenten, bei den wegen des gleichen Delikts 1mal und den wegen des gleichen und anderer Delikte Vorbestraften; aber auch erheblich Vorbestrafte können – vielleicht wegen der Begutachtung – günstige Verläufe zeigen. Die von den Experten prognostisch so einseitig ungünstig eingeschätzten Gruppen mit psychiatrischen Diagnosen zeigten mit Ausnahme der Psychosen alle einen guten Verlauf.

Bei den *Frauen* waren gar 15 von den 16 Gruppenverläufen bzw. 93,6% gut. Eine Ausnahme bilden nur die wegen des gleichen Delikts 1mal Vorbestraften.

Bei den *Männern* waren die *individuellen Verläufe* in 64% der Fälle günstig und in 36% der Fälle ungünstig; bei den *Frauen* gab es 74% gute und 26% schlechte Verläufe.

Tabelle 3 zeigt die Beziehung zwischen den Merkmalen und den richtigen Prognosen.

Der wichtigste Befund ist, daß weder bei den Männern noch bei den Frauen ein statistisch signifikanter Zusammenhang zwischen einem der verwendeten Merkmale und richtiger Prognose besteht. Man kann also die Richtigkeit einer Prognose nicht anhand der statistisch verwendeten Merkmale überprüfen, auch wenn diese Merkmale z. T. bei der Prognosestellung eine bedeutsame Rolle gespielt haben und, statistisch gesehen, gewisse signifikant oft als günstig eingeschätzte Merkmale auch einen signifikant guten Verlauf zeigten, wie z. B. bei den Sittlichkeitsdelikten.

Tabelle 2. Gegenüberstellung Verläufe/Merkmale (Unterschiede: ~ weniger als 10%, > mehr als 10%, >> mehr als 20%, signifikant = unterstrichen; Stichprobenumfang s. S. 75f.)

Merkmal	*Verlauf Männer* gut Experte [%]		Richter [%]	*Verlauf Frauen* schlecht Experte [%]		Richter [%]
Delikte						
Sittlichkeit	<u>84</u>	>>	16	100	>>	0
Vermögen	41	<	<u>59</u>	56	>	44
Leib + Leben + Brandstiftung	76	>>	24	84	>>	16
Straßenverkehr	17	<<	<u>83</u>			
Andere				100	>>	0
Diagnosen						
Oligophrenie	52	~	48	100	>>	0
Oligophrenie komb.	59	>	41	74	<<	26
POS	73	>>	27	100	>>	0
Psychosen	33	<<	67	67	>>	33
Psychopathie	57	>	43	62	>>	38
Psychopathie komb.	70	>>	30	90	>>	10
Neurosen	74	>>	26	56	>	44
Vorstrafen						
Keine	<u>79</u>	>>	21	82	>>	18
Gleiche Delikte 1mal	37	<<	<u>63</u>	43	<	57
Gleiche Delikte mehrmals	51	~	49	60	>	40
Gleiche + andere Delikte	44	<	<u>56</u>	80	>>	20
Andere Delikte	<u>85</u>	>>	15	75	>>	25

Die *Experten* stellten bei den Männern in 14 von 16 oder in 87% Merkmalsgruppen mehr richtige als falsche Prognosen, 2mal blieben sie bei genau 50% richtigen und falschen Vorhersagen stehen, nämlich bei den Straßenverkehrsdelikten und bei den wegen des gleichen Delikts mehrfach Vorbestraften. Vielleicht liegt deren guter Verlauf darin begründet, daß die Strafe endlich doch den angestrebten Besserungszweck erreichte oder daß dank des Gutachtens die richtige Maßnahme verfügt wurde. Die *Richter* haben bei den Männern in 15 von den 16 Merkmalsgruppen mehr richtige als falsche Prognosen gestellt, einzig bei der „Psychopathie kombiniert mit Fehlentwicklung" haben sie sich verschätzt.

Bei den *Frauen* stellen die *Experten* für 12 der 16 Merkmalsgruppen mehr richtige als falsche Prognosen; bei den „Sittlichkeitsdelikten" und der mit „Fehlentwicklung kombinierten Psychopathie" blieben sie bei je 50%, bei der Oligophrenie und bei den wegen des gleichen und anderer Delikte Vorbestraften sagten sie häufiger falsch voraus. Die *Richter* hatten mit ihrer Voraussage bei 14 von 16 Gruppen recht, bei den wegen des gleichen und anderer Delikte und den wegen anderer Delikte Vorbestraften prognostizierten sie falsch.

Die *Experten* haben *individuell* bei 69,9% der *Männer*, die *Richter* bei 70,4% eine *richtige* Prognose gestellt; bei den *Frauen* sagten die *Experten* in 67,2% individuell *richtig* voraus, die *Richter* in 75,4% der Fälle.

Tabelle 3. Gegenüberstellung richtige Prognosen/Merkmale (Unterschiede: ∼ weniger als 10%, > mehr als 10%, >> mehr als 20%, signifikant = unterstrichen, falsche Prognose = 100 − Prozentwert richtige Prognosen; Stichprobenumfang s. S. 75f.)

Merkmal	*Männer* richtige Prognose		*Frauen* richtige Prognose	
	Experte [%]	Richter [%]	Experte [%]	Richter [%]
Delikte				
Sittlichkeit	78	∼ 79	50	<< 87
Vermögen	62	∼ 64	77	∼ 71
Leib + Leben + Brandstiftung	65	∼ 56	58	< 72
Straßenverkehr	50	< 63		
Andere			75	<< 100
Diagnosen				
Oligophrenie	71	∼ 67	33	<< 67
Oligophrenie komb.	71	< 85	61	< 72
POS	71	∼ 73	100	∼ 100
Psychosen	83	∼ 80	100	∼ 100
Psychopathie	63	< 74	62	< 75
Psychopathie komb.	61	< <u>47</u>	50	>> <u>89</u>
Neurosen	77	∼ 76	89	>> 62
Vorstrafen				
Keine	78	0 78	64	<< 85
Gleiche Delikte	79	> 64	83	> 67
Gleiche Delikte mehrmals	<u>50</u>	∼ 59	<u>90</u>	> 78
Gleiche + andere Delikte	<u>68</u>	∼ 62	20	< 33
Andere Delikte	73	∼ 81	75	>> 33

Tabelle 4. Gegenüberstellung Gutachter – Richter

Prognostiker	Männer richtig [%]	falsch [%]	Frauen richtig [%]	falsch [%]
Experten	69,9	30,1	67,2	32,8
Richter	70,4	29,6	75,4	24,6
Gute Prognosen				
Experten	84,7	15,3	82,9	17,1
Richter	<u>77,8</u>	<u>22,2</u>	80,4	19,6
Schlechte Prognosen				
Experten	55,7	44,3	46,2	<u>53,8</u>
Richter	60,4	39,6	<u>57,1</u>	<u>42,9</u>

Tabelle 4 zeigt, wie sich die guten und schlechten zu den richtigen und falschen Prognosen verhalten. Experten und Richter sagten deutlich mehr gute als schlechte Verläufe richtig voraus. Weil ja tatsächlich auch mehr gute als schlechte Verläufe zu verzeichnen sind, treffen auch mehr gute Prognosen zu. Die Experten sind mit ihrer geringeren Zahl von guten Prognosen hier treffsicherer; dagegen haben die Richter, die weniger schlechte Verläufe als die Experten voraussagten, ein besseres Auge für die, die sich nicht bewähren werden. Demgegenüber täuschen sich die Experten bei den schlechten Verläufen wesentlich öfter als die Richter.

Bei den Männern haben Experten und Richter in 57,9% der Fälle gemeinsam richtig prognostiziert, bei den Frauen in 56% der Fälle. In bezug auf richtige Prognosen der Experten und der Richter besteht also auch zwischen Männern und Frauen eine beachtliche Übereinstimmung.

Zusammenfassend läßt sich also sagen, daß bei einem Kollektiv von männlichen und weiblichen strafmündigen, z. T. erheblich vorbestraften, vermindert zurechnungsfähigen Delinquenten Experten und Richter zwischen 70–75% richtige Voraussagen gemacht haben, bei den guten Prognosen sogar bis zu 84%. Die Richter erwiesen sich bei den Frauen mit Recht zuversichtlicher; im gesamten waren sie prognostisch den Experten etwas überlegen; sie erwiesen sich bei sehr hoher Akzeptanz des Gutachtens als recht unabhängig in der Würdigung und Verarbeitung desselben. Sie neigten auch weniger als die Experten dazu, gewisse Merkmale der Probanden signifikant oft als prognostisch bedeutsam zu betrachten. Insbesondere kümmerten sie sich wenig um die Gutachtenvoraussagen bei psychiatrischen Diagnosen, wenn auch gewisse dieser Merkmale signifikant mit guten oder schlechten Verläufen zusammenhängen.

Dies alles müßte die Experten zur Bescheidenheit mahnen und zur Frage führen, was denn eigentlich Richter – und damit die Gesellschaft – vom Experten erwarten, was sie ihm zutrauen und was dieser von sich selber erwartet und sich zutraut. Offensichtlich zuviel, wie der einfache Betrachter tagtäglich in den Massenmedien vernehmen kann, wo bei und nach großen und kleinen gesellschaftlich-politischen Veränderungen, Umwälzungen und Katastrophen und deren weiterem Verlauf sich auch die prognostische Inkompetenz der Experten, hätten sie auch professorale oder ministeriale Weihen, in unsäglichen Platitüden kundtut. Jedermann weiß, daß es an der Börse, in der Wirtschaft, in der Politik, sogar in scheinbar so einfachen Dingen wie Verkehrs-, Ausbildungs- oder Hochschulplanung kaum taugliche Voraussagen gibt oder nur solange, als alles einigermaßen linear in die gleiche Richtung läuft, und daß jeder eben unvorhergesehene, weil unvorhersehbare Knick zur Verwirrung auch der Expertenmeinungen führt. Auch im außermenschlichen Bereich ist die sichere Voraussage fast unmöglich – man denke an die Umwelt, an die Meere, an das Klima und an die durch Experten so kontrovers beurteilten Einflüsse auf die Umwelt durch Vulkanausbrüche, durch Ölfelderbrände und dergleichen mehr. Nicht einmal das Wetter für die kleine Schweiz kann trotz der heutigen fast unvorstellbar großen Zahl von Meßwerten, Beobachtungsmöglichkeiten und Computermodellen für 24 Stunden mit mehr als 85% Wahrscheinlichkeit richtig vorhergesagt werden, und mit jedem weiteren Tag nimmt die Trefferquote um 5% ab.

Und ausgerechnet das zukünftige Verhalten eines Individuums auf lange Sicht innerhalb einer sich rasch wandelnden Gesellschaft, die es wegen bestimmter Taten bestraft und diskriminiert, sollte sicher vorausgesagt werden können? Es sind auch die Experten selber, welche manchmal die Hoffnung darauf setzen, obwohl in diesem Bereich die in Computer- und Operationalisierungsorgien bearbeiteten Daten und Kriterien so unbestimmt sind, daß trotz ernstlicher Diskriminanzanalyse nur noch einige gewichtete Banalitäten übrigbleiben, die auch nur statistisch signifikant sind.

Nun aber haben Experten und Richter im strafprozessualen Alltag bei Frauen und Männern jeden Alters, bei Vorbestraften und nicht Vorbestraften mit Delikten jeder Art im ganzen 70–75% richtige Prognosen gestellt, bei den guten Verläufen sogar bis zu 84%, was für mich persönlich ein gutes Ergebnis ist und was nach meiner Überzeugung im oberen Bereich dessen liegt, was in Zukunft möglich sein wird.

Wie kamen sie zu den richtigen Prognosen? Von den Gutachtern weiß ich: Sie taten es mit Erfahrung und Können, vor allem aber mit ärztlicher Haltung, die anteilnehmende Leidenschaft und Distanz im Gleichgewicht halten muß, und sie haben das, was sie gelesen, gemessen, erfragt und beobachtet haben in forensisch-psychiatrische Schlußfolgerungen übersetzt und sprachlich mitgeteilt; in einer Sprache, die lebendige Anschauung erzeugen, Sympathie oder Ablehnung wecken, Bilder, Gefühle, Symbole und Fantasie anregen, Identifikation ermöglichen oder verhindern kann. Ich glaube, von dem allem ist wenig operationalisierbar, und ich möchte den Richter sehen, der ohne diese Sprache auskommt.

Nun bewegen sich aber 70–75% und bis 84% richtige Prognosen immer noch im Bereich der Wahrscheinlichkeit unterhalb jeder Sicherheit. Soll deshalb, weil es der Richter ja mindestens so gut kann, der Experte auf die Prognosen verzichten? Ich meine, das könnte er. In dieser Auffassung bestärkt mich eine großangelegte Untersuchung von Schmidlin u. Schnidrig (1991), die allerdings im „dornenvollen" Gebiet des Prognosegutachtens bezüglich der Bewährung im Straßenverkehr angesiedelt ist. Die Autorinnen kommen zum Schluß, daß die gutachtlichen Prognosen wenig taugen und daß die hauptsächlich zur Urteilsbildung herangezogenen Merkmale, vorwiegend aus dem forensisch-psychiatrisch-psychologischen Bereich, sich als irrelevant erweisen. In einer weitergehenden Diskriminanzanalyse wurde dann eine Gruppe von 10 gewichteten Merkmalen herausgefunden, die statistisch gesehen eine richtige prognostische Klassifizierung in 74% der Fälle ermöglichen würde, also etwa soviel, wie die hier untersuchten gestalthaft-intuitiv-klinisch gefundenen Prognosen im Einzelfall leisteten. Keines der so gewonnenen Merkmale hat etwas mit psychiatrisch-psychologischem Sachverhalt und -verstand zu tun, sie sind alle aus den Akten ersichtlich.

Schmidlin u. Schnidrig meinen, man müßte das Prognosegutachten bei verkehrsdelinquenten Personen aufgeben zugunsten der „Früherkennung rückfallsgefährdeter Fahrer und Abklärung von Maßnahmen, welche die individuelle Chance der Bewährung erhöhen könnten".

Dazu müßte angemerkt werden, daß man so von einer „terra incognita" in die andere wandeln würde, weil auch niemand weiß, welche allenfalls wirksame prophylaktisch-therapeutische Maßnahme einem bestimmten Individuum nützen würde, wie die Psychotherapieforschung zeigt (Heim 1981).

Sollte man dann nicht vielleicht auch gerade die ganze forensisch-psychiatrische Begutachtung aufgeben? Ich denke doch, nein; denn abgesehen von der Beurteilung der Voraussetzungen der Zurechnungsfähigkeit und von den wohl beschränkten, aber immerhin vorhandenen prognostischen Möglichkeiten kann die ärztlich durchgeführte Begutachtung „gut tun", und sie kann dem Richter das gestalthafte Bild der Person näherbringen, wie die große Akzeptanz zeigt, und damit zum „richtigen" und hoffentlich auch „gerechten" Ablauf des Verfahrens beitragen.

Literatur

Dittmann V et al. (1989) Erfahrungen von Juristen mit psychiatrischen Sachverständigen. Forensia 9:219–229

Heim E (1981) Konsequenzen für die Praxis aus der Psychotherapieforschung. Schweizer Arch Neurol Neurochir Psychiatrie 128:211–226

Kaufmann A (1985) Das Problem der Abhängigkeit des Strafrichters vom medizinischen Sachverständigen. Juristenzeitung 23:1065–1072

Leibundgut HW (1980) Der Stellenwert des psychiatrischen Gutachtens im Strafverfahren und seine kriminalprognostischen Möglichkeiten. Dissertation, Universität Bern

Renz M, Wirz D (1988) Zur Frage der Gleichbehandlung von männlichen und weiblichen Straftätern. Ein Vergleich von forensisch-psychiatrischen Gutachten und Gerichtsverfahren. Dissertation, Universität Bern

Schmidlin S, Schnidrig A (1991) Die psychiatrische Begutachtung von Verkehrsdelinquenten. Dissertation, Universität Bern

Alkoholbeeinträchtigung –
Rechtsfragen und Begutachtungsprobleme

Biochemie der Alkoholwirkung

Stefan Böhm und Christof Stumpf

Einleitung

Alkohol ist als Genußmittel und in der Medizin seit Jahrhunderten in Verwendung, trotzdem ist der der weithin bekannten Alkoholwirkung zugrundeliegende Mechanismus noch nicht restlos aufgeklärt. Das vorliegende Kapitel beschreibt insbesondere molekularbiologische Einzelwirkungen akuter und chronischer Ethanolapplikation auf das *zentrale Nervensystem* (ZNS). Alle diese können einerseits zur Symptomatik der akuten Alkoholwirkung und andererseits zur Entstehung der Alkoholabhängigkeit sowie der Entzugserscheinungen beitragen. Vom Standpunkt der praktischen Medizin aus sind die *peripheren* Wirkungen des Ethanols von größter Bedeutung, da diese für die wesentlichen Spätfolgen chronischen Alkoholkonsums, wie Kardiomyopathien, Lebersteatosen und -zirrhosen, Anämien und Polyneuropathien, verantwortlich sind. Eine ausführliche Beschreibung der peripheren Einzelwirkungen von Ethanol würde den Rahmen dieses Beitrags sprengen, weshalb darauf gänzlich verzichtet wird.

Die nachfolgenden Erläuterungen beziehen sich ausschließlich auf Ethylalkohol (= Ethanol, C_2H_5OH), obwohl sowohl für höhere Alkohole als auch für Methanol in Einzelfällen vergleichbare Effekte beschrieben wurden. Sofern nicht gesondert darauf hingewiesen wird, ist im vorliegenden Kapitel sowie im allgemeinen Sprachgebrauch der Begriff *Alkohol* als Synonym für *Ethanol* zu verstehen.

Biologische Grundlagen

Morphologie

Der Angriffsort für die Entfaltung der zentralen Wirkung des Alkohols sind die Nervenzellen des Gehirns. Diese zentralen Neuronen bestehen aus einem Zellkörper, in welchem sich der Zellkern befindet, und aus Fortsätzen, welche elektrische Impulse über größere Distanzen leiten können. Die Fortsätze der Neuronen bilden untereinander zahlreiche Kontaktstellen, welche *Synapsen* genannt werden. An diesen Synapsen kann die Erregung von einer Nervenzelle auf die nächste übertragen werden.

Die Gesamtheit der Nervenzellen liegt eingebettet in ein Gerüst von Gliazellen, welche nicht nur eine Stützfunktion im zentralen Nervensystem ausüben, sondern auch für die Versorgung der Neuronen mit allen Substanzen aus der Blutbahn verantwortlich sind. Die Nervenzellen sind somit durch die sog. *Blut-Hirn-* und *Blut-Liquor-Schranke* vom versorgenden Blutstrom abgeschirmt, welche aber durch den fettlöslichen Al-

Forensia-Jahrbuch, Band 3
© Springer-Verlag Berlin Heidelberg 1992

kohol schnell überwunden wird. Da das Gehirn das am besten durchblutete Organ des menschlichen Körpers ist, kann der Alkohol schon kurze Zeit (30–90 min) nach der Einnahme an seinen Wirkort gelangen. Die Alkoholkonzentration der Zerebrospinalflüssigkeit und somit des Gehirns steht ständig im Gleichgewicht mit der Konzentration im Blut.

Physiologie

Membranpotential und Erregungsleitung

Im Ruhezustand ist das Innere einer Nervenzelle um 70 mV negativ geladen gegenüber der Umgebung. Diese Spannungsdifferenz (*Ruhemembranpotential*) beiderseits der Zellmembran kommt durch eine ungleiche Verteilung von Ionen im Intra- und Extrazellulärraum zustande. Wird eine Nervenzelle gegen 0 mV depolarisiert, so werden bei einem bestimmten Schwellenwert (um −40 mV) in der Membran befindliche Ionenkanäle geöffnet, wodurch ein Stromfluß und infolgedessen eine Änderung des Membranpotentials (*Aktionspotential*) entsteht. Diese Potentialänderung wird als Signal entlang der Nervenfortsätze weitergeleitet.

Synaptische Erregungsübertragung

Für die integrative Funktion des Nervensystems ist die Übertragung einer Erregung von einer Nervenzelle auf eine andere erforderlich. Dies geschieht im Bereich der Synapsen: Beim Eintreffen eines Impulses werden in Bläschen gespeicherte Neurotransmitter als Botenstoffe freigesetzt und können an geeigneten Rezeptoren der angrenzenden Nervenzelle wie ein Schlüssel im Schloß agieren. Dadurch wird die betroffene Nervenzelle in Abhängigkeit von der Natur des angreifenden Neurotransmitters erregt oder gehemmt. Zu den wichtigsten erregenden Neurotransmittern zählen u. a. Acetylcholin, Noradrenalin, Serotonin und Glutamat (Glutaminsäure). Die bedeutendsten hemmenden Transmitter sind Glycin und die Gammaaminobuttersäure (GABA).

Intrazelluläre Signaltransduktion

Nach dem Angriff eines Neurotransmitters am zugehörigen Rezeptor nach dem Schlüssel-im-Schloß-Prinzip muß das empfangene Signal von der Nervenzelle weiter verarbeitet werden. GABA, Acetylcholin und Glutamat können durch die Aktivierung ihrer Rezeptoren Ionenkanäle öffnen und dadurch Reaktionen in der Zielzelle auslösen. Durch Rezeptoren anderer Neurotransmitter werden sog. *G-Proteine* aktiviert, welche ihrerseits die Bildung von *„second messengers"* vermitteln. Diese sind intrazelluläre Botenstoffe, welche in Form von Enzymkaskaden in der Nervenzelle die entsprechende Antwort auslösen können.

Alkoholwirkung

Komplexe Wirkungen

Entgegen der allgemeinen Ansicht, daß sich Alkohol durch eine stimulierende Wirkung auszeichnet, könnte Ethanol, pharmakologisch betrachtet, als Hypnotikum-Narkotikum bezeichnet werden. Bei Verabreichung ausreichender Dosen können alle 4 Narkosestadien (Analgesie-, Exzitations-, Toleranz- und Asphyxiestadium) aufeinanderfolgend erreicht werden. Ethanol besitzt Ähnlichkeiten insbesondere zum Narkotikum Diethylether, vor allem in bezug auf die Auslösung eines ausgeprägten Analgesie- und Exzitationsstadiums.

Bei der akuten Alkoholwirkung stehen psychische Veränderungen im Vordergrund (s. nachfolgende Kapitel), die allesamt durch die sedierende Wirkung des Alkohols hervorgerufen werden. Die auftretenden Erregungserscheinungen werden wahrscheinlich durch die Dämpfung inhibitorischer ZNS-Systeme bewirkt und nicht durch eine direkte Wirkung des Ethanols.

Das subjektive Gefühl der Steigerung physischer und psychischer Fähigkeiten ist nur dann objektivierbar, wenn ebendiese Fähigkeiten im nichtalkoholisierten Zustand einer (psychischen) Hemmung unterlagen.

Einzelwirkungen

Wie schon eingangs erwähnt, ist der Mechanismus der zentralen Ethanolwirkung noch nicht aufgeklärt. Infolgedessen ist auch keine der unten beschriebenen Einzelwirkungen als alleiniger Wirkungsmechanismus anerkannt; es können aber alle Komponenten zur Gesamtwirkung des Alkohols beitragen. Die nachfolgende Aufzählung biochemischer und biophysikalischer Wirkungen von Ethanol erhebt keinerlei Anspruch auf Vollständigkeit, umfaßt aber sicherlich die in der wissenschaftlichen Literatur am häufigsten zitierten Wirkungskomponenten.

Molekulare Interaktion

Auf der Suche nach dem Mechanismus der Alkoholwirkung würde man zuerst sicherlich eine direkte Beeinflussung zellulärer Strukturen durch Ethanol vermuten. Da sich aber bis heute kein gesicherter Angriffspunkt und erst recht kein Rezeptor für Ethanol identifizieren ließ, wurde nach alternativen Wirkungstheorien gesucht: Anstelle des direkten Eingreifens von Ethanol in biologische Prozesse könnte in der Anwesenheit von Alkohol im Körper ein *aktiver Metabolit* gebildet werden, welcher wiederum für die Effekte der Alkoholeinnahme verantwortlich sein könnte. Die sog. *Tetrahydroisochinolinhypothese* besagt, daß im ZNS ein Kondensationsprodukt aus Acetaldehyd (das erste Abbauprodukt des Ethanols im menschlichen Körper) und einem Amin des Gehirns das aktive Wirkprinzip in der Pharmakologie des Alkohols darstellt (Davis u. Walsh 1970).

In jüngerer Zeit erhielt diese Richtung der Theorien zum Wirkungsmechanismus von Alkohol erneut Aktualität durch den Nachweis von steroidalen Substanzen im Rattenhirn, deren Metabolismus durch Ethanol beeinflußbar erscheint (Cropechot et al. 1983; Vatier u. Bloom 1988).

Membranwirkung

Da die komplexe Wirkung von Ethanol Ähnlichkeiten zu jener von Narkotika besitzt, wird logischerweise auch ein vergleichbarer Wirkungsmechanismus vermutet. Da aber auch der Mechanismus der Anästhesie nicht bekannt ist, wird für Alkohol weithin die sog. *Narkosetheorie* als Grundlage postuliert. Diese besagt, daß die zumeist lipophilen Narkotika durch Einlagerung in die Lipidmatrix von Zellmembranen eine Konformationsänderung hervorrufen, welche die Funktionstüchtigkeit der in die Zellmembran eingelagerten Proteine (wie z. B. Ionenkanäle) beeinträchtigt. Dadurch wird, wie von Seeman (1972) auch für Ethanol gezeigt wurde, beispielsweise die Fortleitung von Aktionspotentialen verhindert. Entsprechend der *Meyer-Overton-Hypothese* (Meyer 1899, 1901; Overton 1901) ist die Potenz eines beliebigen Alkohols (ebenso die eines Narkotikums) direkt proportional zu seiner Lipophilität, welche im Falle der Alkohole direkt von der Länge der Seitenketten abhängig ist. So konnte mit höheren Ethanoldosen sowie mit niedrigeren Dosen höherer Alkohole eine Alteration der „Ordnung" der Membranproteine gezeigt werden (Seeman 1974).

Änderungen in der Komposition der Membranlipide konnte auch in Membranen chronisch alkoholexponierter Tiere nachgewiesen werden (Goldstein 1987).

Rezeptoren und Ionenkanäle

Wie eingangs kurz erwähnt, gibt es 2 unterschiedliche Arten von Neurotransmitterrezeptoren: Die eine Art besteht aus einem durch die Membran gespannten Makromolekül mit 2 Untereinheiten, wobei an der einen der Neurotransmitter angreifen kann, und die andere einen Ionenkanal darstellt, der dadurch geöffnet wird. Die andere Gruppe von Rezeptoren löst über (Guaninnukleotid bindende Proteine) *G-Proteine* und *second-messenger* Reaktionen in der Erfolgszelle aus. Letztere sind mit wenigen Ausnahmen [z. B. die Reduktion von β-Adrenozeptoren (Muller et al. 1980) und die Zunahme von GABA-Rezeptoren (Reggiani et al. 1989) nach chronischer Ethanolapplikation] als direkte Angriffspunkte für Alkohol bedeutungslos (die Wirkung von Ethanol auf G-Proteine und „second messenger" wird im nächsten Kapitel beschrieben). Im Gegensatz dazu sind die „kanalgekoppelten" Rezeptoren, speziell der GABA-Rezeptor-Komplex und der NMDA-Rezeptor, von um so größerer Bedeutung.

GABA-Rezeptor. Der sog. $GABA_A$-Rezeptor-Komplex ist Angriffspunkt für die Gammaaminobuttersäure und mehrere Pharmaka. Er umschließt einen Kanal, durch welchen nach Aktivierung durch GABA Chloridionen in das Zellinnere gelangen können, was zu einer Hyperpolarisierung und somit zu einer Reduktion der Zellaktivität führt. An diesem Rezeptorkomplex entfalten auch die Schlafmittel aus der Klasse der Barbiturate und Benzodiazepine ihre Wirkung, indem sie die durch GABA vermittelte Inhibition verstärken.

Eine der frühesten pharmakologischen Analysen von Alkoholeffekten auf zellulärer Ebene zeigte, daß schon relativ geringe Ethanolkonzentrationen inhibitorische GABA-Effekte verstärken können (Nestoros 1980). Seither gab es zahlreiche widersprüchliche Resultate über die Wirkung von Ethanol auf die GABA-Antwort, da der Effekt offenbar in Abhängigkeit von der Hirnregion und der verwendeten Versuchstierspezies stark variierte.

Die Involvierung des GABA-Rezeptors in der Entstehung der Ethanolwirkung wurde auch durch Ergebnisse aus Verhaltensstudien mit Ratten demonstriert. Ro 15-4513, eine experimentelle Substanz, die am Benzodiazepinrezeptor (einer Untereinheit des GABA-Rezeptor-Komplexes) angreift, hebt ethanolinduzierte Verhaltensänderungen im Tierversuch auf. Darüber hinaus vermag Ro 15-4513 auch *in vitro* die durch Ethanol initiierte Chloridaufnahme zu unterdrücken (Suzdak et al. 1986). Dieser Antagonismus von Ro 15-4513 gegenüber Ethanol kann durch andere Benzodiazepine aufgehoben werden.

Diese experimentellen Daten sowie die seit langem bekannte Tatsache, daß sowohl Barbiturate als auch Benzodiazepine die Alkoholwirkung verstärken, legen die Vermutung nahe, daß Ethanol wenigstens einen Teil seiner Wirkung durch Angriff am GABA-Rezeptor-Komplex entfaltet.

NMDA-Rezeptor. Der sog. NMDA(N-Methyl-D-Aspartat-)Rezeptor ist eine der möglichen Bindungsstellen im ZNS für die Transmittersubstanz Glutamat. Seine Aktivierung führt zur Öffnung eines Kationenkanals, wodurch die Zelle depolarisiert werden kann. Lovinger et al. (1989) demonstrierten eine bis zu 50%ige Hemmung des durch NMDA ausgelösten Einwärtsstroms mittels akuter Alkoholapplikation in einem Konzentrationsbereich, der auch im Rahmen einer Intoxikation erreicht wird. Darüber hinaus wurde eine direkte Proportionalität zwischen der toxischen Potenz unterschiedlicher Alkohole mit ansteigender Kettenlänge und deren Effektivität in der Inhibition des NMDA-induzierten Stroms gefunden. Daraus kann geschlossen werden, daß eine durch Ethanol hervorgerufene Modulation des NMDA-Rezeptor-Ionophors zur Symptomatik der Alkoholintoxikation beitragen kann.

Kalziumkanal. Neben der Beeinflussung der 2 zuletzt genannten Rezeptoren wird auch der Kanal für Kalziumionen immer wieder als möglicher Angriffspunkt in der Entstehung der Alkoholwirkung diskutiert (s. Gonzales u. Hoffmann 1991). Dieser Kanal ist von größter Bedeutung, da durch Kalziumeinstrom (durch diesen Kanal) mannigfaltige intrazelluläre Reaktionen ausgelöst werden können, so z. B. die Freisetzung von Neurotransmittern. Da aber sehr hohe Ethanolkonzentrationen erforderlich sind, um den Kalziumeinstrom zu inhibieren, erscheint eine Beteiligung des Kalziumkanals an der Wirkungsentstehung des Alkohols eher unwahrscheinlich. Hinweise auf eine direkte Beeinflussung anderer spannungsabhängiger Ionenkanäle durch Ethanol konnten bis dato nicht gefunden werden.

Intrazelluläre Signaltransduktion

Wie zuvor erwähnt, gibt es eine Vielzahl von Neurotransmitterrezeptoren, die im aktivierten Zustand unter Einbindung von G-Proteinen Enzymkaskaden auslösen, deren Zwischenstufen second-messenger genannt werden. Zu diesem Rezeptortyp zählen beispielsweise jene für Noradrenalin und Adrenalin und jene für Adenosin. Durch diese 2 Rezeptoren wird das sog. *Adenylatzyklase-cAMP* (zyklisches Adenosinmonophosphat)-*System* aktiviert.

Diamond et al. (1987) konnten zeigen, daß in Lymphozyten (Zellen der Immunabwehr im menschlichen Blut) chronischer Alkoholiker sowohl die basalen als auch die durch den Adenosinrezeptor stimulierten cAMP-Konzentrationen um 75% reduziert waren. Wenig später konnte dieselbe Arbeitsgruppe nachweisen (Nagy et al. 1988), daß dieser Effekt auch durch Ethanolapplikation *in vitro* erzielbar ist, jedoch nur an Lymphozyten chronischer Alkoholiker und nicht an jenen gesunder Probanden. Daraus wurde abgeleitet, daß es eine genetische Prädisposition für chronischen Alkoholismus gibt und daß der Angriff von Ethanol am *Adenylatzyklase-cAMP-System* zur Alkoholintoxikation beiträgt.

Die Wirkung von Ethanol auf dieses *Second-messenger-System* dürfte auf eine selektive Interaktion mit einem bestimmten G-Protein, dem G_s, zurückzuführen sein. Dieses G_s-Protein ist für die Stimulierung der Adenylatzyklase verantwortlich. Akute Ethanolapplikation führte zu einer verstärkten Aktivierung von G_s und somit zur Steigerung der Adenylatzyklaseaktivität, wohingegen chronische Alkoholexposition, sowohl *in vitro* als auch *in vivo*, die Sensitivität der Adenylatzyklase gegenüber der Stimulierung durch G_s massiv reduzierte (Hoffman u. Tabakoff 1990).

Eine Wirkung von Ethanol auf andere G-Proteine, wie auf das G_i, welches die Aktivität der Adenylatzyklase unterdrückt, kann aber nicht ausgeschlossen werden. Die in kortikalen Membranen durch akute Ethanolbehandlung gezeigte Hemmung von G_i (Bauche et al. 1987) hat aber auch eine Aktivitätssteigerung der Adenylatzyklase zur Folge und wäre somit synergistisch zur fördernden Ethanolwirkung auf G_s.

Die in diesem Absatz präsentierten Daten machen eine Beteiligung intrazellulärer Signaltransduktionmechanismen, insbesondere von G-Proteinen, an der zentralen Ethanolwirkung sehr wahrscheinlich.

Neurotransmittersysteme

Obwohl sich in der wissenschaftlichen Literatur zahlreiche Arbeiten über die (*in vitro* und *in vivo*)-Beeinflussung unterschiedlichster Neurotransmittersysteme durch Alkohol finden, ergibt sich derzeit kein einheitliches Bild (s. Pohorecky u. Brick 1990). Im Mittelpunkt dieser Untersuchungen standen zumeist die Katecholamine, die in Abhängigkeit von der untersuchten Tierspezies und Hirnregion durch Ethanol einerseits inhibiert und andererseits gefördert wurden.

Erwähnenswert erscheint der Befund, daß die durch Ethanol induzierte Steigerung der neuronalen Aktivität im Bereich des Kleinhirns (welches insbesondere für die motorischen Phänomene einer Alkoholintoxikation verantwortlich sein dürfte) über serotoninerge Nervenfasern vermittelt wird. Durch Vorbehandlung mit einem serotoninspezifischen Neurotoxin konnte die für Ethanol typische Kleinhirnaktivität unterdrückt werden (Madamba et al. 1987).

Im Bereich der hippokampalen Hirnregion scheint Ethanol insbesondere mit dem cholinergen Nervensystem (Neurotransmitter: Acetylcholin) zu interferieren. Systemische Alkoholverabreichung führte zu einer deutlichen Verstärkung der exzitatorischen Wirkung von Acetylcholin (Mancillas et al. 1986). Gleichzeitig wurde auch eine unterstützende Wirkung auf die durch das Neuropeptid Somatostatin induzierte Nerventätigkeit in demselben Hirnareal gefunden. Da Somatostatin bekanntlich die Antwort auf Acetylcholin potenzieren kann, läßt sich nicht ausschließen, daß der Ethanoleffekt auf das cholinerge System indirekt über Somatostatin vermittelt wird.

Akute und chronische Alkoholeinwirkung scheint also mehrere Neurotransmittersysteme modulieren zu können. Welches System im Einzelfall Veränderungen unterliegt, variiert offensichtlich von Hirnareal zu Hirnareal. Infolgedessen könnte der Eingriff von Ethanol in die Funktion bestimmter Neurotransmitter für das Auftreten spezifischer Einzelphänomene der Alkoholintoxikation verantwortlich sein.

Zusammenfassung

Das Erscheinungsbild der Alkoholintoxikation ist der Menschheit seit langem bekannt; ein früher Bericht darüber ist seit über 3 Jahrtausenden in altägyptischer Schrift überliefert. Der zugrundeliegende Wirkungsmechanismus blieb uns aber bis heute weitgehend verborgen.

Unbestritten ist wohl nur die Tatsache, daß das bunte Bild einerseits enthemmter und andererseits unterdrückter Verhaltensmuster ausschließlich auf eine allgemein dämpfende Wirkung von Ethanol im zentralen Nervensystem zurückgeführt werden kann. Ob diesem dämpfenden Effekt von Ethanol allerdings eine unspezifische Membranwirkung, wie sie für Narkotika angenommen wird, oder ein selektives Angreifen an einzelnen Neurotransmittersystemen, bestimmten Rezeptoren oder intramembranösen und intrazellulären Proteinen zugrundeliegt, ist noch nicht geklärt. Man kann aber davon ausgehen, daß für die zahlreichen Einzelphänomene der gesamten Alkoholwirkung nicht ein einziger Wirkungsmechanismus verantwortlich gemacht werden kann. Aus diesem Grund erschien es notwendig, bei der Erläuterung der biochemischen Grundlagen der Alkoholwirkung alle in diesem Kapitel erwähnten Wirkungskomponenten des Ethanols in Betracht zu ziehen. Daß daraus nur ein eher verwirrendes Durcheinander einzelner Bausteine entstanden ist, liegt vorrangig daran, daß dem Menschen die Arbeitsweise selbst des nicht durch Alkohol beeinträchtigten Gehirns immer noch ein Rätsel ist.

Literatur

Bauche F, Bourdeauc-Jaubert AM, Giudicelli Y, Nordmann R (1987) Ethanol alters the adenosine receptor-Ni-mediated adenylate cyclase inhibitory response in rat brain cortex in vitro. FEBS Lett 219:296–300

Corpechot C, Shoemaker WJ, Bloom FE (1983) Endogenous brain steroids: Effect of acute alcohol ingestion. Soc Neurosci Abs 13:1237

Davis VE, Walsh MJ (1970) Alcohol, amines and alkaloids: A possible basis for alcohol addiction. Science 167:1005–1007

Diamond I, Wrubel B, Estrin W, Gordon A (1987) Basal and adenosine receptor-stimulated levels of cAMP are reduced in lymphocytes from alcoholic patients. Proc Natl Acad Sci 84:1413–1416

Goldstein DB (1987) Ethanol-induced adaption in biological membranes. Ann NY Acad Sci 492:103–111

Gonzales RA, Hoffman PL (1991) Receptor-gated ion channels may be selective CNS targets for ethanol. Trends Pharmacol Sci 12:1–3

Hoffman PL, Tabakoff B (1990) Ethanol and guanine nucleotide binding proteins: A selective interaction. FASEB J 4:2612–2622

Kreuzer F, Lesch OM (1989) Die Krallen des Katers – Alkoholsucht – Neue Erkenntnisse, neue Heilmethoden. Jugend & Volk, Wien München

Madamba SG, Siggins GR, Battenberg EL, Bloom FE (1987) Depletion of brainstem 5-hydroxytryptamine (5HT) suppresses the excitatory effect of systemic ethanol on inferior olivary neurons (ION). Soc Neurosci Abs 13:105

Mancillas J, Siggins GR, Bloom FE (1986) Systemic ethanol: selective enhancement of responses to acetylcholine and somatostatin in the rat hippocampus. Science 231:161–163

Meyer HH (1899) Zur Theorie der Alkoholnarkose. I. Mitteilung. Welche Eigenschaft der Anästhetika bedingt ihre narkotische Wirkung? NS Arch Exp Pathol Pharmakol 42:109

Meyer HH (1901) Zur Theorie der Alkoholnarkose. 3. Mitteilung. Einfluß wechselnder Temperatur auf Wirkungsstärke und Teilungskoeffizient der Narkotika. NS Arch Exp Pathol Pharmakol 46:338

Meyer RE, Koob GF, Lewis MJ, Paul SM (eds) (1991) Neuropharmacology of ethanol: New approaches. Birkhäuser, Boston Basel Berlin

Muller P, Britton RS, Seeman P (1980) The effect of long-term ethanol on brain receptors for dopamine, acetylcholine, serotonin and noradrenaline. Eur J Pharmaocl 65:31–37

Nagy LE, Diamond I, Gordon A (1988) Cultured lymphocytes from alcoholic subjects have altered cAMP signal transduction. Proc Natl Acad Sci 85:6973–6976

Nestoros JN (1980) Ethanol specifically potentiates GABA-mediated neurotransmission in feline cerebral cortex. Science 209:708–710

Overton E (1901) Studien über die Narkose – zugleich ein Beitrag zur allgemeinen Pharmakologie. Fischer, Jena

Pohorecky LA, Brick J (1990) Pharmacology of ethanol. In: Balfour DJK (ed) Psychotropic drugs of abuse. Pergamon Press (International Encyclopedia of Pharmacology and Therapeutics, Section 130)

Reggiani A, Barbaccia ML, Spano PF, Trabucchi M (1980) Acute and chronic ethanol administration on specific ^{3}H-GABA binding in different rat brain areas. Psychopharmacology 67:261–264

Rubin E, Miller KW, Roth SH (eds) (1991) Molecular and cellular mechanisms of alcohol and anesthetics. The New York Academy of Sciences, New York (Annals of the New York Academy of Sciences, Vol 625)

Seeman P (1972) The membrane actions of anesthetics and tranquilizers. Pharmacol Rev 24:583–655

Seeman P (1974) The membrane expansion theory of anesthesia: Direct evidence using ethanol and high precision density meter. Experientia 30:759–760

Suzdak PD, Glowa JR, Crawley JN, Schwartz RD, Skolnick P, Paul SM (1986) A selective imidazobenzodiazepine antagonist of ethanol in the rat. Science 234:1243–1247

Vatier OC, Bloom FE (1988) Effect of ethanol on the neurosteroid concentrations in the rat brain. Soc Neurosci Abs 14:195

Alkoholnachweisverfahren

Hans-Jürgen Battista

Einleitung

Im Verlaufe der letzten 40 Jahre war der analytisch gemessene Blutalkoholgehalt zur wichtigsten Basis für die Rechtsprechung im Zusammenhang mit Trunkenheitsdelikten sowohl im Straßenverkehr als auch im Rahmen der Kriminalität geworden, da der richterliche Entscheid in vielen Fällen ausschließlich auf dem Blutalkoholwert basiert. Erst in den letzten Jahren haben Verfahren der Atemalkoholmessung zunehmend an Bedeutung gewonnen. Auch der Beeinträchtigung durch psychotrop wirksame Substanzen alleine oder im Zusammenwirken mit Alkohol wird immer größere Bedeutung zugemessen. Hieraus ergibt sich, daß sich durch das Ergebnis der Alkoholuntersuchung, v. a. der quantitativen Bestimmung, häufig gravierende rechtliche Konsequenzen für den Probanden ergeben, insbesondere seit vom Gesetzgeber Grenzwerte der alkoholbedingten Fahruntüchtigkeit eingeführt worden sind. Wiederholt sind daher von verschiedenen Seiten Zweifel an der Zuverlässigkeit der verwendeten Methoden der Alkoholbestimmung geäußert worden. Richterliche Kritik und Pressemeldungen über angeblich sensationelle Differenzen der Analysenergebnisse und über Resultate vergleichender Untersuchungen taten ein übriges, um Zweifel an der Alkoholbestimmungsmethodik zu nähren. Da in der Rechtsprechung ein legitimes Interesse besteht, Zweifel an der Zuverlässigkeit der Alkoholbestimmung im allgemeinen und ihrer Ergebnisse im konkreten Fall geklärt zu wissen, wurde seit den bahnbrechenden Arbeiten von Widmark (1922, 1932) kontinuierlich an der Verbesserung der Alkoholnachweisverfahren gearbeitet.

Brandenberger (1983) stellte folgende Anforderungen an die Blutalkoholanalytik:

- *Arbeitsanordnung* und *Arbeitsdisziplin* müssen jede Möglichkeit einer Verwechslung von Blutproben oder Resultaten ausschließen.
- Es sind möglichst *spezifische Analysenmethoden* zu wählen, die den Trinkalkohol ungestört von evtl. vorhandenen zusätzlichen Fremdsubstanzen erfassen. Andere Faktoren, insbesondere andere flüchtige Verbindungen, dürfen das Resultat einer Trinkalkoholanalyse nicht beeinträchtigen.
- Zur Sicherung der *Analysenrichtigkeit* („accuracy") ist eine ständige Kontrolle zur Verhütung von systematischen Abweichungen notwendig. Die Analysenwerte müssen möglichst nahe beim wahren Gehalt liegen und nicht bei einem Meßwert, der wegen des Vorliegens eines systematischen Fehlers vom wahren Gehalt abweicht.

– Die nicht eliminierbaren systematischen Fehler sind möglichst klein zu halten, so
  daß eine *gute Analysenreproduzierbarkeit* (Reproduzierbarkeit, Präzision) erreicht
  wird.
– Zusätzliche flüchtige Komponenten sollten ebenfalls erkannt werden können, da sie
  oft für die Beurteilung von Bedeutung sein können oder andere forensisch wichtige
  Fakten aufdecken.

Im Gutachten des Bundesgesundheitsamtes der Bundesrepublik Deutschland zur Frage
Alkohol bei Verkehrsstraftaten (Lundt u. Jahn 1966) werden folgende Anforderungen
an Untersuchungsverfahren, deren Ergebnisse als Beweismittel vor Gericht dienen
sollen, gestellt.
Die Verfahren müssen:

– für Ethylalkohol ausreichend spezifisch sein,
– unter laufender fachlicher Aufsicht in der Hand geschulten technischen Hilfsperso-
  nals zuverlässige, jederzeit reproduzierbare Ergebnisse erbringen,
– angesichts der großen Zahl und unterschiedlichen Besetzung und Ausrüstung der damit befaßten Untersuchungsstellen auch von weniger Erfahrenen angewendet werden
  können und unter geeigneten Kautelen auch dort forensisch zuverlässige Resultate
  erbringen.

Entwicklung der Alkoholnachweismethodik

Mit der in der Zwischenkriegszeit ständig steigenden – wenn auch mit der heutigen
nicht vergleichbaren – Verkehrsdichte war es notwendig geworden, in bestimmten
Fällen die Fahrtüchtigkeit der Kraftfahrzeuglenker überprüfen zu können. Während
bis dahin nur sehr material- und arbeitsaufwendige, chemisch-analytische Alkoholnachweisverfahren zur Verfügung standen, veröffentlichte Widmark bereits 1922 eine
Mikromethode zur Bestimmung von Ethylalkohol im Blut und veröffentlichte 1932
eine Monographie über „Die theoretischen Grundlagen und die praktische Verwendbarkeit der gerichtlich-medizinischen Alkoholbestimmung" (Widmark 1922, 1932). Damit
stand erstmals eine Methode zur Verfügung, die bei vertretbarem Aufwand an Untersuchungsmaterial und Arbeitszeit eine routinemäßige Bestimmung der Alkoholkonzentration im Blut von Verkehrsteilnehmern ermöglichte. Dieses Verfahren wird in verschiedenen Modifikationen bis heute verwendet. Vidic (1954a, 1954b) veröffentlichte
ein Verfahren zur Oxidation des Alkohols durch Vanadin-Schwefelsäure, dessen Vorteil
die Möglichkeit der photometrischen Messung des Reaktionsprodukts war. Bonnichsen u. Theorell (1951) in Schweden sowie Bücher u. Redetzki (1951) in Deutschland
entwickelten unabhängig voneinander ein Verfahren, in welchem Alkohol mit Hilfe
des Enzyms Alkoholdehydrogenase sehr spezifisch bestimmt werden kann.
   Die Entwicklung der Gaschromatographie führte schließlich zur Einführung verschiedener gaschromatographischer Untersuchungsverfahren, von denen das von
Machata (1962, 1964) ausgearbeitete Verfahren der Dampfraumanalyse in der Zwi-
schenzeit die größte Bedeutung erlangt hat, da es bei Vorhandensein entsprechender
apparativer Ausrüstung einfach durchzuführen ist und neben dem Ethylalkohol auch
verschiedene andere flüchtige Begleitstoffe zu analysieren gestattet. Insbesondere die

von Machata initiierte Mechanisierung dieser Methode (Machata 1964, 1967, 1971; Jentzsch et al. 1967) führte zu ihrer weiten Verbreitung.

Trotz der weiteren Entwicklungen in der Blutalkoholanalytik, die es bald schon gestatteten, mit immer geringeren Probenmengen das Auslangen zu finden, zeigte sich – v. a. von seiten der Exekutive – der Wunsch, ein allgemein und unmittelbar anwendbares Verfahren zur Überprüfung des Alkoholisierungsgrades, welches auf nichtinvasiver Probengewinnung beruht, zur Verfügung gestellt zu bekommen, um eine entsprechende Überprüfung auch durch nichtärztliche Organe in größerem Rahmen durchführen zu können. Hier bot sich die Ausatmungsluft als ein Medium, welches mit dem Kapillarblut in einem mehr oder weniger gesetzmäßigen Verhältnis steht, als leicht zu gewinnendes Untersuchungsmaterial an. Liljestrand u. Linde (1930) analysierten bereits alkoholhaltige Atemluft und fanden, daß Beziehungen zwischen Blutalkoholkonzentration und Atemalkohol bestehen. Bei Beobachtung der möglichen Fehlerquellen konnten auch tatsächlich brauchbare Analysenergebnisse erhalten werden. Borkenstein u. Smith (1961) entwickelten und testeten bereits 1961 den „Breatherlyzer", ein Meßgerät, welches auf der chemischen Basis des Widmarkverfahrens beruhte. 1972 kam ein Alcolyzer-Intoximeter auf den Markt, welcher nach dem Prinzip der Gaschromatographie arbeitete. Seither sind eine Reihe von immer weiter verbesserten Geräten zur Messung des Alkoholgehalts der Atemluft auf den Markt gekommen und gewinnen in letzter Zeit zunehmend an Bedeutung.

Nachweisverfahren in Körperflüssigkeiten

Die Bestimmung des Alkoholgehalts in biologischen und anderen Flüssigkeiten ist grundsätzlich mit einer Reihe von physikalischen, chemischen und physikalisch-chemischen Verfahren möglich (Lundt u. Jahn 1966; Jain u. Cravey 1972a). Von den dort aufgezählten Möglichkeiten haben sich die folgenden Methoden in der Praxis der forensisch- und klinisch-toxikologischen Analytik durchgesetzt:

Chemische Verfahren:

- Bichromatschwefelsäureverfahren nach Widmark,
- Vanadin-Schwefelsäure-Verfahren nach Vidic,
- elektrochemische Methoden: vorwiegend zur Messung des Atemalkoholgehaltes als Vortest.

Enzymatische Verfahren:
- Alkoholdehydrogenaseverfahren (Enzymmethode).

Physikalisch-chemische Verfahren:
- gaschromatographisches Verfahren:
  a) Direktinjektionsverfahren,
  b) Dampfraummethode nach Machata;
- Infrarotspektral-Photometrie: hauptsächlich für die Messung des Atemalkoholgehalts.

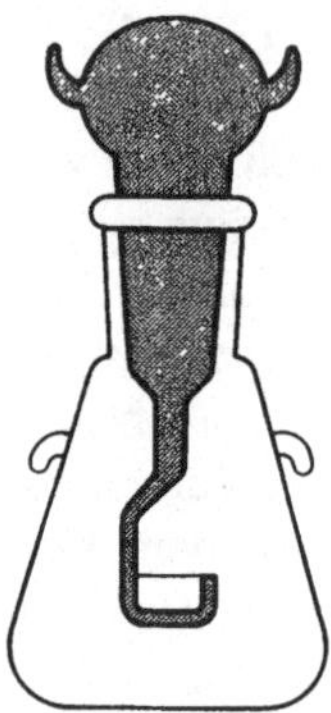

Abb. 1. Widmark-Kölbchen

Methoden nach Widmark

Originalmethode

Die Reaktion beruht auf folgender Reaktionsgleichung:

$$2\ K_2Cr_2O_7 + 8\ H_2SO_4 + 3\ C_2H_5OH \rightarrow 2\ CR_2(SO_4)_3 + 2\ K_2SO_4 + 3\ CH_3COOH + 11\ H_2O$$

Vorgelegt wird eine gemessene Menge Dichromatschwefelsäure. Die Bestimmung des nicht verbrauchten (nicht reduzierten) Anteils an Dichromatschwefelsäure erfolgt jodometrisch nach der Reaktionsgleichung:

$$K_2Cr_2O_7 + 6\ KJ + 7\ H_2SO_4 \rightarrow 4\ K_2SO_4 + 7\ H_2O + 3\ J_2$$

$$2\ Na_2S_2O_3 + 5\ H_2O + J_2 \rightarrow 2\ NaJ + Na_2S_4O_6 + 10\ H_42O$$

Das Resultat ergibt sich dann aus der Differenz zwischen vorgelegter Menge und nicht verbrauchter Menge an Dichromatschwefelsäure. Die Probenvorbereitung erfolgt in einem sog. Widmark-Kolben (Abb. 1).

Die Blutprobe wird in ein Wägenäpfchen eingewogen und in die am Stopfen des Widmark-Kölbchens hängende Glasschale eingebracht. Im Kolben selbst wird eine gemessene Menge an Bichromatschwefelsäure vorgelegt, der Kolben verschlossen und etwa 2 h bei 60°C inkubiert. Ethylalkohol und andere flüchtige Substanzen verdampfen aus der Blutprobe und werden von der Bichromatschwefelsäure begierig aufgenommen und so wieder aus dem Dampfdruckgleichgewicht entfernt (isotherme Destillation). Nach etwa 2 h ist die Reaktion vollständig abgelaufen, und der nicht verbrauchte Anteil an Bichromatschwefelsäure wird durch jodometrische Titration bestimmt (Widmark 1922, 1932).

Genaue Arbeitsvorschriften für die Durchführung der Blutalkoholbestimmung nach Widmark finden sich bei Lundt u. Jahn (1966) sowie bei Forster u. Joachim (1975).

Modifikationen des Widmark-Verfahrens

Da Titrationen i. allg., besonders aber jodometrische Titrationen sehr fehleranfällig
sind, wurde schon bald versucht, die Titration durch physikalisch-chemische Meßverfahren zu ersetzen. So beschrieb Grüner (1953, 1956) ein photometrisches Verfahren, bei welchem die nicht verbrauchte Bichromatschwefelsäure aus der Widmark-Umsetzung photometrisch gemessen werden konnte. Klingmueller et al. (1968) publizierten ebenfalls eine Methode zur photometrischen Auswertung der Blutalkoholbestimmung nach Widmark, die v. a. für die Bedürfnisse des klinisch-chemischen Labors
adaptiert worden war.

Vanadin-Schwefelsäure-Verfahren nach Vidic

Um einerseits die Messung eines Differenzwertes und andererseits die fehleranfällige
und personenabhängige jodometrische Titration zu umgehen, entwickelte Vidic (1954a,
1954b, 1963, 1964) das Vanadin-Schwefelsäure-Verfahren zur Blutalkoholbestimmung.
Bei diesem Verfahren kann das entstehende Reduktionsprodukt (Vanadylsulfat mit
4wertigem Vanadiumion) direkt photometrisch gemessen werden, so daß weder eine
Differenzwertbestimmung noch eine Titration erforderlich ist.

Der Nachteil dieses Verfahrens ist, daß bei höheren Temperaturen und über längere
Zeit inkubiert werden muß, so daß sich dieses Verfahren in der Regel nicht innerhalb
eines Arbeitstages durchführen läßt. Vor allem aus diesem Grund hat dieses Verfahren
keine weite Verbreitung gefunden.

Alkoholdehydrogenasemethode (Enzymverfahren)

Originalmethode

Ethylalkohol wird unter Biokatalyse des Enzyms Alkoholdehydrogenase zu Acetaldehyd oxidiert, wobei das Substrat NAD^+ (Nikotin-Adenin-Dinukleotid) zu NADH
reduziert wird.

$$C_2H_5OH + NAD^+ \xrightarrow[\text{Semicarbazid}]{\text{ADH}} CH_3CHO + NADH + H^+$$

Das gebildete NADH läßt sich mit den im klinischen Labor verfügbaren Filter- und
Spektralphotometern bequem photometrisch messen, so daß sich ein direkter quantitativer Zusammenhang mit der Menge des Alkohols in der Probenlösung ergibt. Da
es sich um eine Gleichgewichtsreaktion handelt, muß der gebildete Acetaldehyd durch
Semicarbazid unter Bildung eines Semicarbazons aus dem Gleichgewicht entfernt werden, damit die Reaktion quantitativ abläuft.

Die Methode ist sehr spezifisch auf Ethylalkohol; andere niedrige Alkohole wie
Methanol, n-Propanol und Isopropanol werden mit einer um Größenordnungen langsameren Reaktionsgeschwindigkeit oxidiert, so daß diese Alkohole bei ordnungsgemäß
abgenommenen Nativblutproben meistens gesunder Probanden in der Regel keine
Störungen verursachen, die über die normale Analysenstreuung hinausgehen (Bonnichsen u. Theorell 1951 sowie Bücher u. Redetzky 1951).

Genaue Arbeitsvorschriften finden sich ebenfalls bei Lundt u. Jahn (1966) sowie Forster u. Joachim (1975).

Klinisch-chemische Verfahren

Da Alkoholbestimmungen mittels der ADH-Methode mit den im klinisch-chemischen Labor üblicherweise vorhandenen Geräten leicht durchzuführen sind, entwickelte sich diese Arbeitsweise schon bald zur bevorzugten Methode der klinischen Chemiker. So wurde sie auch, z. T. auch modifiziert, für verschiedene, häufig in klinisch-chemischen Labors benutzte Analysenautomaten adaptiert. Eine eingehende Besprechung aller dieser Methoden findet im Rahmen dieser Übersicht keinen Platz, doch sei auf die Arbeiten von Whitehouse u. Paul (1979); Dubowski (1980); Elg u. Portman (1980); Frey et al. (1981); Poklis u. Mackell (1982); Cary et al. (1984); Caplan u. Levine (1987); Hannak u. Engel (1985); Takei et al. (1985); Gibitz u. Fenninger (1985) und Iffland u. Eiling (1990) hingewiesen. Schließlich beschrieben Worsfold et al. (1981) und Ruz et al. (1987) Methoden zur Alkoholbestimmung im Vollblut mit Hilfe der Flow-Injection-Analysis (FIA) unter Verwendung von immobilisierten Enzymen.

Gaschromatographische Verfahren

Direkte Verfahren

Eine direkte Analyse des Blutalkoholgehalts aus einer Blut- oder Serumprobe – eine Übersicht über ältere direkte GC-Methoden findet sich bei Jain u. Cravey (1972b) – wäre vom erwarteten Konzentrationsbereich her durchaus möglich, doch müssen zunächst die geformten und die höhermolekularen Bestandteile des Bluts bzw. Serums abgetrennt werden, um die gaschromatographische Trennsäule nicht zu kontaminieren. Dies geschieht entweder durch ausreichende Verdünnung des Serums oder Plasmas, durch Enteiweißung oder durch Einspritzung in einen Gaschromatographen, der mit einem geeigneten Vorschaltgerät (Vorsäule) zur Abtrennung dieser Bestandteile ausgerüstet ist (Machata 1962, 1964). Während bei den früher verwendeten Geräten mit Wärmeleitfähigkeits- bzw. Hitzdrahtdetektoren auch nach dieser Vorbehandlung noch große Störungen durch den Wassergehalt der Probe zu beobachten waren, fällt diese Störung bei mit Flammenionisationsdetektor (FID) ausgerüsteten Geräten praktisch weg. Brandenberger (Bäumler et al. 1967) verwendete beispielsweise eine gaschromatographische Direkteinspritzmethode zusammen mit einer Trennsäule, die die in der Probe enthaltenen Substanzen nach dem Prinzip der Gas-Fest-Chromatographie (Adsorptionschromatographie) auftrennte, als unabhängige Zweitmethode. Auch für die rasche Bestimmung anderer flüchtiger Substanzen in Blut oder Serum wird noch häufig die Direkteinspritzung verwendet.

Dampfraumanalyse („headspace analysis")

Das Verfahren der Dampfraumanalyse (Abb. 2, 3) wurde schon bald nach dem Verfügbarwerden von industriell hergestellten Gaschromatographen Anfang der 60er Jahre hauptsächlich für die Analyse von Geschmacks-, Geruchs- und Aromastoffen verwendet. Als erste haben Rieders (zit. n. Machata 1964), Curry et al. (1962)

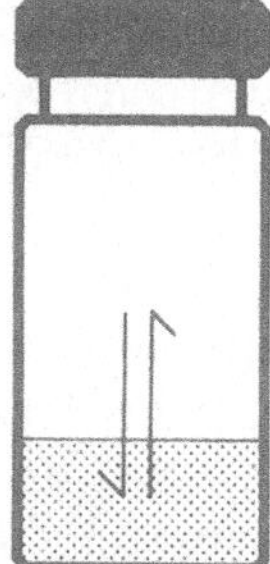

Abb. 2. Verteilungsgleichgewicht einer flüchtigen, gelösten Substanz zwischen flüssiger und Gasphase

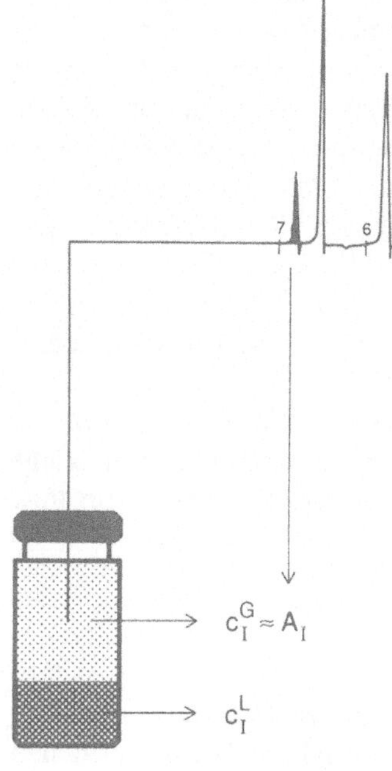

Abb. 3. Prinzipien der Dampfraumanalyse

$$c_I^L = K \cdot c_I^G$$

$$c_I^L = K^* \cdot A_I$$

K_I : Verteilungskoeffizient für die I-te Komponente

c_I^G : Konzentration der Komponente I in der Gasphase

c_I^L : Konzentration der Komponente I in der flüssigen Phase

A_I : Fläche des der Komponente I entsprechenden Peaks

K^* : Kalibrationsfaktor

und Goldbaum (1963) die Verfahren zur Analyse des Blutalkoholgehaltes verwendet. Machata (1964, 1967, 1970) hat es, u. a. durch die Möglichkeit der Mechanisierung, zu einem Verfahren ausgearbeitet, welches weltweit in Verwendung steht.

Das Verfahren beruht auf der Tatsache, daß der Partialdruck des Dampfes über einer Lösung entsprechend dem Henry-Daltonschen Gesetz der Konzentration dieses Stoffes in der Lösung proportional ist (Abb. 2 und 3):

$$p_A = k_A \times c_A$$

$$p_0 = \Sigma\ p_i = p_{Aceton} + p_{Wasser} + \dots$$

p_A: Partialdruck des Alkohols
c_A: Konzentration des Alkohols in der Lösung
p_0: Gesamtdruck
k_A: Konstante (Ostwaldscher Löslichkeitskoeffizient)

Durch Aufstellen einer Eichkurve mit Lösungen bekannter Konzentration an Ethylalkohol lassen sich die Konzentrationen der Proben leicht errechnen. Genaue Arbeitsvorschriften finden sich bei Forster und Joachim (1975) sowie bei Machata (1964, 1967, 1970).

Der Vorteil einer solchen Dampfraumanalyse besteht darin, daß die Gasproben leicht dosierbar sind und die Trennsäule nicht durch höher siedende Verunreinigungen kontaminiert werden kann. Es ergeben sich sehr scharfe, gleichmäßige Peaks: eine Adaptation des Chromatographen (wie z. B. Einbau einer Vorsäule) kann somit entfallen.

Um eine hohe Alkoholkonzentration in Dampfform zu erzielen, kann entweder der Dampfdruck des im Überschuß vorhandenen Wassers durch Zugabe eines Salzes (z. B. Kaliumkarbonat) gesenkt werden, oder die zu untersuchende Lösung wird bei einer höheren als der Raumtemperatur ausreichend lange inkubiert. Dabei stellt sich ein dieser höheren Temperatur entsprechender Dampfdruck der zu untersuchenden Substanzen und damit auch eine höhere Konzentration dieser Substanzen in der Gasphase ein (Machata 1967). Die Reproduzierbarkeit der Peakflächen ist bei der zweiten Methode besser als bei der Zugabe eines Salzes. In jedem Fall ist die Zugabe eines inneren Standards, d. h. einer Substanz, die einen ähnlichen Dampfdruck wie Ethylalkohol hat und sich gaschromatographisch ähnlich verhält, erforderlich, um Ungenauigkeiten bei der Dampfdruckeinstellung, der Dosierung der Probe und der anschließenden gaschromatographischen Analyse ausgleichen zu können.

Die Mechanisierung dieser Methode, die von Machata in Zusammenarbeit mit Perkin-Elmer (Jentzsch et al. 1967) durchgeführt wurde, brachte eine erhebliche Verbesserung der Analysenpräzision durch Ausschaltung manueller Dosiervorgänge (Machata 1975).

Atemalkoholmeßverfahren

Wie schon eingangs erwähnt, wurden bereits in den 30er Jahren von Liljestrand u. Linde (1930) Versuche zur Messung des über die Atemluft ausgeschiedenen Ethylalkohols durchgeführt. Erst die Entwicklung des Mikroprozessors machte es jedoch möglich, Meßgeräte zu bauen, die auch in der Lage sind, die physiologischen Schwierigkeiten bei der Gewinnung einer repräsentativen Atemprobe weitgehend zu überwinden, so daß in den letzten Jahren Geräte entwickelt werden konnten, die den Anforderungen der täglichen Routine bei der Exekutive genügten. Als Meßprinzip werden hier einerseits, v. a. bei den billigeren Geräten, elektrochemische Verfahren, bei den teureren Geräten Infrarotmeßverfahren verwendet. Die Methode beruht auf der Messung der Lichtabsorption der Atemluft bei einer für Ethanol charakteristischen Wellenlänge im infraroten Spektralbereich. Während die ursprünglich gebauten Meßgeräte meist bei der relativ unspezifischen Wellenlänge von 3,4 μm arbeiten, werden in Österreich aufgrund der Überlegungen von Neuninger (1990) Geräte mit einer Meßwellenlänge von 9,2 μm verwendet. Der Nachteil der geringeren Energie und damit geringeren Empfindlichkeit bei dieser Wellenlänge wird durch die wesentlich größere Spezifität für Alkohol mehr als aufgewogen. Die Vielzahl der in den letzten Jahren zum Thema Atemalkoholmeßgeräte erschienenen Publikationen läßt es nicht zu, dieses Thema in diesem Rahmen ausführlicher zu behandeln; so sei stellvertretend auf

das Werk *Die Atemalkoholprobe* von Grüner (1985) sowie auf die Arbeiten von Staak
u. Berghaus (1986) und Simpson (1989) zum Vergleich der Verfahren zur Blut- und
Atemalkoholbestimmung hingewiesen.

Bewertung der einzelnen Methoden

Die im Gutachten des deutschen Bundesgesundheitsamtes (Lundt u. Jahn 1966)
niedergelegten Grundsätze, daß Blutalkoholbestimmungen zu forensischen Zwecken
grundsätzlich nach 2 voneinander verschiedenen unabhängigen Methoden durchgeführt
werden müssen, haben sich in der Fachwelt, soweit Blutuntersuchungen betroffen sind,
weitgehend durchgesetzt. Grundsätzlich kann jede Kombination der beschriebenen Methoden eingesetzt werden; es hängt jedoch wesentlich vom Probendurchsatz und der
Ausrüstung des einzelnen Labors ab, welche Verfahren tatsächlich verwendet werden.
Vor allem bei Labors mit großem Probendurchsatz haben sich die Verfahren durchgesetzt, die leicht automatisierbar sind, so daß dort in der Regel die Bestimmungen nach
der ADH-Methode und nach der gaschromatographischen Dampfraumanalyse durchgeführt werden. Hier wurden insbesondere auch Modifikationen beschrieben, die die
Verwendung von im klinischen Labor vorhandenen Analysenautomaten ermöglichen
und hierbei noch den Vorteil bieten, daß sehr geringe Proben- und Reagenzienmengen
verwendet werden können. Dies hat einerseits großen Einfluß auf die Analysenkosten
und erlaubt andererseits häufigere Blutentnahmen für Anlaufskontrollen bei Klinikpa-
tienten oder Versuchspersonen.

Während die Durchführung der Blutalkoholbestimmungen in unseren Nachbarlän-
dern Schweiz (Bäumler et al. 1967) und Bundesrepublik Deutschland (Lundt u.
Jahn 1966, 1967) durch Richtlinien bzw. Verordnungen geregelt ist, hat der die Untersuchung durchführende Sachverständige in Österreich bisher außer den üblichen
Grundsätzen für die Durchführung von Analysen in biologischem Material keinerlei spezielle Richtlinien hinsichtlich der Blutalkoholuntersuchung zu befolgen. Wird
aber die Alkoholbestimmung nur mit einer Methode durchgeführt, so ist ein wesentlich
größerer systematischer Fehler wahrscheinlich als bei Durchführung mit 2 voneinander
verschiedenen Methoden (Klug 1981; Schmidt 1982; Machata 1983). Darüber hinaus
ermöglicht die in den meisten Instituten übliche Aufbewahrung der Blutproben auch
Nachuntersuchungen nach längeren Zeiträumen.

Eine Sonderstellung nimmt die in Österreich inzwischen gesetzlich verankerte Atemalkoholbestimmung ein, da hier nur mit einer Methode gemessen werden kann und
eine Nachprüfung der Analysenergebnisse bei der derzeitigen Art der Durchführung
nicht möglich ist, sofern nicht der Proband selbst eine Blutuntersuchung verlangt.

Qualitätskontrolle

Die Anforderungen an die Genauigkeit und Beweiskraft von Blutalkoholuntersuchun-
gen machen neben einer zweckentsprechenden Verwaltung des Probeneingangs und der
Analysendurchführung und Probenaufbewahrung verstärkt Maßnahmen zur ständigen
Überprüfung der Genauigkeit und der Reproduzierbarkeit der Bestimmungen notwendig. Zink et al. (1985) konnten anhand der statistischen Auswertung von mehr als

25 000 forensischen Blutproben, deren Alkoholkonzentrationen mit jeweils 2 Bestimmungen im GC-Verfahren und mittels der ADH-Methode durchgeführt worden waren, nachweisen, daß die wahre Blutalkoholkonzentration (Erwartungswert) im Bereich zwischen 0,5 und 3‰ mit einer Vertrauenswahrscheinlichkeit von 99% etwa 5% beiderseits des Analysenmittelwertes liegt. Unterhalb einer BAK von 0,5 Gewichtspromille liegt der Standardfehler bei 0,01‰. Daraus ergibt sich für eine 99%ige Vertrauenswahrscheinlichkeit ein Vertrauensbereich von ± 5% vom Analysenmittelwert.

Diese Anforderungen können jedoch nur erreicht und eingehalten werden, wenn eine laufende Qualitätskontrolle durch die industriell erhältlichen Standardlösungen und alkoholhaltigen Qualitätskontrollsera und -blute durchgeführt wird. Darüber hinaus ist eine Teilnahme an regelmäßigen externen Ringversuchen, wie sie beispielsweise von der Deutschen Gesellschaft für Rechtsmedizin in Zusammenarbeit mit der Deutschen Gesellschaft für klinische Chemie e.V. organisiert werden, unbedingt erforderlich.

Diskussion

In der vorliegenden Arbeit wurde versucht, eine Übersicht über die wichtigsten Alkoholnachweisverfahren zu geben und kurz auf die Problematik der einzelnen Methoden einzugehen. Da bereits in mehreren europäischen Ländern, wie auch in den USA, die Messung des Atemalkoholgehalts alleine gesetzlich zulässig und für eine Bestrafung ausreichend ist, wird die Blutalkoholanalytik wohl in den nächsten Jahren erheblich an Bedeutung einbüßen. Da eine Beeinflussung der Verkehrstüchtigkeit von Kraftfahrzeuglenkern und anderen Verkehrsteilnehmern jedoch nicht nur durch Alkohol, sondern vermehrt auch durch psychotrope Substanzen und z. T. andere Medikamente bedingt sein kann, wäre es wünschenswert, wenn der Gesetzgeber die Möglichkeit schüfe, zumindest im Falle einer augenfälligen Beeinträchtigung eine Blut- und Harnabnahme zur Überprüfung der Ursache einer solchen Beeinträchtigung anzuordnen. Da dies bisher in Österreich nur für dem Suchtgiftgesetz unterliegende Substanzen möglich ist und da insbesondere keinerlei gesetzliche Bestimmungen über die Abnahme von Harnproben vorgesehen sind, besteht hier nach Ansicht des Verfassers eine wesentliche Lücke im Straßenverkehrsrecht.

Literatur

Bäumler J, Brandenberger H, Brochon R, Schlunegger UP (1967) Rundversuche zur forensischen Blutalkoholbestimmung. Mitt Geb Lebensmittelunters Hyg 58:385–393
Bonnichsen RK, Theorell H (1951) An enzymatic method for the microdetermination of ethanol. Scand J clin Lab Invest 3:58f
Borkenstein RF, Smith HW (1961) The breatherlyzer and its applications. Med Sci Law 2:13f
Brandenberger H (1983) Die Zürcher Blutalkohol-Analytik. Kriminalistik 37:548–571
Brzezinka H, Heifer U (1991) Quality assurance (accuracy precision) in forensic blood alcohol determinations in compliance with the reduced safety increase of 0,1 g per thousand. Blutalkohol 28:108–114
Bücher Th, Redetzki H (1951) Eine spezifische photometrische Bestimmung von Äthylalkohol auf fermentativem Wege. Klin Wochenschr 29:615–616
Caplan YH, Levine B (1987) Evaluation of the Abbott TDx-radiative energy attenuation (REA) ethanol assay in a study of 1105 forensic whole blood specimens. J Forensic Sci 32:55–61

Cary PL, Whitter PD, Johnson CA (1984) Abbott radiative energy attenuation method for quantifying ethanol evaluated and compared with gas-liquid chromatography and the DuPont aca. Clin Chem 30:1867–1870

Curry AS, Hurst G, Kent NR, Powell H (1962) Rapid screening of blood samples for volatile poisons by gas chromatography. Nature 195:603–604

Dubowski KM (1980) Alcohol determination in the clinical laboratory. Amer J Clin Pathol 74:747–750

Elg P, Portman M (1980) Experience with an ADH-method for the determination of blood alcohol concentration using the LKB-2086 reaction rate analyzer. Blutalkohol 17/4:253–258

Forster B, Joachim H (1975) Blutalkohol und Straftat. Nachweis und Begutachtung für Ärzte und Juristen. Thieme, Stuttgart

Frey HO, Sirowej H, Schubert G, Werle St, Kattermann R (1981) Micromethods for determination of blood alcohol (ADH/GLC). Blutalkohol 18:354–362

Gibitz HJ, Fenninger A (1985) Enzymatische Mikrobestimmung von Blutalkohol nach Abtrennen über die Gasphase. Blutalkohol 22:49–58

Goldbaum LR, Schloegel EL, Dominguez AM (1963) Application of gas chromatography to toxicology. In: Stolman A (ed) Progress in chemical toxicology. Academic Press, New York London

Grüner O (1953) Ein photometrisches Verfahren zur Blutalkoholbestimmung. Arch Toxicol 14:362–372

Grüner O (1956) Ein Beitrag zur photometrischen Blutalkoholbestimmung. Dtsch Z Gerichtl Med 44:771–772

Grüner O (1977) The forensic utility of blood alcohol findings (analytical mean values). Blutalkohol 14/4:215–222

Grüner O (1985) Die Atemalkoholprobe. Heymanns, Köln Berlin Bonn München

Hannak D, Engel C (1985) Rapid blood ethanol measurement by the ADH/REA technique: Method comparison and assessment. Blutalkohol 22:371–380

Iffland R, Eiling G (1990) Enzymic blood alcohol estimation with the EPOS analyzer 5060. Aerztl Lab 36/4:81–86

Jain NC, Cravey RH (1972a) Analysis of alcohol. I: Review of chemical and infrared methods. J Chromatogr Sci 10/5:257–262

Jain NC, Cravey RH (1972b) Analysis of alcohol. II: Review of gas chromatographic methods. J Chromatogr Sci 10/5:263–267

Jentzsch DH, Krüger H, Lebrecht G, Dencks G, Gut J (1967) Arbeitsweise zur automatischen gas-chromatographischen Dampfraum-Analyse. Fres Z Anal Chem 236:96–118

Klingmüller V, Nuglisch W, Weyss N (1968) Adaptation of Widmark's ethanol determination to photometric evaluation, a new nomogram for evaluating back-titrations. Clin Chim Acta 22/3:317–325

Klug E (1981) 2-Säulen-Headspace-GC-Analyse, eine neue Variante zur Blutalkoholbestimmung. Blutalkohol 18:237–241

Liljestrand G, Linde P (1930) Über die Ausscheidung des Alkohols mit der Exspirationsluft. Skand Arch Physiol 60:273f

Lundt PV, Jahn E (1966) Gutachten des Bundesgesundheitsamtes zur Frage Alkohol bei Verkehrsstraftaten. Kirschbaum, Bad Godesberg

Lundt PV, Jahn E (1967) Ergänzende Stellungnahme zu den bisher vorgelegten Gutachten des Bundesgesundheitsamtes zur Frage: Alkohol bei Verkehrsstraftaten. Kirschbaum, Bad Godesberg

Machata G (1962) Die Routineuntersuchung der Blutalkoholkonzentration mit dem Gaschromatographen. Mikrochim Acta 4:691–700

Machata G (1964) Über die gaschromatographische Blutalkoholbestimmung Analyse der Dampfphase. Mikrochim Acta 2–4:262–271

Machata G (1967) Über die gaschromatographische Blutalkoholbestimmung. Blutalkohol 4:252–260

Machata G (1970) Über die gaschromatographische Blutalkoholbestimmung: II. Mitteilung. Blutalkohol 7:345–348

Machata G (1971) Fortschritte in der Bestimmung des Blutalkohols. Beitr Gerichtl Med 28:340–345

Machata G (1975) The advantages of automated blood alcohol determination by head space analysis. Z. Rechtsmedizin 75:229–234

Machata G (1983) Zur Frage der „Zwei voneinander verschiedenen Verfahren" zur Ermittlung der Blutalkoholkonzentration. Blutalkohol 20:236–240

Neuninger H (1990) Zur Bewertung von Ergebnissen der Atem-Alkohol-Bestimmung. Beitr Gerichtl Med 40:649–656

Poklis A, Mackell MA (1982) Evaluation of a modified alcohol dehydrogenase assay for the determination of ethanol in blood. Clin Chem 28:2125–2127

Ruz J, Luque de Castro MD, Valcarcel M (1987) Flow injection determination of ethanol in whole blood using immobilized enzymes. Microchem J 36:316–322

Schmidt G (1982) Präzision und Streuung bei der Alkoholbestimmung mittels 2-Säulen-Headspace-GC-Analyse. Blutalkohol 19:122–128

Simpson G (1989) Medicolegal alcohol determination: comparison and consequences of breath and blood analysis. J Anal Toxicol 13/6:361–366

Staak M, Berghaus G (1986) Systematischer Vergleich der Verfahren zur Blut- und Atemalkoholbestimmung. Blutalkohol 23:418–437

Takei H, Nakashima K, Adachi O, Shinagawa E, Ameyama M (1985) Enzymic determination of serum ethanol with membrane-bound dehydrogenase. Clin Chem 31/12:1985–1987

Ulrich L, Cramer Y, Zink P (1986) Über die Methoden der Blutalkoholanalyse. Kriminalistik 40/3:131–152

Vidic E (1954a) Ein einfaches Verfahren zur Bestimmung des Alkoholgehaltes in Körperflüssigkeiten für klinische und forensische Zwecke (1. Mitteilung). Arzneimittelforschung 4/7:411–418

Vidic E (1954b) Die Bestimmung des Alkoholgehaltes in biologischen Flüssigkeiten mittels Vanadinsäure (2. Mitteilung). Arzneimittelforschung 4:506–507

Vidic E (1963) Blutalkoholbestimmung nach dem Vanadin-Schwefelsäure-Verfahren. Blutalkohol 2:76–85

Vidic E (1964) Blutalkoholbestimmung nach dem Vanadin-Schwefelsäure-Verfahren. Blutalkohol 2:436–441

Widmark EMP (1922) Eine Mikromethode zur Bestimmung von Äthylalkohol im Blut. Biochem Z 131:473–485

Widmark EMP (1932) Die theoretischen Grundlagen und die praktische Verwendbarkeit der gerichtlich-medizinischen Alkoholbestimmung. Urban & Schwarzenberg, Wien

Whitehouse LW, Paul CJ (197)) Micro-scale enzymatic determination of ethanol in plasma with a discrete analyzer, the ABA-100. Clin Chem 25/8:1399–1401

Worsfold PJ, Ruzicka J, Hansen EH (1981) Rapid automated enzymatic method for the determination of alcohol in blood and beverages using flow injection analysis. Analyst 106:1309–1317

Zink P, Schneider B, Schroeder G, Wolf M (1985) Reproducibility of forensic blood alcohol determination. Blutalkohol 22/1:21–48

Alkohol und Kriminalität.
Zur Bedeutung von Alkoholkonsum bei einzelnen Straftaten und bei der Ausprägung krimineller Karrieren

Hans-Jürgen Kerner

Einleitung

Die Problemkreise „Alkohol" und „Kriminalität" sind bereits je für sich derart komplex und außerdem von einer so immensen Literaturproduktion gekennzeichnet, daß man ein Mehrfaches an dem hier zur Verfügung stehenden Raum benötigen würde, um auch nur die Grunddimensionen klar herauszustellen. Erst recht würde es jeden Rahmen eines Beitrags für einen Sammelband sprengen, wenn man versuchen wollte, die entsprechenden Theorien bzw. weniger ausgearbeiteten sog. Ansätze zur Erklärung auszubreiten oder gar miteinander in eine einigermaßen stimmige Beziehung zu setzen. Also wird auf ein solches Vorgehen von vorneherein verzichtet.

Bei einer Fokussierung des Blicks auf die durch das „und" definierte Schnittmenge der Problemkreise wird die Lage nicht wesentlich einfacher. Denn die Überlegungen, was Alkoholkonsum und insbesondere chronischer Alkoholismus mit dem Entstehen und mit der Verfestigung von Kriminalität im Leben von Straftätern zu tun haben könnten, begleiten die Kriminologie mit ihren Grund- und Bezugswissenschaften seit Beginn ihrer eigentlichen Existenz als Wissenschaft. Alkohol und Kriminalität als Makrophänomen gehören schließlich zum Standardrepertoire der Forschung zu den sog. sozialen Problemen und speziell zur Sozialpathologie der modernen Gesellschaft.

In Anlehnung an eigene Strukturierungsbemühungen (Kerner 1985, S. 6f. und 1990, S. 184f.) sowie die Fortführung durch Kaiser (1988, S. 556f.) kann man folgende wesentliche Analysebereiche auseinanderhalten:

1) Auf der *Ebene sozialer Tatbestände:*
- die Variation des amtlich registrierten Kriminalitätsaufkommens in Abhängigkeit von Produktionsvolumen bzw. Verkaufsmenge alkoholischer Getränke in einer gegebenen Gesellschaft insgesamt,
- die unterschiedlich ausgeprägte Dichte der Variation im obigen Sinne bei kriminologisch-kriminalistisch sinnvoll unterscheidbaren Deliktsgruppen bzw. bedeutsamen Einzelkategorien strafbaren Verhaltens,
- die Variation in den beiden genannten Varianten in Abhängigkeit von geographisch unterschiedlichen Konsumgewohnheiten, von alterstypischen, geschlechtstypischen oder auch schichttypischen Trinkmustern im Querschnitt und Längsschnitt,
- die Variation in den beiden genannten Varianten in Abhängigkeit von staatlich gelenkten Kontrollstrategien und Kontrolltaktiken, bezogen auf Produktion und Verkauf von Alkoholika sowie auf Einschränkungen der Konsummöglichkeit im privaten, geschäftlichen und öffentlichen Raum,

– die Variation in den beiden genannten Varianten in Abhängigkeit von polizeilichen und/oder justiziellen Verfolgungsstrategien und Strafkonzeptionen bezüglich bestimmter Deliktsbereiche.

2) Auf der *Tatebene:*
– die Manifestation strafbaren Verhaltens unter akutem Alkoholeinfluß nach Deliktsart und Deliktsschwere,
– die Manifestation strafbaren Verhaltens unter subakutem Alkoholeinfluß nach Deliktsart und Deliktsschwere,
– die Manifestation strafbaren Verhaltens unter chronischem Alkoholeinfluß nach Deliktsart und Deliktsschwere,
– Zusammenhänge der bekanntgewordenen Delikte mit dem jeweiligen „sozialen setting" im Zeitpunkt des Ereignisses,
– Zusammenhänge von Täter- und Opferalkoholisierung,
– Variationen entsprechend der Täter-Opfer-Beziehung,
– Folgekriminalität,
– direkte und indirekte Beschaffungskriminalität.

3) Auf der *Täterebene:*
– strafbares Verhalten als (ggf. isolierter) Verstoß gegen staatlich strafbewehrte Produktions- bzw. Konsumrestriktionen,
– strafbares Verhalten nach Alkoholgenuß bei durchschnittlichen Alkoholkonsumenten aus der Normalbevölkerung,
– Alkoholkonsum bei durchschnittlichen Straftätern aus der Gesamtheit der jährlich Straffälligen,
– Alkoholkonsum bzw. Alkoholmißbrauch bei Mehrfachtätern und insbesondere chronisch rückfälligen Rezidivisten,
– Straffälligkeit bei chronischen Alkoholikern,
– Alkoholkonsum bzw. Alkoholismus bei dissozial lebenden, früher als „gemeinlästig" bezeichneten Personen,
– Zusammenhänge bei allen genannten Gruppen zwischen amtlicher Straffälligkeit und selbstberichteter Delinquenz im Dunkelfeld,
– gruppenspezifische Reaktionen auf Sanktionierungen bzw. auf Behandlungsmaßnahmen.

Aus der Fülle dieser (die Thematik noch nicht erschöpfenden) Problembereiche greift dieser Beitrag nur zwei heraus, um sie etwas näher zu beleuchten. Zum einen soll es um die polizeilich bekanntgewordenen Straftaten in der Bundesrepublik Deutschland und den dabei festgestellten Alkoholeinfluß gehen, konzentriert auf die allgemeine Kriminalität; der Verkehrsbereich bleibt ausgeklammert (s. Überblick bei Kaiser 1988, §§ 63,3 und 96f. sowie Kerner 1985a; zu Nachschulungskursen s. Rosner 1988). Zum anderen soll die Bedeutung des Alkohols als Teil einer in der Regel komplexen Problemlage von Betroffenen sowie in seinen Wechselwirkungen bei der Ausprägung von kriminellen Karrieren skizziert werden. Der Beitrag stützt sich dabei auf lediglich ausgewählte Studien, die aber hinreichend geeignet erscheinen, um die Zusammenhänge zu verdeutlichen.

Alkoholeinfluß bei polizeilich bekanntgewordenen Straftaten

In der Bundesrepublik Deutschland registriert die Polizeiliche Kriminalstatistik (PKS) die bei den Polizeibehörden und -dienststellen bekanntgewordenen Verbrechen und Vergehen (i.w.) nach Bundesrecht. Von den größeren Bereichen strafbaren Verhaltens bleiben fast vollständig die Verkehrsdelikte und die Staatsschutzdelikte außer Betracht, wobei die letzteren wenigstens in groben Zügen in der sog. besonderen Statistik „S" getrennt nachgewiesen werden. Somit repräsentiert die PKS zentral die sog. klassische Kriminalität und, von Jahr zu Jahr detaillierter erfaßt, moderne Kriminalität wie Wirtschaftskriminalität und Computerkriminalität. Aus dem Nebenstrafrecht interessieren hier v. a. die Angaben zu den Verstößen nach dem Betäubungsmittelgesetz.

Im Jahr 1990 wurden von der deutschen Polizei entsprechend den oben genannten Einschränkungen insgesamt 4 455 333 Fälle von Verbrechen und Vergehen amtlich erfaßt. Im selben Zeitraum wurden 2 093 130 Fälle aufgeklärt, was einer Aufklärungsquote von 47,0% entspricht. Anders ausgedrückt: Obwohl sich die Aufklärungsquote nicht notwendig auf die bekanntgewordenen Fälle desselben Jahres beziehen muß, kann man nach der Erfahrung von einer gewissen Konstanz der „Verschiebung" der Ermittlungen in das jeweilige Folgejahr bzw. in noch spätere Jahre ausgehen und daher konstatieren, daß derzeit über die Hälfte aller registrierten Kriminalfälle unaufgeklärt bleiben. Alle auch noch so einfachen oder sogar vordergründigen Aussagen über die Täter der Straftaten (amtlich „Tatverdächtige") stützen sich also auf nur eine Minderheit von „tatsächlichen Tätern". Bei Delikten mit besonders niedriger Aufklärungsquote (wie z. B. Fahrraddiebstahl mit 9,8%) wird dann der methodische Vorbehalt besonders erheblich, daß wir keine Kriterien an der Hand haben, die uns unmittelbar eine Einschätzung dahingehend erlauben, ob die durch die Aufklärung erfaßte Teilmenge der Täter repräsentativ für die Tätergesamtheit allgemein oder bei spezifischen Delikten ist. Wie auch sonst gilt: Die Daten der PKS sagen nichts Verbindliches über die Kriminalitätswirklichkeit aus. Sie können als nicht unerhebliches Teilbild von Realität gewertet werden, müssen aber gegen andere Teilbilder anhand von anderen Quellen oder gegen Erfahrungswerte aus sonstigen Lebensbereichen gewichtet werden. Mitteilungen zur (deutschen) Kriminalitätslage oder auch Sicherheitslage sind demzufolge allemal nur als Schlußfolgerungen aus Interpretationen denkbar und dürfen nicht als neutrale Deskription von evidenten Daten mißverstanden werden.

Unter diesem hier nicht näher auszuführenden Vorbehalt kann man sich (auch) dem Gehalt der PKS bezüglich Alkoholeinfluß nähern. Die Polizei erfaßt diesen Alkoholeinfluß sowohl auf der Ebene der Fälle (getrennt für jede realkonkurrierende Tatbestandsverwirklichung) als auch auf der Ebene der Tatverdächtigen (getrennt für jede Person, die der Beteiligung an der Tat verdächtig ist). Nachgewiesen wird also in den entsprechenden Tabellen der PKS, in absoluten Zahlen und Prozentwerten, ein wie hoher Anteil der aufgeklärten Delikte von Personen unter Alkoholeinfluß begangen wurde und wie hoch der Anteil alkoholbeeinflußter Personen an der Gesamtheit der jeweils Tatverdächtigen im Erfassungszeitraum war.

Nach den Richtlinien der PKS ist das Merkmal „Alkoholeinfluß" zu registrieren, wenn die Polizeibeamten einen Alkoholkonsum bei dem Verdächtigen dergestalt bemerken, daß dadurch dessen Urteilskraft während der Tatausführung beeinträchtigt war. Maßgeblich ist ein offensichtlicher oder nach den Ermittlungen wahrscheinlicher Alkoholeinfluß.

Im Jahre 1990 wurden entsprechend dieser Festlegung bei 197 753 Fällen (= 9,4% aller aufgeklärten und 4,4% aller bekanntgewordenen Verbrechen und Vergehen) mehr als nur unerhebliche Alkoholeinflüsse festgestellt. Unter den 1 437 923 Tatverdächtigen ermittelte die Polizei 141 180 Personen (= 9,8% aller Tatverdächtigen), die alkoholbeeinflußt waren. Wie die Überprüfung der vielfältigen Einzelnachweise der PKS-Tabellen 12 und 22 ergibt (Bundeskriminalamt 1991), weichen die Anteile an Fällen und an Personen strukturell nicht voneinander ab, so daß nachstehend überwiegend nur noch Informationen zu den Taten gebracht werden sollen.

Der Durchschnittswert von rund 10% Alkoholtaten verdeckt natürlich große Spannweiten, die eng mit den Entstehungsbedingungen von Delikten im (typischen) Einzelfall verbunden sind. In einer ersten Differenzierung kann man sich an die von der Polizei selbst entsprechend den internen Richtlinien des PKS verwendete *Gruppenzuordnung* von Straftaten gemäß dem vierstelligen kriminalistisch-kriminologischen Straftatenschlüssel halten. Dann erhält man folgende absteigende Reihe des *Anteils der Fälle mit Alkoholeinfluß* an allen registrierten Fällen (in Klammern = Gruppenschlüssel):

(0000)	Straftaten gegen das Leben	34,5%
(2000)	Roheitsdelikte und Straftaten gegen die persönliche Freiheit	24,1%
(6000)	Sonstige StGB-Tatbestände	20,2%
(1000)	Straftaten gegen die sexuelle Selbstbestimmung	13,3%
(4000)	Diebstahl unter erschwerenden Umständen	9,5%
(3000)	Diebstahl ohne erschwerende Umstände	5,0%
(5000)	Vermögens- und Fälschungsdelikte	2,4%
(7000)	Strafrechtliche Nebengesetze	1,8%

Dieses Bild paßt trotz seiner noch geringen Tiefenschärfe recht gut zu demjenigen Ansatz der Erklärung von Beziehungen zwischen Alkohol und Verbrechen, der im Rahmen konkurrierender Theoriemodelle (vgl. Kaiser 1988, § 63, Rn. 22) auf die enthemmende Wirkung des Alkohols abhebt. Selbst üblicherweise kontrollierte Menschen legen nach Alkoholgenuß sozusagen „von selbst" einen Teil ihrer Zurückhaltung oder auch ihrer Hemmungen ab (vgl. näher Kornhuber 1990, S. 213ff. zu den sonstigen Folgen); wagemutiges bis leichtfertiges Verkehrsverhalten pflegt sich ohne weitere Außenreize einzustellen, im kommunikativen Umgang ist die Schwelle zu verbalen Ausfälligkeiten und schließlich Tätlichkeiten herabgesetzt. Die (An)Trieb(s)kontrolle pflegt in ähnlicher Weise zurückzugehen. Welches Verhalten schließlich manifest wird, hängt im konkreten Fall nicht nur von der Variation in der individuellen Aggressionsbereitschaft ab, sondern auch von der Situationsdynamik beim sog. Übergang zur Tat und generell von der prägenden Kraft kultureller und sozialer Determinanten.

Kommen Alkoholenthemmung und Gruppendynamik sowie die Eigendynamik eines ohne Außenkontrolle ablaufenden Prozesses des Ausagierens von Impulsen zusammen, dann kann selbst bei Ersttätern ohne die von der Praxis gerne bemühte „kriminelle Energie" ein Schaden beträchtlichen Ausmaßes zusammenkommen. Dies veranschaulicht recht gut ein Ermittlungsfall aus Baden-Württemberg, der drei 17jährige Schüler betrifft, die vorher polizeilich noch niemals „in Erscheinung getreten" waren und ihre Freizeit u. a. produktiv in einer Musikband verbrachten.

Als die Eltern eines der Freunde in Urlaub waren, traf man sich in der Wohnung. Der dort begonnene Alkoholkonsum setzte sich in einer Zechtour an einer im Wald gelegenen Feuerstelle fort. Beim Blutalkoholstand von 0,64 bzw. 1,07 bzw. 1,25%o ging man auf den Nachhauseweg. Der „Übermut" führte zu einer Rangelei, bei der ein Motorrad umfiel und beschädigt wurde; des weiteren wurden dann 23 Autos direkt beschädigt, indem die Schüler Antennen verbogen, Scheibenwischer abbrachen und Reifen zerstachen. Weder die Polizei noch die Schüler selber wußten außer „übermäßigem Alkoholgenuß" irgendein plausibles Tatmotiv zu finden. Nur am Rande sei erwähnt, daß die Staatsanwaltschaft den Fall entsprechend zurückhaltend erledigte: Da die Jugendlichen nach Abklingen der Alkoholwirkung geständig waren, die Tat bedauerten und finanzielle Wiedergutmachung versprachen, beließ man es im Rahmen des formlosen Erziehungsverfahrens nach § 45 JGG jugendstrafrechtlich bei der von den Jugendlichen gerne erfüllten Bedingung für das Absehen von der weiteren Verfolgung, ein Benefizkonzert zugunsten einer wohltätigen Sache zu veranstalten (vgl. Landeskriminalamt Baden-Württemberg 1991, S. 83).

Die „Aggressionskomponente" bei Alkoholdelikten verdeutlicht sich anhand der PKS, wenn man auf die sog. Summenschlüssel blickt, die die Polizei seit einigen Jahren deliktsübergreifend verwendet. So geschahen 16,2% der Fälle von „Straßenkriminalität" (Schlüssel 8990) und 32,3% der Fälle von „Gewaltkriminalität" (Schlüssel 8920) nach Einschätzung der ermittelnden Beamten unter Alkoholeinfluß. Geht man auf die *Ebene von Einzeldelikten,* so werden auch weitere Aspekte deutlich, wie diejenigen, die in der Beziehungsdynamik wurzeln (Beispiel Widerstand gegen die Staatsgewalt) oder in der sexuell aufgeladenen Gruppendynamik (Beispiel Vergewaltigung durch Gruppen ohne Überfallcharakter) oder auf Milieusituationen (Beispiel Zechanschlußraub) oder schließlich auf den eingeschränkten Planungshorizont im Sinne von Zugriff auf die nächstliegende Variante einer allgemein schon „vorgesehenen" Tat (Beispiel Beraubung von Taxifahrern). Dies wird anschaulich erkennbar in der folgenden absteigenden *Reihe des Anteils von Alkoholtaten an bestimmten polizeilich aufgeklärten Delikten im Jahre 1990:*

– Zechanschlußraub	70,5%
– Zerstörung wichtiger Arbeitsmittel	67,8%
– Widerstand gegen die Staatsgewalt	66,0%
– Beraubung von Taxifahrern	52,5%
– Vergewaltigung durch Gruppen (kein Überfall)	50,0%
– Erpresserischer Menschenraub in Verbindung mit Raubüberfall auf sonstige Zahlstellen und Geschäfte	50,0%
– Totschlag und Tötung auf Verlangen	49,2%
– Körperverletzung mit tödlichem Ausgang	45,5%
– Räuberischer Angriff auf Kraftfahrer (nicht Taxi)	40,5%
– Sachbeschädigung an Kraftfahrzeugen	36,1%
– Überfallartige Vergewaltigung durch Einzeltäter	35,9%
– Sexualmord	35,3%
– Gefährliche und schwere Körperverletzung	34,5%
– Sonstige Sachbeschädigung auf öffentlichen Straßen, Wegen und Plätzen	33,5%
– Vortäuschen eines Raubes	32,6%

- Sachbeschädigung   32,5%
- Raubüberfälle in Wohnungen   32,1%
- Erpresserischer Menschenraub in Verbindung mit Raubüberfällen auf
  Geldinstitute und Poststellen   30,8%
- Geiselnahme   30,8%
- Vorsätzliche Brandstiftung   30,6%
- Sexuelle Nötigung   26,3%
- Vorsätzliche leichte Körperverletzung   26,0%

Derartige Angaben erlauben den Schluß, daß die polizeiliche Wirklichkeitsrekonstruktion die „Alkoholwirkung" in der Tendenz zutreffend widerspiegelt. Es handelt sich aber lediglich um einen Plausibilitätsschluß. Denn methodisch sind potentiell systematische Verzerrungsfaktoren nicht kontrolliert und der Natur der Sache nach nicht ohne gezielte empirische Forschungen kontrollierbar. Dazu gehören beispielsweise gerichtete Aufmerksamkeit von Beamten entsprechend verbreiteten Alltagsvorstellungen, wachsende Ungenauigkeit der Rekonstruktionsmöglichkeit mit fortschreitendem Zeitablauf (bedeutsam u. a. für Vermögensdelikte) und Kombinationswirkungen (u. a. steigt die Anzeigebereitschaft von Opfern oder Dritten mit steigender Schwere der Tat bzw. der Tatfolgen, welche ihrerseits Konsequenz vorausgegangenen Alkoholkonsums sein können). Bei einer genaueren und ggf. auch multivariaten Auswertung der Originaldatensätze der PKS wären etliche präzisierende Kontrollen möglich, jedoch erhalten Forscher in der Regel keinen Zugang zu den Daten, und die Behörden selber pflegen nur wenige Verknüpfungen vorzunehmen bzw. nach außen bekanntzugeben. So hat man nur wenige Hinweise, die die Plausibilität stützen können: Nach der PKS des Bundes waren 1990 die Tatverdächtigen, bei denen ein Alkoholeinfluß bei der Tatbegehung festgestellt werden konnte, zu 92,9% männlich und zu 7,1% weiblich – eine deutliche Verschiebung entsprechend dem klassischen Rollenschema (76,5% männlich und 23,5% weiblich). Aus dem Bericht des Landeskriminalamts Baden-Württemberg zur Jugendkriminalität und Jugendgefährdung im Jahre 1990 läßt sich ergänzend immerhin eine Grobangabe zur Altersabhängigkeit entnehmen: Demnach waren in diesem Jahr unter den tatverdächtigen Kindern 0,2%, unter den Jugendlichen 6,9% und unter den Heranwachsenden 10,8% alkoholbeeinflußt (Landeskriminalamt 1991, S. 113), so daß der Interpolationsschluß für die Erwachsenen einen Durchschnittswert von deutlich über 10% nahelegt.

Aufgrund der angesprochenen Unsicherheiten liegt es nahe, bei sozusagen benachbarten Problembereichen vergleichend nachzusuchen, um den Grad der Stimmigkeit polizeilicher Daten besser abschätzen und ggf. in der Aussagekraft inhaltlich stärken zu können. Am ehesten bietet sich die *Drogenkriminalität* an. Jedoch ist die Vergleichbarkeit schon von Anfang an sehr eingeengt. Denn die PKS (Bundeskriminalamt 1991) fragt hier nicht nach Fällen mit (wie immer näher definiertem) „Drogeneinfluß" bei der unmittelbaren Tatbegehung, sondern nur nach demjenigen Anteil, der von sog. polizeilich bekannten Konsumenten harter Drogen begangen wurde, und entsprechend nach dem Anteil dieser Personen an der Gesamtheit der jeweils ermittelten Tatverdächtigen. Diese Begrenzung liegt freilich nahe, schon deswegen, weil ungeachtet der Vielfalt von Drogen und ihrer unterschiedlichen (auch) psychophysiologischen Wirkungen ganz generell die Menge und Qualität äußerer Kennzeichen gegenüber den Alkoholkennzeichen (sehr häufig bereits die sog. „Fahne") vermindert ist.

Als *Konsumenten harter Drogen* gelten nach den PKS-Richtlinien solche Personen, die nach Erkenntnissen der Polizei Stoffe und Zubereitungen gebrauchen, die in den Anlagen I–III des Betäubungsmittelgesetzes in der jeweiligen fortgeschriebenen Fassung verzeichnet sind. Dazu gehören auch die Fertigarzneimittel, die den betäubungsrechtlichen Vorschriften unterliegen. Soweit polizeilich erfaßte Konsumenten im Einzelfall bei Mangellage nicht die harten Drogen selber, sondern Ausweichmittel gebrauchen, wird dies ebenfalls als Konsum harter Drogen erfaßt, es sei denn, der Konsum beschränkt sich auf sog. „ausgenommene Zubereitungen" oder sonstige Medikamente oder Substanzen, die nicht unter das BTM-Gesetz fallen. Auf welche Weise die Stoffe und Zubereitungen dem Körper zugeführt werden, ist im übrigen gleichgültig. Ausschließlich *Cannabiskonsumenten* (Haschisch, Marihuana, Haschischöl) bleiben durchweg unberücksichtigt.

Die Schwierigkeiten der Feststellung werden vom Bundeskriminalamt im Überblicksteil der PKS selbst hervorgehoben. So wird zur Sammelkategorie „direkte Beschaffungskriminalität" (Schlüssel 8920), also zu denjenigen Straftaten, die unmittelbar der Erlangung von Drogen dienen bzw. zum Besitz führen, kritisch vermerkt:

> Die Erfassung von Konsumenten harter Drogen ist jedoch unvollständig. Erkennbar wird dies bei der direkten Betäubungsmittel-Beschaffungskriminalität. Zu erwarten wäre, daß fast jedes direkte Btm-Beschaffungsdelikt von Drogenabhängigen begangen wird. In der Statistik wird dies jedoch nur in 58,8% der aufgeführten Fälle ausgewiesen. Es ist anzunehmen, daß auch beim aufgeklärten Diebstahl oder Raub eine Drogenabhängigkeit der Täter oft nicht erkannt wird. Die Anteile von Konsumenten harter Drogen dürften daher auch bei diesen Delikten weit höher liegen (Bundeskriminalamt 1991, S. 48ff.).

Läßt man sich auf die Zahlen ein, wie sie derzeit vorliegen, so erscheint weniger bedeutsam, daß Konsumenten harter Drogen nach Feststellung der ermittelnden Polizeibeamten zu 40,9% an den Fällen der Sammelkategorie „Rauschgiftkriminalität" (Schlüssel 8910) beteiligt sind, als vielmehr der Umstand, daß sie zu 4,7% aller in der PKS registrierten Straftaten beitragen. Trotz der viel engeren Definition bei Drogen macht dies genau die Hälfte des Beitrages nicht unerheblich alkoholbeeinflußter Tatverdächtiger aus (9,4%) – und die Bezugsgrundgesamtheit der chronischen Alkoholkonsumenten ist nach allen Schätzungen um ein mehrfaches höher als die der chronischen Drogenkonsumenten, selbst bei Berücksichtigung von Haschisch bzw. Marihuana.

Es entspricht im Sinne der Plausibilitätskriterien der Realität, wenn nun ungeachtet der Verzerrungen im amtlich registrierten Kriminalitätsbild bei Konsumenten selbst harter Drogen die Gewalt- und zumindest nötigende Sexualkomponente im Vergleich zum Alkohol zurücktritt, es sei denn v. a., es handele sich um instrumentelle Gewalt im Zusammenhang mit der Beschaffung von Drogen oder der Beschaffung von Ressourcen zum Erlangen von Drogen (s.a. Kaiser 1988, §§ 63f. mit weiteren Nachweisen).

Auf der Ebene der *PKS-Deliktsgroßgruppen* zeigt sich dies anhand der folgenden absteigenden Reihenfolge des *Anteils der von Konsumenten harter Drogen begangenen Taten* an allen jeweils registrierten Verbrechen und Vergehen (in Klammern: Deliktsschlüssel):

- (7000)   Strafrechtliche Nebengesetze, einschl. BTMG   17,5%
- (4000)   Diebstahl unter erschwerenden Umständen   8,5%
- (3000)   Diebstahl ohne erschwerende Umstände   3,5%
- (0000)   Straftaten gegen das Leben   3,1%
- (1000)   Straftaten gegen die sexuelle Selbstbestimmung   2,4%
- (5000)   Vermögens- und Fälschungsdelikte   2,4%
- (6000)   Sonstige StGB-Tatbestände   1,9%
- (2000)   Roheitsdelikte und Straftaten gegen die persönliche Freiheit   1,8%

Für die Sammelkategorie „Gewaltkriminalität" (Schlüssel 8920) ergab sich 1990 ein Anteil von 3,6%, für die Sammelkategorie „Straßenkriminalität" (Schlüssel 8990) ein Anteil von 5,7%. Unter den Einzeldelikten, bei denen die instrumentelle Komponente der Gewalt nicht ohne weiteres auf der Hand liegt, ragte im selben Erhebungsjahr der Sexualmord mit einem Anteil an Konsumenten harter Drogen von 12,1% besonders hervor. Da es insgesamt in der Bundesrepublik jedoch nur 34 einschlägig aufgeklärte Fälle gab, wird man auch auf der Plausibilitätsebene besser jeglichen Interpretationsversuch unterlassen.

Nach dem Bild der PKS fügt sich bei Drogenkonsumenten die *Aggression* überwiegend in die *Dynamik von Beschaffungskriminalität* ein. Die anderen dynamischen Verwicklungen oder Verstrickungen, die bei Alkoholkonsum aufscheinen, sind entweder tatsächlich nicht (in vergleichbarem Ausmaß) vorhanden oder werden bei den Ermittlungen (noch) nicht gezielt gesucht bzw. gerichtet wahrgenommen.

Auf der *Ebene von Einzeldelikten* jedenfalls zeigt die absteigende Reihe des *Anteils der von Konsumenten harter Drogen begangenen Straftaten* an allen jeweils registrierten Taten der entsprechenden Kategorie ein im Vergleich zur Alkoholdelinquenz (s. S. 111f.) recht unterschiedliches Prädilektionsmuster:

- Diebstahl unter erschwerenden Umständen (u.e.U.) von Rezeptformularen   75,9%
- Raub zur Erlangung von Betäubungsmitteln (BTM)   75,5%
- Diebstahl u.e.U. von BTM aus Krankenhäusern   75,0%
- Diebstahl u.e.U. von BTM aus Apotheken   74,3%
- Diebstahl u.e.U. von BTM aus Arztpraxen   56,6%
- Diebstahl ohne erschwerende Umstände (o.e.U.) von Rezeptformularen
  zur Erlangung von BTM   55,6%
- Diebstahl o.e.U. von BTM aus Krankenhäusern   55,1%
- Fälschung zur Erlangung von BTM   54,7%
- Diebstahl o.e.U. von BTM aus Apotheken   52,9%
- Diebstahl o.e.U. von BTM aus Arztpraxen   50,9%

- Handtaschenraub   18,9%
- Raubüberfall auf sonstige Zahlstellen und Geschäfte   18,2%
- Geiselnahme in Verbindung mit Raubüberfall auf sonstige Zahlstellen
- und Geschäfte   12,5%
- Diebstahl o.e.U. von amtlichen Siegeln, Vordrucken etc.   12,1%
- Ausnutzen sexueller Neigungen, u.a. Zuhälterei   10,7%
- Erpresserischer Menschenraub   10,5%

Alkoholkonsum und Auffälligkeiten bei Reihenuntersuchungen

Im Rahmen der von Kaiser (1988) dargelegten Theoriemodelle zu den Beziehungen zwischen Alkohol und Verbrechen lassen das Modell der gemeinsamen Ursache und das Modell des gegenseitigen Bedingens die weitergehende Folgerung zu, daß Alkohol möglicherweise nur eines von mehreren Epiphänomenen darstellt, das bei einer gestörten Persönlichkeit, einer belasteten Biographie oder einem Prozeß der Marginalisierung auftreten kann.

Nach dem *Modell der gemeinsamen Ursache* gelten Alkohol und Kriminalität als nicht voneinander abhängig, vielmehr als mehr oder minder gleichsinnige Konsequenz von gemeinsamen Ereignissen in der Vorgeschichte, wie z. B. Schwierigkeiten in der Kindheit (vgl. Kaiser 1988, § 63, Rn. 22, 2).

Nach dem *Modell des gegenseitigen Bedingens* hängen Alkohol und Kriminalität, im Verbund mit anderen Sozialfaktoren, wechselseitig voneinander ab. Eine der möglichen Sequenzen mag mit starkem Trinken beginnen, das zu Arbeitslosigkeit und sonstigen Verlusten sozialer Kompetenz führt, was wiederum ein Abgleiten in Delinquenz begünstigt. Eine der möglichen umgekehrten Sequenzen mag mit Kriminalität beginnen, die zur Haft und Folgeproblemen führt (Verlust von Wohnung, Arbeitsplatz oder Beziehungen), welche die Flucht aus sozialen Konflikten in Alkoholkonsum begünstigen (vgl. Kaiser 1988, § 63, Rn. 22, 3).

Trotz vieler Untersuchungen ist die Forschungslage bezüglich dieser und anderer Modelle bislang nicht wirklich befriedigend. Immerhin zeigen einige Forschungen, die teils ohne primären Bezug auf Kriminalität, teils im Zusammenhang mit originär kriminologischem Blickwinkel angestellt wurden, in der Tendenz gleichsinnig an, daß beide oben genannten Modelle unter Umständen bei weiterer gezielter Forschung in einem komplexeren Modell aufgehoben werden können. Dazu ein paar Beispiele:

Alkoholprobleme bei amerikanischen Männern

Wilsnack et al. (1984/85) hatten im Herbst 1981 in den USA eine Befragung mit alkoholkonsumierenden Frauen durchgeführt, v. a. unter dem Gesichtspunkt der Verhaltensauffälligkeit, und zum Vergleich 396 Männer herangezogen. Eine der Fragebatterien richtete sich auf Probleme, die die Befragten in den vorvergangenen 12 Monaten bei oder infolge von Alkoholkonsum erlebt hatten. Global zeigte sich, daß die Problemrate der Betroffenen mit steigendem Alkoholkonsum wuchs und daß insbesondere die Schwierigkeiten häufiger miteinander verbunden auftraten. Entsprechend der neuen Aufbereitung von Flanagan u. Garrell und Mitarbeitern (1986, Tabelle 3.76), deren Kriterien hier nicht wiedergegeben werden können, zeigte sich folgende Lage (Tabelle 1).

Alkoholfolgen bei schwedischen Wehrpflichtigen

Andreasson et al. (1988) führten in Schweden eine der umfangreichsten Längsschnittstudien durch, die derzeit überhaupt zur Verfügung stehen. Ihre Ausgangsfrage war diejenige nach dem Zusammenhang zwischen Alkoholkonsum und Mortalität bei

Tabelle 1. Alkoholkonsum und Folgeprobleme

Art der Schwierigkeit innerhalb eines Jahreszeitraums	Betroffenheit			
	Leichte Trinker [%]	Mäßige Trinker [%]	Schwere Trinker [%]	Besonders schwere Trinker [%]
Vernachlässigung der familiären und sonstigen häuslichen Pflichten	2	6	11	25
Tätliche Streitigkeiten mit der Partnerin	8	14	36	27
Häusliche Unfälle	2	1	8	10
Außerhäusige körperliche Auseinandersetzungen	2	10	16	19
Fahren eines Kfz unter Alkoholeinfluß	13	46	55	73
Zwei oder mehr der genannten Schwierigkeiten	8	31	54	63
Abhängigkeitssymptome wie z.B. Erinnerungsausfälle, Kontrollverluste nach dem ersten Drink, Sturztrunk	11	26	69	87

jungen Männern. Sie setzten bei Geburtskohorten der Jahrgänge 1949, 1950 und 1951 an. Als diese Jungmänner im Alter zwischen 18 und 19 Jahren für den Wehrdienst gemustert wurden, ließen Andreasson und Kollegen psychologische Erhebungen durchführen. Außerdem wurden die Probanden gebeten, einen Fragebogen auszufüllen. Die Ausfüllbereitschaft lag bei 99,6%, ein erstaunlich hoher Wert, wenn man bedenkt, daß der Fragebogen umfangreich war und außerdem sensible Fragen über Person und sozialen Hintergrund, Alkoholkonsum, Drogengebrauch und psychiatrische Auffälligkeiten enthielt.

Genau 40464 Probanden lieferten verwertbare Ergebnisse. Bezüglich des Alkoholkonsums zeigte sich folgende Verteilung bei den gemusterten Jungmännern aus der Normalbevölkerung: 5,9% waren abstinent. Als leichte Konsumenten wurden 78,5% eingestuft, bei einer Obergrenze von wöchentlich bis zu 100g reinen Alkohols. In die Kategorie der mäßigen Konsumenten kamen 13,1% der Probanden mit 101 bis 250g reinen Alkohols pro Woche. Als problematische Trinker galten diejenigen 2,5%, die wöchentlich zwischen 251 und 400g reinen Alkohols zu sich nahmen. Schwere Trinker schließlich machten noch 0,8% der Gesamtgruppe aus, sie konsumierten wöchentlich mehr als 400g reinen Alkohols.

Infolge der außergewöhnlich kompletten und zentralisierten Registerführung in Schweden war es für Andreasson et al. (1988) dann möglich, in einem Verlaufszeitraum von rund 15 Jahren (bis Ende 1983) neben der Mortalität auch die sog. psychiatrische Morbidität zu verfolgen.

Die rund 50000 jungen Männer hatten danach bis zu ihrem 32. bzw. 33. Lebensjahr 662 Todesfälle zu verzeichnen, darunter 499 oder 75% „gewaltsame Todesfälle" entsprechend der internationalen Standardklassifikation der Todesursachen; im einzelnen handelte es sich um 184 eindeutige Suicide, 52 wahrscheinliche Suicide, 10 Fälle von Mord und Totschlag, 12 Stürze, 14 Fälle von Ertrinken, 15 Vergiftungen und 172 tödliche Verkehrsunfälle. Die Mortalitätsrate wuchs gleichsinnig mit der Alkoholkonsumintensität. Die Viktimisierung durch Gewaltkriminalität zeigte die gleiche Tendenz.

Das Risiko, einen gewaltsamen Tod zu sterben, betrug bei einer auf je 1000 Probanden standardisierten Rate im einen Extremfall der Abstinenten 5,8 und im anderen Extremfall der schweren Trinker 28,9.

Die Trinkgewohnheiten der Probanden waren den von ihnen angegebenen Gewohnheiten ihrer Väter sehr ähnlich. Der bei der Musterung eingeräumte Level des wöchentlichen Alkoholkonsums korrelierte eng mit der späteren Einlieferung in eine psychiatrische Klinik oder in eine Entziehungsanstalt mit der Diagnose „Alkoholismus".

Bei einer multivariaten Analyse (schrittweise Regression) hatten folgende Merkmale im Hinblick auf die Mortalität die stärkste Erklärungskraft, in absteigender Reihenfolge:

- früher Kontakt mit den Jugendbehörden,
- früher Kontakt mit der Polizei,
- psychiatrische Diagnose bei der Musterung,
- Level des durchschnittlichen Alkoholkonsums,
- Anzahl der engen persönlichen Freunde (mit negativen Vorzeichen).

Die Unterschiede im Mortalitätsrisiko entsprechend dem durchschnittlichen Alkoholkonsum traten demgemäß bei Konstanthalten anderer Faktoren in ihrer Bedeutung zurück. Daraus kann man schlußfolgern, daß es vielfältige Interaktionen zwischen Alkoholgebrauch und anderen Auffälligkeitssymptomen bzw. Hintergrundfaktoren gab.

Die Autoren nahmen beispielsweise alle diejenigen Probanden zusammen, die ab 251 g reinen Alkohols pro Woche tranken (n = 1217). Aufgrund einer detaillierten Analyse dieser Gruppe kamen sie zu der Einschätzung, daß die Betroffenen zahlreichen Schwierigkeiten gleichzeitig ausgesetzt seien und selber einen problematischen Lebensstil pflegten, bei welchem der ausgeprägte Alkoholkonsum nur einen Faktor unter vielen darstelle. An Einzelfakten war u. a. bemerkenswert:

- 41% hatten erhebliche Anpassungsschwierigkeiten in der Schule,
- 32% waren mit der Polizei oder den Jugendbehörden wegen eigener Verhaltensauffälligkeiten in Kontakt gekommen,
- 20% waren früher von zu Hause weggelaufen,
- 18% hatten mehr als 10mal Cannabis genommen,
- 16% hatten mehr als 10mal Lösungsmittel geschnüffelt.
    (Vgl. Einzelheiten bei Andreasson et al. 1988, S. 1023f.).

Alkoholkonsum und Aggressivität bei holländischen Männern

In einer direkt auf kriminologische Fragen zielenden Untersuchung prüften Buikhuisen et al. (1984) bei 82 Versuchspersonen anhand eines übergreifenden psychobiologischen Modells, welche Kriterien trennscharf zwischen solchen Probanden unterscheiden, die nach Alkoholkonsum aggressive Verhaltenseigentümlichkeiten zeigen (sog. „aggressive Trinker"), und solchen Probanden, die entweder unauffällig bleiben oder andere als aggressive Verhaltensweisen erkennen lassen („nicht-aggressive Trinker"). Von jedem Probanden wurden soziobiographische Merkmale erfragt. Darüber hinaus wurde eine umfangreiche Batterie von Meßverfahren eingesetzt, einschließlich Experimenten, um psychologische, psychophysiologische, medizinische und sozialpsychologische Variablen zu gewinnen.

Die aggressiven Trinker ließen folgende Besonderheiten erkennen:

– vermehrte Schwierigkeiten in der Familie,
– vermehrte Schulprobleme,
– höhere selbstberichtete Delinquenz im Dunkelfeld,
– höheres Ausmaß psychopathologisch relevanter Störungen,
– nach Testergebnis in stärkerem Ausmaß dominierend, jedoch zugleich frustriert und in der Grundeinstellung negativistisch,
– geänderte Polung von Reizantworten bei elektrodermalen Ableitungen, d.h. alkoholischer Dämpfungseffekt auf die Aktivität des Nervensystems.

Buikhuisen et al. (1984) glauben anhand derartiger Befunde vermuten zu dürfen, daß bei den als „aggressive Trinker" eingestuften Probanden bereits im nüchternen Zustand eine aggressive Grunddisposition vorliege. Diese werde unter Alkoholeinfluß einfach freigesetzt dergestalt, daß sonst wirksame Verhaltenskontrollmechanismen geschwächt würden (vgl. Buikhuisen et al. 1984, S. 106). Läßt man von den Forschern nicht näher nachgewiesene Interaktionseffekte außer Betracht, so kann man die Ergebnisse dahingehend verstehen, daß sie bezüglich Alkohol und Kriminalität nicht für kausale Anregungseffekte sprechen, sondern eher für das Theoriemodell der enthemmenden Wirkung bei Vorliegen anderer Sequenzen bzw. Kausalstrukturen.

Dissozialität bei polnischen Männern

Der polnische Gesetzgeber hatte 1982 ein Gesetz über den sog. „sozialen Parasitismus" erlassen. Mit diesem Gesetz sollten solche Personen gezielt intensiver kontrolliert werden können, die nach Erkenntnissen der zuständigen Behörden „parasitisch" lebten. Eine entsprechende Kategorisierung wurde vorgenommen, wenn die Personen beispielsweise konstant sozial nützlicher Tätigkeit auswichen, vom chronischen Ausnutzen anderer Personen lebten, ihre Einkommen aus gesetzwidrigen Quellen bezogen oder sonst Verhaltensweisen zeigten, die mit dem Prinzip der sozialen Gegenseitigkeit nicht zu vereinbaren waren. Ostrihanska u. Rzeplinska (1987) konzentrierten sich auf die interessanteste Teilgruppe von Männern im Alter zwischen 18 und 45 Jahren. Von Männern dieser Altersgruppe griffen sie mehrere Gruppen heraus (n = insgesamt knapp 3000), die entweder bei den Behörden anhängig waren oder in akut trunkenem Zustand in Ausnüchterungszellen der Polizei Warschaus eingeliefert worden waren.

Bei der Teilgruppe der „exzessiven Trinker" zeigte sich ein Problembündel von:

– unregelmäßigem bis nicht mehr vorhandenem Arbeitsverhalten,
– häufig wiederholten Phasen bis vollständiger Beschäftigungslosigkeit,
– sozialen Auffälligkeiten,
– Straftaten unterschiedlichster Art,
– wiederholter Sanktionierung,
– Maßnahmen der Sozialbehörden und wiederholten Entziehungsbehandlungen.

Die Autorinnen zeichnen ein Bild, das dem Theoriemodell der gegenseitigen Bedingtheit von Alkohol und Kriminalität sowie anderer Sozialfaktoren gut entspricht. Eine Gruppe von 708 Männern wird von ihnen als besonders hartnäckig hoffnungslos charakterisiert. Diese Männer waren über ihre Registrierung wegen Parasitismus hinaus mehrfach in Ausnüchterungsstationen eingeliefert worden. Sie sprachen weder auf Behandlung noch auf Sanktionen merklich an. Auch die behördlichen Versuche, sie zu öffentlichen Arbeiten heranzuziehen und auf diese wie auf andere Weise an reguläre Arbeit zu gewöhnen, erwiesen sich als „vollständig ineffektiv" (Ostrihanska u. Rzeplinska 1987, S. 244).

Soziale Fehlanpassung bei schwedischen Jungmännern

Im Rahmen des Projektes „Stockholm Boys and Crime" überprüfte Sarnecki (1985) zusammen mit Sollenhag im Auftrag des Schwedischen Rates für Verbrechensverhütung die weitere Entwicklung von 1188 Probanden, die den Geburtsjahrgängen 1939 bis 1963 angehörten und als Jugendliche jugendkriminologisch in einer multidisziplinären Studie „Unga Lagoverträdare" untersucht worden waren. Der erste Forschungsbericht zur Nachuntersuchung konzentriert sich auf eine Gruppe von 287 Probanden aus den Jahrgängen 1939 bis 1943, die zwischen 1959 und 1963 im Rahmen der sog. „1956 Clientele Study Concerning Juvenile Criminals" erstuntersucht worden waren, sowie auf altersähnliche Vergleichsgruppen von 222 repräsentativ ausgewählten Jungen aus der Stockholmer Normalbevölkerung und 100 Insassen eines Heimes für Verhaltensgestörte, das nach deutschen Kriterien als Jugendstrafanstalt eingestuft werden kann.

Für das Erwachsenenalter ab 24 Jahren bildete Sarnecki eine Summenvariable der „Adult Social Adaptation". Die Verknüpfung einzelner Erhebungsitems mit diesem Komplexmaß sozialer Anpassung ergab zahlreiche Zusammenhänge. Im vorliegenden Rahmen des Alkoholproblems sei nur das Ergebnis einer Faktorenanalyse nach der Hauptkomponentenmethode auszugsweise wiedergegeben. Es konnten 6 Faktoren extrahiert werden. Auf dem ersten Faktor luden 17 Variablen. Die für die Probanden daraus errechneten individuellen Faktorwerte korrelierten mit der Variable „Soziale Anpassung als Erwachsene" in sehr hohem Ausmaß (r = 0,83).

Wie sehr Alkoholkonsum mit anderen Problemen verknüpft war, läßt sich anhand derjenigen Items und ihrer Ladungen auf dem Hauptfaktor zeigen, die für soziale Fehlanpassung im Alter zwischen 32 und 40 Jahren bedeutsam waren (vgl. Näheres bei Sarnecki 1985, S. 112 ff.).

– Drogenmißbrauch 1983	0,76
– Registrierte Kriminalität 1983	0,75
– Unterbringung, psychiatrische Betreuung oder Gefängnisaufenthalt 1983	0,66
– Bei den Sozialhilfebehörden anhängig	0,60
– Registereintragung wegen Alkoholmißbrauchs ab 25	0,59
– Unverheiratet oder auch ohne sonstigen Partner lebend	0,55
– Arbeitslos	0,53
– Kurze Intervalle zwischen delinquenter Erstauffälligkeit und Rückfall	0,26
– Niedrige Berufsstellung	0,26
– Leben in sehr beengten bzw. überfüllten Wohnverhältnissen	0,21
– Tod vor 1983 infolge Suizides, Alkohol- oder auch Drogenmißbrauchs	0,11

Sarnecki (1985, S. 94ff.) interpretiert diese Ergebnisse nach einem detaillierten Blick auf die Längsschnittentwicklung der Probanden dahingehend, daß zwar die meisten der (auch früh) auffälligen Personen ihre Schwierigkeiten nach kurzer Zeit oder spätestens einigen Jahren meistern können, daß aber bei der Gruppe der Vielfachbelasteten eine bemerkenswerte strukturelle „Konstanz von Anpassungsproblemen" über die Altersstufen hinweg besteht, und zwar nicht nur bei ehemaligen Heim- oder Jugendstrafvollzugsinsassen, sondern auch bei Jungen, die in Freiheit mit einer Mehrzahl von Problemen auffielen. Alkoholkonsum und Alkoholmißbrauch ist sozusagen eingebaut in ein Netz von persönlichen und Verhaltensproblemen. Kriminalität ist nur eine von mehreren Manifestationen konflikthafter Beziehungen mit sozialem Umfeld und weiterer Umwelt.

Alkoholkonsum und kriminelle Karriere

Anhand früherer Rückfallstudien und anhand neuerer, zum Teil methodisch erheblich aufwendigerer Verlaufsstudien läßt sich die Arbeitshypothese aufstellen, daß im Längsschnitt für die Entwicklung von Alkoholmißbrauch und wiederholter Kriminalität kein Scheinzusammenhang besteht (vgl. das vierte Theoriemodell bei Kaiser 1988, § 63, Rn. 22, 4), daß vielmehr das Modell gegenseitiger Bedingtheit heuristisch am ehesten fruchtbar ist und detailliert theoretisch ausgearbeitet zu werden verdient.

In einer vorerst groben Form kann das Modell durch folgende aufeinander bezogene Einzelannahmen charakterisiert werden:

- Das Abgleiten in verfestigte auffällige Verhaltensmuster und die Ausprägung von Lebensstilen, die in Kriminalitätsgefährdung im Bereich klassischer Kriminalität münden, ist überzufällig verknüpft mit Alkoholmißbrauch.
- Dieser Alkoholmißbrauch ist sowohl durch extensiven als auch durch intensiven Konsum gekennzeichnet.
- Spätestens im 4. Lebensjahrzehnt prägen sich die Endstufen der eigentlichen Alkoholsucht aus, die dann von einer kriminellen Karriere unabhängig werden können, dergestalt, daß mit allgemeiner Reduktion der Handlungsenergie bzw. Lebensenergie auch die Straffälligkeit abnimmt.
- Bei gleichsinniger Entwicklung von Alkoholismus und chronischer strafrechtlicher Auffälligkeit im klassischen Deliktsbereich ist von tieferliegenden (hintergründigen) Störungen auszugehen, deren prozeßhafte Dynamik sich lange vor demjenigen Zeitpunkt zu entwickeln beginnt, an dem manifeste äußere Verhaltensschwierigkeiten auftreten.
- Behandlungen bzw. Eingriffe in einem isolierten Bereich bringen schon deswegen keinen unmittelbaren und schon gar nicht einen längerfristigen Erfolg.

Sarnecki (1989, S. 6ff.) hat für die Stockholmer Nachuntersuchung solcher früh auffälligen Jugendlichen, die auch noch nach dem 30. Lebensjahr vom Weg der „extensive criminality" nicht abgekommen waren, eine typische Sequenz der Auffälligkeiten über die Altersstufen hinweg herausgearbeitet, die wie folgt überblicksartig zusammengefaßt werden kann:

Alter   Dominantes Merkmal der Karriere
in
Jahren

8   Häufiges Spielen außer Haus
9   Unfug der verschiedensten Art
10   Kleine Diebereien, Ladendiebstahl
11   Mitglied eines delinquenten Netzwerks in der Gemeinde, Einwerfen von Fenstern und Straßenlaternen
12   Anhängigwerden bei Polizei und Sozialbehörden sowie Schulschwänzen, Alkoholkonsum (vorwiegend Bier und Wein)
13   Einbrüche in Kellerräume, Vorräume und Autos, Fahrrad- und Mopeddiebstähle
14   Mitglied in delinquenten Jugendgruppen von bereits festerer Stuktur, Hehlerei, Vandalismus, Diebstähle. Die Sozialbehörden setzen eine „Kontaktperson" für den Probanden ein.
15   Autodiebstahl, Betrug, Haschischkonsum, Verlassen der Hauptschule ohne Abschluß
16   Autodiebstahl, Handel mit Haschisch, Konsum härterer Drogen. Erstmalig Geldbußen oder Geldstrafen.
17   Erstmalig Bewährungsstrafe oder Einweisung in spezielle Jugendanstalt
18
19   Erstmalig Gefängnis
20–21
22   Intravenöser Drogengebrauch.

Bei der Tübinger Jungtäter-Vergleichsuntersuchung (s. umfassend Göppinger 1983) wurde im Rahmen von Teilanalysen versucht, den Aspekten von „Alkoholmißbrauch als Begleitfaktor einer kriminellen Karriere" und „Kriminalität und Alkoholmißbrauch als Ausdruck langfristiger Prozesse sozialer Abweichung" mit quantitativen und qualitativen Methoden etwas näher auf den Grund zu gehen. Die 200 H-Probanden (Gefangene der Justizvollzugsanstalt Rottenburg mit Verbüßungszeit von mindestens 6 Monaten) und die 200 V-Probanden (altersgleiche Jungmänner in einer Zufallsstichprobe aus den umliegenden Landgerichtsbezirken) wurden entsprechend ihrem Alkoholkonsum jeweils in 2 Untergruppen aufgeteilt, um im ersten Zugriff eine einfache Unterscheidungsmöglichkeit zu erhalten (vgl. Kerner 1990, S. 190f.).

Als „Trinker" wurden diejenigen 118 H-Probanden und 18 V-Probanden eingestuft, die hohen Alkoholkonsum zur Erstuntersuchungszeit (durchschnittlich knapp über 20 Jahre) erkennen ließen, d.h. überwiegend täglich 4 oder mehr Flaschen Bier oder mehr als 1 l Wein oder ein Äquivalent hochprozentigen Alkohols tranken sowie außerdem angetrunken oder betrunken waren, im Grenzfall einmal wöchentlich. Als „Gelegenheitstrinker" galten dann die übrigen 82 H-Probanden und 182 V-Probanden; eine klare Abgrenzung zur Abstinenz war nicht möglich.

Bei einer Betrachtung des *Zeitraums von der Frühkindheit bis zur Jugendphase* ergaben sich zahlreiche Details, die auf Belastungsunterschiede teils zwischen H-Probanden und V-Probanden, teils zwischen Untergruppen zurückgehen (s. Kerner 1990, S. 192f.), jedoch kaum ausgeprägt einheitliche Trends im Sinne gleichsinnig sich verstärkender

Belastungen bei Alkohol und sonstigen auffälligen Merkmalen. Die „H-Trinker" hatten als gesonderte Gruppe erhöhte Nennungen bei:

– ständiger Aggressivität nach Aussage der Erziehungspersonen,
– inneren Unruhezuständen,
– Weglaufen von zu Hause,
– unkontrolliertem Herumtreiben außer Hause.

Im Schulbereich zeigten die V-Trinker anfänglich fast ebenso hohe Quoten des Schuleschwänzens wie die H-Gelegenheitstrinker. Während sich die V-Probanden aber nach dem 13. Lebensjahr in der Regel insoweit wieder fangen konnten, stabilisierten sich die H-Probanden nicht und setzten das Schwänzen wie die H-Trinker, nur nicht in demselben Ausmaß, auf der Berufsschule fort.

Fragt man nach den *Ausprägungen der Belastungen bis zum 18. Lebensjahr,* so differenzieren sich die Lebensstile und Lebenswege von H-Probanden und V-Probanden deutlich weiter voneinander ab (vgl. Kerner 1990, S. 194ff.). Bei den H-Probanden setzen sich frühe außerhäusige und innerhäusige Auffälligkeiten in fortgesetzte Probleme um, die nicht deutlich nach der Art des Alkoholkonsums unterschieden werden können. Die V-Probanden mit früher außerhäusiger Auffälligkeit entwickeln bis zum Heranwachsendenalter verstärkt Alkoholprobleme, aber vergleichsweise nur geringe Straffälligkeit. Bei fast allen ausgewerteten Merkmalen in der Altersstufe zwischen 14 und 18 Jahren erwies sich jedoch die innere Lage der tatsächlichen Elternfamilie, in der die Probanden lebten, als bedeutsam insofern, als ein gleichmäßiges Belastungsgefälle von den H-Trinkern über die H-Gelegenheitstrinker und V-Trinker bis zu den V-Gelegenheitstrinkern festgestellt werden konnte. Beispielsweise variierte inkonsequentes Erziehungsverhalten bei der Mutter wie folgt: 85%, 80%, 39%, 32%. Als anderes sehr signifikantes Beispiel sei die gleichgültige emotionale Grundhaltung des Vaters bzw. der Wechsel zwischen Zuneigung und Abwendung genannt. Dieses Muster variierte wie folgt: 50%, 36%, 40%, 9%.

Bei den H-Probanden wurden früh sichtbar werdende Tendenzen zur Isolation von Bezugspersonen und zur Oberflächlichkeit in den Sozialkontakten noch begünstigt durch häufigen Restaurantbesuch, nach und nach konzentriert auf Milieulokale. Der Sexualkontakt mit dem anderen Geschlecht entdifferenzierte sich noch stärker als bei den V-Trinkern. Insgesamt ist das Gefälle bei dem Komplexmerkmal „Sexualverhältnis gleichzeitig oder kurzfristig hintereinander mit mehreren Freundinnen bei in der Regel schwacher emotionaler Bindung" über die vier Teilgruppen hinweg deutlich ausgeprägt: 71%, 61%, 44%, 18%. Im qualitativen Zugang imponierte in dieser Altersstufe bereits das sog. unstrukturierte Freizeitverhalten, also eine Fülle von Freizeitaktivitäten mit völlig offenen Abläufen, die bis zum frühen Morgen dauern konnten, oder planloses und zielloses Umherfahren auf der Suche nach Abenteuer oder wenigstens Reizsituationen. Übermäßiger Alkoholkonsum fügt sich dann in ein Schema von „Ausschweifungen" ein, verbunden mit unkontrolliertem Geldausgeben, Streitigkeiten und schließlich gewalttätigen Auseinandersetzungen (vgl. Göppinger 1985, S. 101f. und Maschke 1987, S. 69ff.).

Bis zum *Jungerwachsenenalter* prägen sich strukturell vorhandene frühere Schwierigkeiten nunmehr vorwiegend im Arbeitsbereich aus, wie sich anhand zahlreicher Einzelmerkmale belegen läßt (vgl. Kerner 1990, S. 197ff.). Die Straffälligkeit wächst sowohl in der H-Gruppe als auch in der V-Gruppe, wenngleich dort der Natur der Sache nach auf erheblich geringerem Niveau, entsprechend dem Ausmaß des Alkoholkonsums. Vergleichbares gilt für den Anteil derjenigen Delikte an der Gesamtdelinquenz, die unter akutem Alkoholeinfluß begangen werden. H-Trinker und V-Trinker wurden von der Polizei zu je über 30% ihrer jeweiligen Taten entsprechend erfaßt, Gelegenheitstrinker beider Gruppen nur zu je über 10%. Nach Testergebnissen und Exploration ergaben sich für die Trinker erhöhte Werte bezüglich mangelnder Urteilsfähigkeit und eingeschränkter Selbstkritik. Persönliche und biographische Auffälligkeiten kumulierten dergestalt, daß unter den H-Probanden die Korrelation mit Alkoholmißbrauch im Sinne einer stetigen Funktion immer enger wurde. So fanden sich unter der Teilgruppe der mit 21 und mehr Belastungen behafteten H-Probanden schließlich 81% Trinker.

Aufgrund der umfangreichen Einzelfallstudien arbeitete Göppinger bereits für den Zeitraum der Erstuntersuchung der Probanden als zentrales Ergebnis heraus, daß der Typus des unkontrolliert übermäßigen Alkoholkonsums für die Ausprägung einer (frühen und) prognostisch ungünstigen sog. Hinentwicklung zur Kriminalität als wesentlich anzusehen ist. Im Kern geht es dabei um die letztlich alle Lebensbereiche durchziehende *Hintergrundwirkung* des regelmäßig starken Alkoholkonsums, der die Tendenzen zu „k-idealtypischen" Verhaltensweisen in den einzelnen Lebensbereichen der gefährdeten Probanden in aller Regel verfestigt (vgl. Göppinger 1985, S. 105f. mit weiteren Einzelbeschreibungen).

Aus der Nachuntersuchung stehen erst ungesicherte Eindrücke über die *Entwicklung der Probanden bis zum fünften Lebensjahrzehnt* zur Verfügung sowie ausgewählte Einzelfallstudien. Danach kann man ganz global davon ausgehen (s. näher Kerner 1990, S. 199ff.), daß sich die Verläufe bezüglich der Rückfallkriminalität nicht mehr so gleichsinnig wie in jüngeren Jahren im Zusammenhang mit Alkoholmißbrauch abzeichnen. Quantitative Berechnungen stehen insoweit noch aus. Die bisher vorliegenden Einzelfallanalysen lassen jedoch Hintergrundentwicklungen sichtbar werden, die das Auseinanderdriften von Entwicklungsverläufen in auf den ersten Blick nicht ohne weiteres plausible Richtungen verständlich machen können. Nicht wenige H-Probanden, die bis zur Erstuntersuchung nach ihrem 20. Lebensjahr bereits deutliche Alkoholprobleme hatten, steigerten ihren Alkoholkonsum im weiteren Lebensverlauf derart, daß sie schon vergleichsweise früh starke generalisierte psychophysische Abbauerscheinungen zeigten. Der damit verbundene Rückgang an Aktivität und Lebensenergie scheint eben auch auf den strafrechtlich relevanten Lebensstil durchgeschlagen zu haben, so daß in diesem Fall zwar nicht von einer inhaltlich erfolgreichen Resozialisierung ausgegangen werden kann. Wohl aber trat bei einer Reihe solcher Probanden nach außen der gleiche Effekt ein: Sie wurden nicht mehr oder nur mit kleineren Taten auffällig. Die Fallkonstellationen im einzelnen sind sehr komplex, die Entwicklungssequenzen mitunter so überaus vielfältig, daß selbst bei gleichermaßen „stabilisierter Alkoholproblematik" extrem gegensätzliche Verläufe herauskommen können (ausgewählte Beispiele s. bei Kerner 1990, S. 202ff.). Es wird abzuwarten sein, ob es gelingt, theoretisch stringente und erfahrungswissenschaftlich zugleich sinnvolle Typisierungen herauszuschälen, sobald von allen noch lebenden und wieder kontaktierten Probanden die Verlaufsgeschichten von der Frühkindheit bis in die Altersstufe um 50 vorliegen und auch mit den Ergebnissen der quantifizierten Nacherhebung verglichen werden können.

Literatur

Andreasson S, Allebeck P, Romelsjö A (1988) Alcohol and mortality among young men: Longitudinal Study of Swedish Conscripts. Br Med J 296:1021–1025

Buikhuisen W et al. (1984) Alcohol en Aggressie. Tijdschrift Alcohol Drugs 10:101–107

Bundeskriminalamt (Hrsg) (1991) Polizeiliche Kriminalstatistik 1990. Bundesrepublik Deutschland. Eigenverlag BKA, Wiesbaden

Flanagan TJ, McGarrell EF (eds) (1986) Sourcebook of criminal justice statistics – 1985. U.S. Department of Justice, Washington, DC

Göppinger H (1980) Kriminologie. Ein Lehrbuch, 4. Auflage. Beck, München

Göppinger H (1983) Der Täter in seinen sozialen Bezügen. Ergebnisse aus der Tübinger Jungtäter-Vergleichsuntersuchung, unter Mitwirkung von Bock M, Jehle JM, Maschke W. Springer, Berlin Heidelberg New York Tokyo

Göppinger H (1985) Angewandte Kriminologie. Ein Leitfaden für die Praxis, unter Mitwirkung von Maschke W. Springer, Berlin Heidelberg New York Tokyo

Kaiser G (1988) Kriminologie. Ein Lehrbuch, 2. Auflage. Müller, Heidelberg

Kerner HJ (1985a) Artikel „Alkohol, Alkoholkonsum". In: Kaiser G et al. (Hrsg) Kriminologisches Wörterbuch, 2. Auflage. UTB, Heidelberg, S 5–9

Kerner HJ (1985b) Gesetzgebung, polizeiliche Überwachung und Strafgerichtsbarkeit in der Bundesrepublik Deutschland. Untersuchungen zu „Alkohol und Fahren" Band 11. In: Bundesanstalt für Straßenwesen (Hrsg) Eigenverlag BASt, Bergisch Gladbach

Kerner HJ (1990) Alkoholkonsum, Verhaltensprobleme und Problemverhalten. Ein Beitrag zum Zusammenhang zwischen Alkohol und Kriminalität im Alltag und in der Lebensgeschichte. In: Kerner HJ, Kaiser G (Hrsg) Kriminalität: Persönlichkeit, Lebensgeschichte und Verhalten. Festschrift für Hans Göppinger zum 70. Geburtstag. Springer, Berlin Heidelberg New York Tokyo, S 183–204

Kornhuber HH (1990) Alkohol und Menschenwürde. In: Kerner HJ, Kaiser G (Hrsg) Persönlichkeit, Lebensgeschichte und Verhalten. Festschrift für Hans Göppinger zum 70. Geburtstag. Springer, Berlin Heidelberg New York Tokyo, S 213–230

Landeskriminalamt Baden-Württemberg (Hrsg) (1991) Jugendkriminalität und Jugendgefährdung in Baden-Württemberg. Jahresbericht 1990. Eigenverlag LKA, Stuttgart

Maschke W (1987) Das Umfeld der Tat. Minerva, München

Ostrihanska Z, Rzeplinska A (1987) The excessively drinking men and their work. Contribution to discussion on the act of dealing with persons evading work. Arch Kryminol 14:241–247

Rosner A (1988) Evaluation of a drinking-driver rehabilitation program for first offenders. In: Kaiser G, Geisler I (eds) Crime and criminal justice. MPI, Freiburg, pp 319–336

Sarnecki J (1989) Juvenile delinquency in Sweden. An overview. Bra, Stockholm

Sarnecki J, Sollenhag S (1985) Predicting social maladjustment. Stockholm Boys Grown Up I. The National Council for Crime Prevention Sweden, Stockholm

Wilsnack et al. (1984/85) Drinking and drinking problems among women in a U.S. National Survey. Alcohol Health Res World 9:4–25

Alkoholbeeinträchtigung im Straßenverkehr.
Zur Problematik der Grenzwertfestlegung

Ulrich Heifer und Frank Pluisch

Die Probleme mit der Bekämpfung des Alkohols im Straßenverkehr gehören wohl in sämtlichen sog. zivilisierten Ländern zu den gewichtigen und stets auch aktuellen Anliegen. Dies belegt die Anzahl der alkoholbedingten, also vermeidbaren, Verkehrsunfälle und Unfallopfer nur zu deutlich.

Speziell in Deutschland wurde jene Problematik in den vergangenen Jahrzehnten punktuell immer wieder aufs neue aufgefrischt, wie seinerzeit durch die langwierige Diskussion über die Frage der Einführung der 0,8-Promille-Grenze, in jüngster Vergangenheit durch die Grundsatzentscheidung des Bundesgerichtshofs zur Absenkung des Beweisgrenzwertes für absolute Fahruntüchtigkeit von 1,3‰ auf 1,1‰, weiterhin auch durch Fragen der Genauigkeit der Meßverfahren sowie jüngst – bedingt durch die politischen Veränderungen – erneut durch die Frage der Grenzwertdiskussion.

Es bedarf keiner hellseherischen Fähigkeiten, um vorauszusagen, daß es bei der gegenwärtigen (ordnungswidrigkeitlichen) 0,8- bzw. (strafrechtlichen) 1,1-Promille-Grenze auf die Dauer nicht bleiben wird. Diese Werte dürften vielmehr nur Übergangswerte sein, v. a. vor dem Hintergrund der Notwendigkeit einer baldigen bundeseinheitlichen Regelung, aber auch wegen der aktuellen Bestrebungen innerhalb der EG zur Absenkung der EG-einheitlichen Promillegrenze auf 0,5‰[1].

Im Rahmen dieses Beitrags soll eine Bestandsaufnahme der bisherigen verkehrs- und rechtsmedizinischen Forschungen und Erkenntnisse auf dem Gebiet „Alkohol und Straßenverkehr" gegeben, ein kurzer Abriß der bisherigen Entwicklung dargestellt und der gegenwärtige Trend bei der Bekämpfung der Alkoholdelikte im Straßenverkehr – unter Darlegung der eigenen Ansicht zum Problem der Promillegrenze – aufgezeigt werden.

Geschichte

Nachdem 1955 der Bundesgerichtshof zunächst die Promillegrenze auf 1,5‰ (bestehend aus einem Grundwert von 1,0‰ und einem Sicherheitszuschlag von 0,5‰ für Meßungenauigkeit) festgesetzt hatte, wurde 1966 die Beweiswertgrenze für absolute Fahruntüchtigkeit auf 1,3‰ herabgesetzt. Dieser Wert setzte sich aus einem Grundwert von 1,1‰ und einem Sicherheitszuschlag für mögliche Meßungenauigkeit von 0,2‰ zusammen. 1973 folgte schließlich die Einführung des Ordnungswidrigkeitentatbestands, § 24 a StVG, des sog. 0,8-Promille-Gesetzes, der bis zu seiner gesetzlichen

---

[1] Kommission der europäischen Gemeinschaft, KOM (88), 707 endg.

Festlegung mehr als 10 Jahre „zähen Ringens" (Claussen 1987, S. 363) benötigte, um die Hürden und Widerstände innerhalb des Gesetzgebungsverfahrens zu überwinden[2].

Den gegenwärtigen Schlußpunkt stellt die Absenkung des Beweisgrenzwertes auf 1,1‰ dar, wobei der Grundwert auf 1,0‰ und der Sicherheitszuschlag auf 0,1‰ zurückgenommen wurde.

An den bisherigen Bemühungen, im Interesse der Verkehrssicherheit die zulässige BAK zu senken, ist auffallend, daß die begleitenden Diskussionen „sehr emotional" und „häufig mit vordergründiger Argumentation" geführt wurden (Claussen 1987, S. 363), was in Grenzen nachvollziehbar ist, wenn man bedenkt, welcher Stellenwert in den 60er Jahren dem Fahren unter Alkoholeinfluß beigemessen wurde. Die Trunkenheit im Straßenverkehr wurde vielfach als Kavaliersdelikt eingestuft (Schöch 1991, S. 11).

Die Schwierigkeiten, in diesem Bereich etwas zur Erhöhung der Verkehrssicherheit zu tun, erwachsen offenbar aus „politischen" Bedenken, die eine sachgerechte Aufarbeitung jenes „sensiblen" Bereichs erschweren und zugleich verdeutlichen, weshalb sich restriktive gesetzliche Maßnahmen so schwer durchsetzen lassen.

Alkohol im Straßenverkehr ist bekanntermaßen eine wesentliche Ursache zahlreicher Verkehrsunfälle.

Prävention

Die Präventivwirkung der jeweiligen Gesetzesänderung der geltenden Rechtslage, d. h. den allgemeinen Abschreckungseffekt, einzuschätzen, ist ein schwieriges Unterfangen. Denn bei der Entscheidung zum Trinken und der anschließenden Entscheidung zur Teilnahme am Straßenverkehr wirken mehrere Faktoren zusammen. So sind sicherlich für die Entscheidung nicht unwesentlich das Ausmaß an Kontrollen zur Einhaltung des Gebots sowie der Umfang öffentlicher Aufklärungskampagnen.

Im Hinblick auf die spezial- und generalpräventiven Wirkungen von gesetzlichen Verboten und Sanktionen – gerade auf dem Gebiet des Alkohols im Straßenverkehr – wird man zwar eine positive Wirkung im Grunde unterstellen können: Wie groß der jeweilige (Abschreckungs)Erfolg allerdings tatsächlich ist, läßt sich schwerlich auch nur näherungsweise quantifizieren.

Alkoholeinfluß als Unfallursache

Ein Ausgangspunkt für weitere Überlegungen zur Bekämpfung der Teilnahme am Straßenverkehr unter Alkoholeinwirkung wäre die exakte epidemiologische Kenntnis bzw. Erfassung der Zahl alkoholisierter Verkehrsteilnehmer auf den Straßen Deutschlands. Jedoch besteht bei uns gegenwärtig das Manko, daß exakte epidemiologische Forschungen hinsichtlich Verteilung und Entwicklung alkoholbedingter Verkehrs-

---

[2] Die Zurückhaltung des Nachkriegsgesetzgebers auf dem Gebiet der Verkehrspolitik als Dogma einer geringstmöglichen Einschränkung von Freiheitsrechten in bewußter Abgrenzung zum NS-Staat, vgl. Heifer et al. (1992, S. 2).

unfälle und Verkehrsdelikte fehlen. Auch nur annähernd verläßliche Zahlen über den absoluten Anteil alkoholisierter Verkehrsteilnehmer existieren nicht.

Möglichst exakt zu wissen, inwieweit Verkehrsunfälle durch die BAK wesentlich (mit)beeinflußt bzw. gar verursacht werden oder aber multikausale Ursprünge haben, ist für die Argumentation von großem Interesse.

Erstmalig Borkenstein und Mitarbeiter (1974, S. 4ff.) konnten den wahren Stellenwert des Alkohols als Unfallursache nachweisen. Sie konnten mit ihren Risikobewertungsansätzen methodisch einwandfrei[3] aufzeigen, daß die Mehrzahl der unter Alkoholeinfluß verursachten Verkehrsunfälle durch nüchterne Verkehrsteilnehmer in der gleichen Situation hätte vermieden werden können. Damit stand fest, daß Alkohol eine wesentliche Bedingung für das Zustandekommen des Verkehrsunfalls ist und zu einem wachsenden Unfallrisiko im Straßenverkehr beiträgt, denn andernfalls hätten die beiden Vergleichsgruppen ähnliche Ergebnisse erbracht.

Danach steigt das Risiko, in einen Verkehrsunfall mit tödlichen Folgen verwickelt zu werden, mit steigender BAK überproportional an. Diese relative Wahrscheinlichkeit ist bei einem Blutalkoholspiegel von 0,4‰ um das 2,1fache gegenüber einem nüchternen Verkehrsteilnehmer erhöht, bei 0,8‰ ist sie bereits auf das 3,7fache angestiegen (Freudenberg 1966).

Statistik

An *Trunkenheitsfahrten* wurden nach der amtlichen Statistik in den letzten Jahren jährlich ungefähr 150 000 Fälle entdeckt (Schöch 1991, S. 15). Vergleicht man die statistische Entwicklung hinsichtlich der *Alkoholunfälle* über die beiden letzten Jahrzehnte, so fällt ein rückläufiger Trend auf: Betrug die statistisch ausgewiesene Zahl der alkoholisierten Verkehrsteilnehmer, die etwa in Verkehrsunfälle *mit Personenschäden* verwickelt wurde, im Jahre 1973 noch 50 160 Fälle, so ging sie in den alten Bundesländern bis zum Jahre 1986 auf 36 004 zurück, also um rund ein Drittel, und dies bei gegenläufiger Entwicklung bezüglich Motorisierung und Verkehrsdichte. Ebenso sind die auf Alkoholeinfluß zurückführbaren Unfälle mit Getöteten nach der Statistik zurückgegangen (Zahlen bei Händel 1989, S. 321).

In der BRD ereigneten sich laut amtlicher Statistik im Jahre 1989 insgesamt 32 001 polizeilich registrierte, auf Alkoholeinfluß zurückführbare Verkehrsunfälle (Statistisches Bundesamt 1990, S. 33). Bei 10% der Verkehrsunfälle mit Personenschäden und 19% der Verkehrstoten war Alkohol beteiligt. Insgesamt wurden 1989 46 413 Verkehrsteilnehmer verletzt und 1 488 Personen getötet.

Das bedeutet, daß 1989 jeder 5. Verkehrstote an den Folgen eines Alkoholunfalls starb.

Vergleicht man aber dieses amtliche Zahlenmaterial mit fundierten wissenschaftlichen Erhebungen, so fällt das deutliche Auseinanderklaffen der Zahlen auf.

Stichprobenuntersuchungen haben ergeben, daß die in der amtlichen Verkehrsunfallstatistik angegebenen Prozentsätze an alkoholisierten Verkehrsteilnehmern zu niedrige Zahlen ausweisen (Heifer 1990, S. 53). Nach realistischen Schätzungen liegt die

---

[3] Das ist der gewichtige Unterschied zu Freudenbergs statistischer Erhebung, vgl. hierzu die grundlegende Kritik von Heifer (1977, S. 63ff.).

tatsächliche Zahl bei den Trunkenheitsfahrten erheblich über der erfaßten Zahl, nämlich bei ca. 120 Mio. Fahrten (Müller u. Weiler 1987, S. 109), wobei die Wahrscheinlichkeit, als alkoholisierter Verkehrsteilnehmer überhaupt entdeckt zu werden, bei ca. 1:400 unentdeckten Trunkenheitsfahrten liegt. Das bedeutet, daß man jahrelang alkoholisiert fahren kann, ohne in eine Kontrolle zu geraten. Für tödlich endende Verkehrsunfälle kommt Müller (1984, S. 501) in seiner groß angelegten Studie für das Saarland zu einer Alkoholbeteiligung von ca. 50%, Heifer (1990, S. 50) schätzt den Anteil einer Alkoholbeteiligung auf 20–40%.

Die amtliche Unfallstatistik vermittelt den Eindruck, als sei die Zahl der Alkoholunfälle deutlich rückläufig, als sei die vom Alkohol ausgehende Gefahr gar nicht so groß, oder aber als seien die polizeilichen Maßnahmen ausreichend. Denn wenn Alkohol nach den allgemein anerkannten wissenschaftlichen Untersuchungen die Fahrtauglichkeit beeinträchtigt, sollte folgerichtig die statistische Beteiligung alkoholisierter Verkehrsteilnehmer an Unfällen entsprechend erheblich größer sein, als die offiziellen Zahlen ausmachen.

Es muß jedoch mit Nachdruck jenen Überlegungen begegnet werden, die die Gefährlichkeit des Fahrens unter Alkoholeinfluß mit Rückgriff auf die amtliche Verkehrsunfallstatistik herabspielen und bagatellisieren und das Problem „sich selbst" überlassen wollen.

Denn es ist in Fachkreisen allgemein anerkannt, daß die in der amtlichen Statistik ausgewiesene Zahl der *Unfälle*, die unter Alkoholeinfluß verursacht wurden, genausowenig die tatsächlichen Verhältnisse wiedergibt, sondern allenfalls „Mindestzahlen" (Heifer 1990, S. 53) wie die Zahl der *Trunkenheitsfahrten* ohne Verkehrsunfall.

Daß auch in der amtlichen Statistik die Verkehrsunfälle mit Getöteten den höchsten Prozentsatz alkoholisierter Verkehrsteilnehmer ausweisen, zeigt doch eine Verzerrung der Statistik infolge strengerer Kontrollen bei schwereren Unfallfolgen, so daß in Abhängigkeit von der Schwere des Unfalls die Sensibilität der Beamten in puncto Alkohol steigt. Umgekehrt ist bei Verkehrsunfällen mit bloßem Sachschaden das führende Ereignis, auf das die Polizisten ihr Hauptaugenmerk richten, der Sachschaden, nicht die mögliche Alkoholisierung.

Diese auffällige Diskrepanz dieser Zahlen hat mannigfache Ursachen. Entscheidend dürfte sich auswirken, daß viele Alkoholunfälle mit bloßem Sachschaden, zumal Alleinunfälle, erst gar nicht zur Kenntnis der Polizei gebracht werden. Es ist aber auch denkbar, daß die Polizisten sich bei Verkehrsunfällen ohne gravierende Folgen[4] mit der bloßen Unfallaufnahme begnügen – jedenfalls solange nicht einer der Unfallgegner besondere Auffälligkeiten zeigt, die Hinweise auf Alkoholbeeinflussung geben.

Selbst bei Verkehrsunfällen unter Alkoholeinfluß ist es danach noch keineswegs gewiß, daß eine Überprüfung der Beteiligten auf ihren relevanten Alkoholisierungsgrad durchgeführt wird. Ob überhaupt ein Alcotest resp. eine Blutprobe bei sämtlichen an einem Verkehrsunfall Beteiligten durchgeführt werden, hängt vielmehr häufig vom Zufall ab.

---

[4] Müller (1984, S. 501ff.) interpretiert die Tatsache, daß lediglich in 8% der Fälle, in denen ein Fußgänger im Rahmen des Verkehrsunfalls zu Tode kam, die BAK des Fahrers überprüft wurde und daß speziell in solchen Fällen, in denen nach „allgemeiner Vermutung" die Schuld eher beim Fußgänger (ältere Menschen, Kinder) liegt als beim motorisierten Verkehrsteilnehmer, besonders häufig auf eine Blutentnahme verzichtet wird.

Die amtliche Verkehrsunfallstatistik bietet daher zwar einen grob orientierenden Anhaltspunkt für die Alkoholisierung auf den Straßen. Sie ist aber mit kritischer Distanz zu betrachten (vgl. dazu etwa Händel 1989, S. 319ff.; Heifer 1990, S. 51).[5] Für die Bewertung und Analyse von statistischen Angaben zur Alkoholfahrt müssen insbesondere die Erhebungsbedingungen und Umstände bekannt sein, die für die Ermittlung der Alkoholisierung eines Unfallbeteiligten gelten.

Danach steht außer Zweifel, daß der wahre Anteil sowohl der folgenlosen Trunkenheitsfahrten als auch der durch Alkoholeinfluß geschädigten Verkehrsteilnehmer deutlich über den in der Statistik genannten Zahlen liegt, weil auf diesem Gebiet eine besonders hohe Dunkelziffer[6] in Rechnung zu stellen ist.

Es gilt daher nach wie vor, auf die Verkehrsteilnehmer einzuwirken.

Absenkung der Promillegrenze

Ein wirksames und auch geeignetes Mittel zur Verringerung der Zahl von Verkehrsunfällen und Unfallopfern sowie zur Förderung der Verkehrssicherheit könnte aus rechts- und verkehrsmedizinischer Sicht die Absenkung der Promillegrenze darstellen.

Sowohl internationale als auch deutsche Studien, die z. T. schon in den 60er Jahren durchgeführt wurden, zur Frage des Einflusses von BAK-Werten unter 0,8‰ auf die Leistungsfähigkeit des leicht alkoholisierten Verkehrsteilnehmers – und damit auf die Verkehrssicherheit – haben schon frühzeitig belegt (Literaturnachweise zu älteren Untersuchungen etwa bei Heifer 1991, S. 131f.; Heifer et al. 1992, S. 1), daß die Wirkung des Alkohols bereits ab Promillewerten von 0,3 auftritt.

Die Auswertung dieser Untersuchungen[7] gibt – sowohl was die Beeinträchtigung neurophysiologischer und auch psychophysischer Einzelfunktionen anbelangt als auch hinsichtlich statistischer Ergebnisse als auch nach den verschiedenartigen Fahrversuchen – ein übereinstimmendes Bild ab: Viele Verkehrsteilnehmer sind auch schon bei verhältnismäßig niedrigen Blutalkoholkonzentrationen, d. h. solchen um 0,4–0,5‰, nicht mehr in der Lage, ein Fahrzeug sicher zu führen, weil Störungen der Aufmerksamkeit und Minderungen des Leistungsvermögens als Folge der Alkoholeinwirkung auf die Gehirntätigkeit auftreten, die die adäquate Reaktion jedenfalls auf unvorhergesehene Situationen verhindert.

Jene Studien über die Auswirkung relativ niedriger Blutalkoholkonzentrationen auf die Fahrtüchtigkeit lassen sich grob in 5 Großgruppen unterteilen:

---

[5] Wohltuend selbstkritisch die Vorbemerkungen des Statistischen Bundesamts, Alkoholunfälle (1987): „Die Straßenverkehrsunfallstatistik muß mit einer gewissen Dunkelziffer rechnen... Vor allem Alleinunfälle ... werden aus strafrechtlichen Gründen häufig nicht gemeldet. ... Es ist aber anzunehmen, daß die Genauigkeit der Unfallaufnahme mit der Unfallschwere ansteigt, d. h. daß die Dunkelziffer bei leichten Alkoholunfällen größer sein dürfte als bei schweren Unfällen.

[6] Die Gefährlichkeit des Alkohols im Straßenverkehr läßt sich nicht mit dem Einwand in Frage stellen, daß – bei einer so hohen Dunkelziffer – die überwiegende Mehrzahl an Fahrten unter Alkoholeinfluß folgenlos geblieben ist. Denn Tatsache ist, daß die unfallfreie Gesamtfahrstrecke beim Fahren in nüchternem Zustand erheblich größer ist.

[7] Zuletzt wertete Krüger (1990b, S. 182ff.) im Auftrag der Bundesanstalt für Straßenwesen ein umfangreiches Literaturpaket aus.

a) Vergleichende, statistische Unfallanalysen;

b) (Labor)Untersuchungen, die die beeinträchtigende Wirkung des Alkohols auf neurophysiologische und psychophysische Teilfunktionen nachweisen;

c) (Labor)Studien an Modellfahrzeugen oder Fahrsimulatoren;

d) (Feld)Studien auf für den übrigen Verkehr abgesperrten Versuchsstrecken (etwa Militärflugplätze) durch geschulte Beobachter (Fahrlehrer, Polizei) oder Meßapparate;

e) (Feld)Untersuchungen in Form von unbemerkter Beobachtung bei Teilnahme am realen Straßenverkehr.

Danach wirken niedrige Alkoholmengen bei den neurophysiologischen Funktionen insbesondere auf das visuelle und motorische System[8] und die Fähigkeit übergeordneter, zentraler Kontrollzentren, Informationen zu verarbeiten, im psychophysischen Bereich v. a. auf die Befindlichkeit und das Sozialverhalten (Krüger 1990a, S. 100).

Von solchen auch nur leicht alkoholisierten Verkehrsteilnehmern geht eine stete potentielle Gefahr für sich und die anderen Verkehrsteilnehmer aus, woran vor allen Dingen auch Trinkgewöhnung und Fahrpraxis[9] mit Alkohol nichts ändern. Allerdings folgt aus jener Tatsache, daß Teilfunktionen des Fahrens in niedrigen BAK-Bereichen verändert sind, nicht automatisch, daß damit *stets* auch die fahrerische Gesamtleistung schlechter würde. Entscheidend dafür ist vielmehr der Schwierigkeitsgrad der jeweiligen Fahrsituation: Solche Handlungen und Funktionen, die im Verkehrsteilnehmer automatisch ablaufen, werden von einem trinkerfahrenen Verkehrsteilnehmer sicher „abgespult" und sind selbst bei einer BAK um 1,0‰ noch annähernd so gut erhalten wie bei einem nüchternen Fahrer.

Aber auch der Trinkerfahrene ist sofort überfordert, falls auf der Fahrt etwas Unvorhersehbares geschieht.

Bei „normalen" Fahrten (Grundsituation) ohne besondere Vorkommnisse wirkt sich die leichte Alkoholisierung zumeist nicht auf die Gesamtleistung aus, kann vielmehr durch jene hoch eingeübten Automatismen kompensiert werden.

Bei „Präzisionsfahrten", also Vorgängen, die nicht vollständig automatisiert ablaufen, vielmehr eine ständige zentrale Kontrolle und Regulation erfordern[10], sind Beeinträchtigungen der Gesamtfahrleistung in Form von unpräzisem Fahren bereits deutlich unter 0,6‰ auszumachen (Krüger 1990b, S. 186).

Bei noch schwierigeren Verkehrssituationen, d. h. Auftreten unvorhergesehener Ereignisse wie plötzlich auftretende Attrappen oder Gegenstände während Nachtfahrten, treten Beeinträchtigungen sogar im Bereich von 0,4–0,5‰ auf.

---

[8] Zur Beeinträchtigung des sog. Nystagmus vgl. etwa Heifer (1986, S. 365), woraus sich erklärt, daß es infolge optokinetischer Fehlinformationen durch Zurückbleiben der Augenbewegungen zu typischen unangepaßten Lenkkorrekturen – und spezifischen Kurvenunfällen – kommt.

[9] Bei Fahrern, die keinen Alkohol vertragen oder nur selten zu sich nehmen oder die geringe Fahrpraxis besitzen, wirkt sich dies noch stärker aus.

[10] Hierzu zählen bereits das Rückwärtsfahren, Durchfahren enger Stellen, Einparken, Wenden, vgl. dazu Krüger (1990b, S. 183, 185).

Eigene Vorstellungen zur 0,5-Promille-Grenze

In Anbetracht dieser Fakten sollte es sich für die politisch Verantwortlichen geradezu aufdrängen, über die gültigen Alkoholgrenzwerte nachzudenken und die gewonnenen rechts- und verkehrsmedizinischen Erkenntnisse zu nutzen und die logische Konsequenz zu ziehen: Durch die – aus wissenschaftlicher Sicht sachgerechte – Absenkung der Grenzwerte einen gewichtigen Beitrag zur Unfallverminderung und so zur Erhöhung der Verkehrssicherheit zu leisten.

Die Entscheidung für eine Absenkung des Promillegrenzwertes von 0,8 auf 0,5 sollte auch für die Politik ein gangbarer Kompromiß zwischen der Notwendigkeit eines für die Verkehrssicherheit günstigen niedrigen Grenzwertes und den politischen und praktischen Widerständen, die bei der Realisierung jenes Grenzwertes auftreten mögen, sein.

Denn auch wenn nicht jedermann in jeder Situation beeinträchtigt ist, so haben doch durch die geänderten Verkehrsverhältnisse (Zunahme der Verkehrsdichte und der gefahrenen Geschwindigkeiten) die Schwierigkeiten im Straßenverkehr zugenommen, und damit sind zugleich die Anforderungen an den Verkehrsteilnehmer gestiegen. Vor diesem Hintergrund sollte das im Vergleich zu nüchternen Fahrern doppelt so hohe statistische Risiko, an einem tödlichen Verkehrsunfall beteiligt zu werden, das Höchste dessen sein, was der Allgemeinheit zugemutet werden kann (vgl. dazu schon Schneble 1987, S. 191). Es geht nicht nur um den Schutz des alkoholisierten Verkehrsteilnehmers vor sich selbst, sondern auch und gerade um den Schutz der anderen Verkehrsteilnehmer und die Rücksichtnahme auf jene Verkehrsteilnehmer mit weniger Fahrpraxis und Erfahrung und die von ihnen ausgehenden „Risiken": Denn der durch Alkohol beeinträchtigte Verkehrsteilnehmer gefährdet nicht allein aktiv die Verkehrssicherheit, sondern ist darüber hinaus auf Grund seines alkoholbedingten reduzierten Wahrnehmungs- und Reaktionsvermögens in geringerem Maße in der Lage, Fahrfehler anderer unerfahrener oder unsicherer Verkehrsteilnehmer zu kompensieren.

Folgerichtig muß daher der Grenzwert zumindest auf 0,5‰ sinken.

Um an dieser Stelle auf das Thema der Abhandlung zurückzukommen: Die angesprochene „Problematik der Grenzwertfestlegung" stellt aus wissenschaftlicher Sicht kein Problem dar, denn die Fakten sind eindeutig und begründen die Absenkung. Die politische Brisanz, die hinter dahingehenden Überlegungen steckt, wird sofort erkenntlich, wenn man die Zurückhaltung zur Kenntnis nimmt, mit der in der Öffentlichkeit die Frage nach dem „richtigen" Grenzwert diskutiert wird.

Die Schwierigkeiten und Widerstände von seiten manches Politikers dürften weniger aus der mangelnden Einsicht in die medizinischen Fakten als vielmehr aus der Sorge um Verlust von Wählerstimmen bei Bearbeitung dieses „heißen Eisens" erwachsen. Denn ein derartiger Grenzwert würde einen wesentlich breiteren Personenkreis betreffen, als dies bei 0,8‰ oder gar erst bei 1,1‰ der Fall ist.

Janiszewski (1988, S. 253ff.) sprach bereits 1988 hinsichtlich der Herabsetzung des Grenzwertes, insbesondere im Rahmen eines Straftatbestands, davon, daß dies *rechtspolitisch* „bedenklich" sei, offenbar also „politisch" nicht durchgesetzt werden könne.[11] Daher muß die Argumentation um so schlagendere Argumente bringen, um den Alkohol im Straßenverkehr zurückzudrängen und damit die Verkehrssicherheit zu erhöhen.

Ob bzw. inwieweit es den z. T. erheblichen politischen Widerständen gelingt, die Absenkung der Promillegrenze hinauszuschieben, wenn nicht gar zu verhindern, erscheint fraglich. Denn neben den zwingenden wissenschaftlichen Fakten kommen heute noch 2 weitere Gründe zum Tragen: Zum einen das Bedürfnis nach baldiger bundeseinheitlicher Regelung, zum anderen das Bestreben, in Einklang mit einer Direktive der EG-Kommission aus dem Jahr 1989, die 0,5-Promille-Grenze für alle 12 Staaten verbindlich einzuführen.

Wie könnten die wissenschaftlichen Ergebnisse in die verkehrsrechtliche Praxis umgesetzt werden?

Ein Fortbestand der alten Promillewerte ist aus wissenschaftlicher Sicht auf Grund der Untersuchungsergebnisse nicht länger vertretbar.

Ein generelles Alkoholverbot, wie es etwa in der ehemaligen DDR galt und in der CSFR noch gilt, dürfte zum einen mit dem Verhältnismäßigkeitsgrundsatz wohl nicht vereinbar sein,[12] zum anderen hat es sich als nicht praktikabel überprüfbar erwiesen (so etwa auch die Ansicht der EG-Kommission. Näheres hierzu vgl. Janiszewski 1990, S. 415ff.; Heifer u. Pluisch 1991, S. 423). Ein entsprechendes Verbot könnte das Fahren unter Alkohol auch gar nicht verhindern, wie die Daten aus der ehemaligen DDR und der CSFR belegen (Heifer 1991, S. 143; Heifer et al. 1992, S. 24, 26–29). Denn auch dort war der Anteil der Alkoholunfälle (rund 10%) ähnlich hoch wie in der BRD. Mehr noch: Eine von Heifer 1989 initiierte Studie zum Vergleich der Alkoholdaten in West und Ost ergab hinsichtlich der Verteilung der Blutalkoholkonzentrationen bei den erfaßten alkoholisierten Verkehrsteilnehmern „in beiden Lagern" eine nur geringfügig abweichende Häufigkeitsverteilung im Sinne einer Gaußschen Normalverteilung, bei der die Mehrzahl der ausgewerteten Fälle um den arithmetischen Mittelwert von $1,55‰$ (West) bzw. $1,46‰$ (Ost) liegt bei einer Streuung von $0,2‰$ (vgl. Heifer et al. 1992, S. 30, 41). Extrem hohe und sehr niedrige[13] BAK-Werte sind eher die Ausnahme.[14] $0‰$ können danach für sich allein keine Veränderung bewirken.

---

[11] Nach rechtsstaatlichen Grundsätzen setzt nun zwar die Verfolgung von Verkehrsverstößen – neben der wissenschaftlich belegten Gefährlichkeit des Alkohols im Straßenverkehr – die Beachtung des Verhältnismäßigkeitsgrundsatzes voraus. Jedoch werden diesbezüglich von Gegnern der 0,5-Promille-Grenze keine Bedenken erhoben (Janiszewski selbst). Denn das um das Doppelte erhöhte Risiko der Unfallbeteiligung ist das Höchste dessen, was man den Verkehrsteilnehmern zumuten kann, zumal die Verkehrsvorschriften abstrakte Gefährdungsdelikte sind.

[12] Das Verhältnis von Mehrheit zur Minderheit, bezogen auf die von ihnen ausgehende Gefährlichkeit, wäre umgekehrt. Näheres hierzu bei Janiszewski (1990, S. 415ff.; Spiegel 1989, S. 70).

[13] Gleichwohl nimmt Heifer (1986, S. 369) einen exponentiellen Anstieg der unentdeckten, mit niedrigen Promillewerten fahrenden Verkehrsteilnehmer von $0,8‰$ gegen $0‰$ an.
Dieser statistische „Widerspruch" beruht auf dem Fehlen häufiger und strenger Kontrollen, da sie bewirken würden, daß auch geringere Normverstöße mit niedrigen BAK entdeckt würden und in der Statistik zur Absenkung des Mittelwertes führen.

[14] Eine Ausnahme macht Polen, wo der Mittelwert – bei Geltung einer 0,2-Promille-Grenze! – bei $1,87‰$ lag, vgl. hierzu Heifer et al. (1992, S. 29).

Zweckmäßiger erscheint den Verfassern, den bisherigen bußgeldbewehrten Gefahrengrenzwert des § 24 a StVG (Ordnungswidrigkeit) auf 0,5‰ herabzusetzen unter gleichzeitiger Senkung des strafrechtlich relevanten Beweisgrenzwertes auf 0,8‰.

Dies wäre im Interesse der Verkehrssicherheit dringend anzuraten und würde zudem keine „Vergewaltigung" gesellschaftlicher Gepflogenheiten und Trinksitten bedeuten und dort für keine gravierenden Umwälzungen sorgen, denn „das Glas Wein" zum Essen dürfte weiterhin konsumiert werden.

Akzeptanz

Für die Bewohner in der ehemaligen DDR dürfte sich die doch deutliche Anhebung ihrer 0-Promille-Grenze auf 0,5‰ als besonders problematisch erweisen, da sie ggf. als Aufforderung zum „Herantrinken" und Fahren unter Alkohol mißverstanden werden könnte.

Statistisch war im vergangenen Jahr bereits eine drastische Steigerung auf dem Gebiet der ehemaligen DDR zu verzeichnen, die allerdings Hand in Hand verlief mit einem starken Anstieg der gesamten Unfallhäufigkeit.

Gleichwohl fand die Soziologin Kretschmer-Bäumel heraus, daß gegenwärtig eine positive Einstellung „in der Bevölkerung"[15] zur Absenkung der gültigen Promillegrenze besteht. Danach sollen weit über die Hälfte der Deutschen in Ost und West[16] eine Absenkung auf 0,5 oder gar 0,0‰, also eine deutlich strengere Regelung als der Gesetzgeber selbst, befürworten. Demgegenüber macht der Anteil der Befürworter der 0,8-Promille-Grenze eine klare Minderheit aus (21% im Westen, 4% im Osten, vgl. Kretschmer-Bäumel 1991, S. 194).

Dieses positive Umfeld darf nicht durch unfruchtbare Debatten zerredet werden, denn auch bei einer 0,5-Promille-Grenze dürfen grundsätzlich[17] zwei Gläser Wein zum Essen konsumiert werden.

Wenn auch diese Umfrage in Anbetracht der Anzahl der Befragten nicht als repräsentativ anzusehen ist, sollten die Ergebnisse für *die* Politiker hinreichend Anlaß sein, die Befürchtungen über den Verlust von Wählerstimmen zu überdenken.

Auswirkung

Wie viele Unfallopfer es nach der Absenkung der Promillegrenze weniger geben würde, kann man lediglich schätzen. Zum einen mag sich jener Teil der als „trinkende Fahrer" bezeichneten Verkehrsteilnehmer durch eine Änderung der Promillegrenze auch in Zukunft grundsätzlich nicht abschrecken lassen. Aber zumindest jener Teil der gelegentlich trinkenden Verkehrsteilnehmer wird der Voraussicht nach mit dem Alkohol

---

[15] Die Befragung im Auftrag der BASt. erfaßte lediglich 2000 Westdeutsche und 1965 Ostdeutsche.

[16] 80% der Befragten in Ost- und 54% der Befragten in Westdeutschland, vgl. Kretschmer-Bäumel (1991, S. 193).

[17] Einschränkend ist hinzuzufügen, daß die Wirkung von der individuellen Konstitution und dem Trinkverlauf abhängt, so daß apodiktische Festlegungen nicht möglich sind.

vorsichtiger umgehen, wenn sie im Anschluß daran noch fahren müssen. Denn ein niedriger Grenzwert, bei dem die Hemmschwelle noch erhalten ist, ermöglicht noch die freiverantwortliche Entscheidung gegen die Teilnahme am Straßenverkehr.

Flankierende Maßnahmen

Wie bereits früher mehrfach betont, wird allein durch die Ausgestaltung gesetzlicher Bestimmungen, d. h. die Absenkung der gültigen Blutalkoholgrenzwerte für Verkehrsordnungswidrigkeiten und -straftaten, für sich nicht die Erwartung erfüllen können, dieses vielschichtige Problem durch größere Erziehungs- und Abschreckungseffekte zu lösen.

Erforderlich ist vielmehr ein umfassendes Maßnahmenbündel, das v. a. die Bedingtheiten und speziellen Begleitfaktoren, die erheblichen Einfluß auf die Effizienz eines Grenzwertes haben, beachtet (vgl. dazu Heifer et al. 1992, S. 43ff.).

Dies belegen auch die bereits angesprochenen Erfahrungen in der ehemaligen DDR und der CSFR mit ihrer 0-Promille-Grenze. Die bereits oben angesprochene Verteilung der erfaßten BAK im Vergleich DDR/BRD belegt, daß isolierte Maßnahmen in Form gesetzgeberischer Vorgaben kaum etwas bewirken.

Im einzelnen sind zu fordern:

a) Aufklärungskampagnen, die den einzelnen über Alkohol und dessen Auswirkungen und die mit einer auch nur leichten Alkoholisierung verbundenen Gefahren und Beeinträchtigungen des fahrerischen Leistungsvermögens – auf alle Fälle in unerwarteten Situationen – informieren. Anzustreben ist ein Einstellungswandel in der Bevölkerung dem Alkohol im Straßenverkehr gegenüber. Die sich hartnäckig haltende subjektive Überzeugung, Alkohol und die Teilnahme am Straßenverkehr kombinieren zu können, und die aus Erfahrung gewonnene Gewißheit, einem persönlich könne überhaupt nichts passieren, sind zu bekämpfen.

Aber neben der Aufklärung über die Wirkung des Alkohols auf die körperlichen Funktionen und die damit verbundenen Gefahren für sich selbst und für andere müssen insbesondere auch die zum Teil fatalen rechtlichen Folgen dieses Komplexes aufgezeigt werden, die bis zum Verlust des Arbeitsplatzes reichen. Der Verkehrsteilnehmer muß sich also darüber im klaren sein, welches Wagnis er neben dem allgemeinen Gefährdungscharakter eingeht.

b) Ausreichende Kontrollen: Wenngleich eine deutliche Steigerung der gegenwärtigen Kontrollintensität sowohl aus personellen Engpässen als auch aus finanziellen Nöten heraus kaum möglich sein dürfte – sollen andere wichtige polizeiliche Maßnahmen nicht zurückgestellt werden –, ist zumindest an verstärkte regionale, stark wechselnde Schwerpunktkontrollen[18] zu besonders „alkoholträchtigen" Zeiten wie Wochenenden und Nachtzeiten zu denken. Diese dürften die Entdeckungsquote alkoholisierter Verkehrsteilnehmer erhöhen und so einen Beitrag zur Erhöhung der Verkehrssicherheit leisten. Solange andererseits das Entdeckungsrisiko eines unter Alkoholeinfluß am

---

[18] Die zeitliche Aufgliederung läßt diverse Übereinstimmungen mit den gesellschaftlichen Trinkgewohnheiten ausmachen: Die Delikte „Trunkenheit im Straßenverkehr" haben ihren Gipfel nach 24.00 Uhr, die Wochenenden sind am häufigsten repräsentiert.

Verkehr Teilnehmenden – mangels enger Kontrollen – so gering ist wie bisher, haben alle gesetzgeberischen Reformbestrebungen keinen gravierenden Einfluß.

Der Gesetzgeber sollte darüber hinaus die Durchführung von Zufallskontrollen, d. h. „verdachtslosen" Alkoholkontrollen durch eine entsprechende Ermächtigungsgrundlage rechtlich ermöglichen (ohne Verdacht auf Vorliegen einer Ordnungswidrigkeit oder Straftat). Denn nach der gegenwärtigen Rechtslage ist für die polizeiliche Ermittlung von alkoholisierten Verkehrsteilnehmern ein konkreter Anfangsverdacht Voraussetzung. Die Fahruntüchtigkeit eines Verkehrsteilnehmers festzustellen erfordert aber in der Regel einen längeren Beobachtungszeitraum und darf nicht durch die Verkehrssituation erklärlich sein (Fahrauffälligkeiten wie Schlangenlinien, Benutzen der Gegenfahrbahn, überhöhte Geschwindigkeit oder auch zu vorsichtiges Fahren u. ä.). Denn erst dies berechtigt zu weiterführenden Maßnahmen. Demgegenüber ist das Risiko, daß die Alkoholisierung auffällt (glasige Augen, Alkoholgeruch, Schwanken o. ä.), nach einem Verkehrsunfall schon mit einer größeren Wahrscheinlichkeit verbunden. Im wesentlichen dürfte die Entdeckung selbst nach einem Verkehrsunfall aber von Zufälligkeiten abhängen.[19]

Daher ist für einen alkoholisiert am fließenden Verkehr Teilnehmenden – soweit er nicht deutliche Ausfallerscheinungen den ihn zufällig beobachtenden Polizeibeamten bietet – das Entdeckungsrisiko minimal. Der hohe Anteil der Dunkelziffer (1:400) zeigt, daß ein alkoholisierter Verkehrsteilnehmer kaum damit zu rechnen hat, überhaupt einmal in eine Kontrolle zu geraten. Abhilfe könnten zum einen Routinealkoholtests schaffen, die Kontrollen also auch dann gestatten, wenn kein konkreter Verdacht auf Trunkenheit im Straßenverkehr besteht, zum anderen auch die Anweisung an die Polizei, bei jedem Verkehrsunfall auf Alkohol zu untersuchen.

Die Effizienz der Kontrollen könnte durch einfachere apparative Methoden des Nachweises des Alkoholisierungsgrades gesteigert werden: An dieser Stelle seien die Atemalkoholtestgeräte angesprochen.

Nach entsprechender Weiterentwicklung und Verbesserung könnten ihr Einsatz und ihre Anerkennung für den Bereich der Ordnungswidrigkeit ohne Inanspruchnahme eines blutentnehmenden Arztes in Betracht kommen. Unerläßliche Voraussetzung ist allerdings, daß die Messung exakt und reproduzierbar ist und gegenwärtige Fehlerquellen – etwa Luftraum- und Temperaturprobleme; zeitlich versetzte Doppelmessung mit 2 unabhängig voneinander arbeitenden Meßsystemen – ausgeschlossen sind. Für den Bereich des *Ordnungswidrigkeitenrechts* könnte so – nach Erreichen einer 97- bis 99%igen Aussagewahrscheinlichkeit – ein gestaffeltes[20] *Bußgeld* denkbar sein, das in Promillesprüngen den stärker Alkoholisierten härter bestraft als jenen im unteren Bereich.

---

[19] Nach einer Auswertung von 537 Fällen von alkoholisierten Verkehrsteilnehmern ergab sich beispielsweise, daß Grund für das Einschreiten der Polizei in rund 80% der Fälle ein Verkehrsunfall oder aber ein auffälliges Fahrverhalten war. Lediglich in 6% der Fälle führte eine Routinekontrolle zur Entdeckung des alkoholisierten Verkehrsteilnehmers; vgl. Weckemann/Lutze, aaO., S. 219ff.

[20] Wegen weiterer Einzelheiten zur Durchführung wird auf die Ausführungen der Verfasser in ZRP 1991, S. 426 verwiesen. Da ein Sicherheitsabstand gewahrt bleiben muß, um nicht in den sicheren Bereich des Strafrechts (über 0,8‰) zu geraten, könnte der bußgeldbewehrte Bereich zwischen 0,5 und 0,7‰ nach Atemtest liegen.

Sollte der Ordnungswidrigkeitenbereich im Sinne der Verfasser bei 0,5‰ angesiedelt werden, wird die Frage nach der strafrechtlichen Ahndung der relativen Fahruntüchtigkeit, speziell auch im Bereich zwischen 0,3 und 0,5‰, bei der Diskussion bedacht werden müssen.[21]

Im *strafrechtlich* relevanten Bereich sollte auf die Sicherheit einer Blutalkoholbestimmung nicht verzichtet werden, nicht zuletzt wegen der Möglichkeit des Nachweises „anderer berauschender Mittel" wie Drogen und Medikamente.

Zusammenfassung

Das Risiko, durch Alkohol im Straßenverkehr in einen Verkehrsunfall verwickelt zu werden, ist trotz aller bisher geleisteten Verkehrssicherheitsmaßnahmen zu hoch. Das Problemfeld auf dem komplexen Gebiet „Alkohol im Straßenverkehr" kann nur durch ein Maßnahmenbündel mit Erfolg bekämpft werden. Nur im Verein mit flankierenden Maßnahmen wie

- Vereinfachung der gesetzlichen Rahmenbedingungen etwa durch verdachtslose Alkoholtests,
- intensivierte, gezielte Schwerpunktüberwachung zusammen mit
- Öffentlichkeitsarbeit, die das Fahren unter Alkohol negativ bewertet und damit der Fehlbewertung (Unterschätzung der nachgewiesenen Wahrnehmungsstörungen) und Verharmlosung von Alkohol im Straßenverkehr entgegentritt und ein deutliches Signal zur Schädlichkeit von Trunkenheit im Straßenverkehr setzt,

kann ein neuer Grenzwert überhaupt Wirkung zeigen.

Literatur

Borkenstein RF, Crowther RF, Shumate RP, Ziel WB, Zylman R (1974) The role of the drinking driver in traffic accidents (The Grand Rapids Study). Blutalkohol 11, Supplement 1:4–131
Claussen KE (1987) Die Promillegrenze in der politischen Diskussion. Blutalkohol 24:361–368
Freudenberg K (1966) Die Gefährlichkeit des Kraftfahrers nach dem Grade seiner Blutalkoholkonzentration. Anlage 8 zum Gutachten des Bundesgesundheitsamtes zur Frage Alkohol bei Verkehrsstraftaten. Kirschbaum, Bad Godesberg, S. 158–165
Händel K (1989) Alkoholbedingte Unfälle im Spiegel der amtlichen Statistik. Blutalkohol 26:319–329
Heifer U (1977) Zur Berechnung des Unfallrisikos durch alkoholisierte Kraftfahrer im Straßenverkehr, Anlage 1 zum BGA-Gutachten, S. 63–79
Heifer U (1986) Alkoholbedingte, akute Störungen der psychophysischen Leistungsverfügbarkeit und ihre verkehrsmedizinische Relevanz. Blutalkohol 23:364–370
Heifer U (1990) Alkohol und Straßenverkehr (Kritische Erörterungen aus rechts- und verkehrsmedizinischer Sicht). Blutalkohol 27:50–63
Heifer U (1991) Blutalkoholkonzentration und -wirkung, verkehrsmedizinische Charakterisierung und verkehrsrechtliche Relevanz von Alkoholgrenzwerten im Straßenverkehr. Blutalkohol 28:121–145

---

[21] Zumal die gerichtliche Praxis sich bezüglich der relativen Fahruntüchtigkeit auf eine Promillegrenze um 0,5‰ eingependelt hat und Verurteilungen zwischen 0,3 und 0,5‰ kaum vorkommen.

Heifer U, Pluisch F (1991) Rechts- und verkehrsmedizinische Überlegungen zu der Frage, ob die Promillegrenze im Straßenverkehr auf 0,5‰ heruntergesetzt werden sollte. Z Rechtspolitik 24:421–426

Heifer U, Neuhausen M, Pluisch F, Schyma C (1992) Alkohol und Straßenverkehrssicherheit – Untersuchungen zur Epidemiologie und verkehrsrechtlichen Angleichung in Europa. Blutalkohol 28:1–52

Janiszewski H (1988) Zur Frage der Einführung einer 0,5-Promille-Grenze. Dtsch Autorecht 57:253–258

Janiszewski H (1990) Auto und Alkohol. Neue Erkenntnisse – Neue Grenzen? Dtsch Autorecht 59:415–424

Kretschmer-Bäumel E (1991) Die Promille-Regelung im Meinungsbild der deutschen Bevölkerung in Ost und West. Polizei Verkehr Technik 36:193–196

Krüger H-P (1990a) 0,5 statt 0,8 Promille – Warum eigentlich? Polizei Verkehr Technik 35:97–102

Krüger H-P (1990b) Absolute Fahruntüchtigkeit bei 1,0 Promille – die falsch gesetzte Grenze. Blutalkohol 27:182–201

Müller A (1984) Bei wieviel Prozent der Straßenverkehrsunfälle in der Bundesrepublik Deutschland ist Alkoholeinfluß beteiligt? Blutalkohol 21:501–528

Müller A, Weiler C (1987) Ergebnisse einer Untersuchung über Alkoholiker als Kraftfahrer. Blutalkohol 24:109–125

Schneble H (1987) Das Feigenblatt – Ein Beitrag zur Diskussion über die Einführung der 0,5-‰-Grenze. Polizei Verkehr Technik 32:191–192

Schöch H (1991) Kriminologische und sanktionsrechtliche Aspekte der Alkoholdelinquenz im Verkehr. NStZ 11:11–17

Spiegel R (1989) Die Fahruntüchtigkeits-„Grenze" von 1,3‰ ist überflüssig. Polizei Verkehr Technik 34:70–71

Statistisches Bundesamt (1990), Fachserie 8 (Verkehr), Reihe 7, Verkehrsunfälle, 1990. Metzler-Poeschel, Stuttgart

Weckemann V, Lutze J (1991) Zum Fahrverhalten alkoholisierter Fahrer im Straßenverkehr – Ergebnisse einer Auswertung von Führerscheinakten, Kongreßbericht Jahrestagung der Deutschen Gesellschaft für Verkehrsmedizin e.V., 14. bis 16. März 1991, München. In: Unfall- und Sicherheitsforschung Straßenverkehr, Heft 82, 219–221

Begleitalkoholanalyse und andere Beweismittel bei Nachtrunkeinreden

Rolf Iffland

Einleitung

Die Teilnahme am Straßenverkehr unter Alkoholeinfluß kann mit Sanktionen wie Geld- oder Freiheitsstrafen und einem Fahrverbot oder dem Verlust des Führerscheins belegt werden. Die Höhe der Blutalkoholkonzentration (BAK), oberhalb der diese Sanktionen greifen, ist im europäischen Raum und als Folge des Einigungsvertrags auch in der Bundesrepublik Deutschland noch nicht auf einheitliche Grenzwerte festgelegt. Unabhängig von diesen lokalen Unterschieden ist der als „Alkoholsünder" ertappte Verkehrsteilnehmer in den meisten Fällen bemüht, den Grad seiner Alkoholisierung möglichst gering erscheinen zu lassen. Neufassungen der gesetzlichen Vorschriften und die Verbesserung der Untersuchungsmethoden haben dazu geführt, daß heute im Geltungsbereich der deutschen Rechtsordnung als einzig wirksame Einrede die Behauptung geblieben ist, der später festgestellte Blutalkoholspiegel sei vollständig oder teilweise auf einen Alkoholkonsum nach der Teilnahme am Straßenverkehr zurückzuführen.

Juristische Aspekte

Auch die obergerichtliche Rechtsprechung in der Bundesrepublik Deutschland hat sich mit dem Problem der Nachtrunkeinrede befaßt und zum Teil sehr subtile Forderungen an die Urteilsfindung gestellt (OLG Köln 3, Ss 828/83 vom 2.12.1983). Die wesentlichen Gesichtspunkte finden sich bei Hentschel u. Born (1990). So hat das Gericht einen Alkoholnachkonsum zu berücksichtigen, indem von dem Mittelwert ein entsprechender Abzug vorzunehmen ist. Die Berechnung dieses Abzuges muß aus dem Urteil zu erkennen sein. Für die Rückrechnung ist bei schwierigen Fragestellungen ein Sachverständiger beizuziehen und mit dem für den Angeklagten günstigsten Reduktionsfaktor der BAK-Anteil des Nachtrunks zu berechnen. Allerdings darf das Gericht im Falle eines behaupteten Nachtrunks im Hinblick auf seine Aufklärungspflicht nicht ohne weiteres die Angaben des Angeklagten übernehmen und als wahr unterstellen. Für die Bewertung von Nachtrunkeinreden sind daher, soweit möglich, Beweismittel beizuziehen. So kann die Anhörung der Person geboten sein, die den Angeklagten bei der Blutentnahme zu einem Nachtrunk befragt hat. Fehlen Beweismöglichkeiten, braucht das Gericht keineswegs Behauptungen des Angeklagten zum Trinkverhalten als unwiderlegt hinzunehmen. Es kann seine Überzeugung von der Unrichtigkeit einer Nachtrunkbehauptung auf ein nach der Lebenserfahrung ausreichendes Maß an Sicherheit stützen, das vernünftige Zweifel nicht rechtfertigt.

Forensia-Jahrbuch, Band 3
© Springer-Verlag Berlin Heidelberg 1992

Statistische Betrachtungen

Erhebungen darüber, in welchem Umfange mit Nachtrunkeinreden zu rechnen ist, sind kaum zu finden. Für das Stadtgebiet Köln liegt über das Jahr 1980 eine Untersuchung von Iffland et al. (1982) vor, nach der 2,7% der alkoholauffälligen Verkehrsteilnehmer unmittelbar bei der Polizei einen Nachtrunk angaben. Auch 1988 bis 1990 lag dieser Anteil mit 2,0–2,5% im gleichen Rahmen. Nachtrunkbehauptungen werden überwiegend dann aufgestellt, wenn Unfallflucht begangen oder der Polizei über Dritte eine Trunkenheitsfahrt gemeldet wurde und die Beschuldigten bei dem Vorfall nicht sofort sistiert werden konnten. In mehr als 50% der vor Gericht verhandelten Fälle mit Nachtrunkeinreden war noch bei der Blutentnahme ein Nachtrunk verneint oder auf Angaben dazu verzichtet worden. Granicky (1972) kam zu vergleichbaren Ergebnissen. Ihm fiel zudem ein Zusammenhang zwischen Nachtrunkeinreden und einschlägigen Erfahrungen der Betroffenen bzw. der Beratung durch rechtskundige Personen auf.

Beweismittel bei Nachtrunkeinreden

Das Gericht hat bei der Berechnung der Blutalkoholkonzentration zur Tatzeit einen Alkoholnachkonsum zu berücksichtigen und dazu auch die Pflicht, aufzuklären, ob im jeweiligen Fall von einem Nachkonsum auszugehen ist oder es sich lediglich um eine Schutzbehauptung gehandelt hat. In diese Pflicht eingebunden sind damit auch die mit dem Fall befaßten Polizeibeamten. Für eine korrekte Urteilsfindung sind die ersten Ermittlungen und deren sorgfältige Protokollierung oft entscheidend. Die Bedeutung dieser Arbeit der Polizei als Basis für die Auseinandersetzung mit Nachtrunkeinreden wird oft verkannt. Iffland u. Skolik (1984) haben zusammengestellt, auf welche Einzelheiten im Falle einer möglichen Nachtrunkeinrede Polizeibeamte besonders achten sollten.

Ermittlungstätigkeit von Polizeibeamten in Fällen möglicher Nachtrunkeinreden

Geeignete Beweismittel für die Bewertung von Nachtrunkangaben sind neben der erwähnten polizeilichen Ermittlungsarbeit zusätzlich zur obligaten Blutprobe die Asservierung weiterer Körperflüssigkeiten, wie eine 2. Blutprobe 30 min nach der 1. Blutentnahme oder eine Harnprobe. Seit etwa 10 Jahren haben Begleitalkoholanalysen für die Beurteilung von Nachtrunkeinreden zunehmend Bedeutung gewonnen. Anfangs durch wenig seriöse Presseberichte in den Aussagemöglichkeiten überschätzt, findet die Begleitalkoholanalyse heute vielerorts Verwendung und wurde mittlerweile auch durch obergerichtliche Rechtsprechung anerkannt (OLG Celle 3 Ss 85/82 vom 30.3.1983). Die für die Bewertung von Nachtrunkbehauptungen geeigneten Beweismittel sind:

1) Ermittlungen und Feststellungen der Polizeibeamten zum Vorfall;
2) Beobachtungen von Zeugen zum Vorfall, Beobachtungen von Zeugen zum Verhalten und Erscheinungsbild des Beschuldigten vor, während und nach dem Vorfall;

3) Feststellungen und Beobachtungen der Polizeibeamten bei der Sistierung, während des Aufenthaltes auf der Wache und der Blutentnahme;
4) Beurteilung des blutentnehmenden Arztes;
5) Asservierung zusätzlicher Körperflüssigkeiten, Entnahme einer zweiten Blutprobe 30 min nach der ersten, Sicherstellung einer Harnprobe, Messung der Alkoholgehalte;
6) Begleitalkoholanalyse in der Blutprobe und, falls vorhanden, in der Harnprobe.

Die bereits erwähnten Untersuchungen (Iffland et al. 1982; Iffland u. Skolik 1984) und eine langjährige forensische Erfahrung haben gezeigt, daß Nachtrunkeinreden in vielen Fällen auch dann noch vorgetragen werden, wenn ein Nachtrunk bei der ersten Befragung durch die Polizei ausdrücklich verneint wurde. Diese Erfahrung kann nur zu dem Schluß führen, daß jeder Fall, in dem ein Verkehrsteilnehmer nicht unmittelbar bei der Trunkenheitsfahrt von den Polizeibeamten sistiert wird und damit zwischen Anlaß und Blutentnahme eine lückenlose Beobachtung durch die Beamten gegeben ist, so bearbeitet werden sollte, als ob ein Nachtrunk behauptet würde. Selbst in Fällen, bei denen die Betroffenen während der Wartezeit auf den Arzt Durst verspürten und darum baten, etwas trinken zu dürfen, wurde später in der Gerichtsverhandlung vorgetragen, man habe dabei ein alkoholisches Getränk konsumiert (Iffland u. Skolik 1984).

Nach einer Unfallflucht oder einer von Zeugen gemeldeten Trunkenheitsfahrt sind die mit dem Vorgang beauftragten Polizeibeamten die ersten, die unmittelbar mit dem späteren Angeklagten und den Zeugen oder Geschädigten sprechen können. Von ihrer Sorgfalt und Erfahrung hängt in erheblichem Maße ab, wieweit ein Fall geklärt werden und das Gericht zu einem gerechten Urteil finden kann. Auch für die Tätigkeit des Sachverständigen oder die Bewertung von Begleitalkoholuntersuchungen ist die sorgfältige Arbeit der Beamten unerläßlich. Anhaltspunkte für die Bewertung von Nachtrunkeinreden, die von den Beamten ermittelt bzw. festgehalten werden sollten, sind:

1   Zeitliche Feststellungen
1.1 Zeitraum oder Zeitpunkt des Vorfalls, wie Trunkenheitsfahrt oder Unfallflucht. Wie wurden die Zeiten ermittelt?
1.2 Zeitpunkt des Eintreffens am Unfallort.
1.3 Zeitpunkt des ersten Zusammentreffens mit dem Beschuldigten.

2   Beobachtungen und Ermittlungen zum Vorfall
2.1 Beschreibung der Fahrt oder des Unfallhergangs durch Zeugen. Hinweise auf eine Trunkenheitsfahrt wie Schlangenlinien, überhöhte Geschwindigkeit oder rücksichtslose Fahrweise.
2.2 Ermittlung des Unfallablaufes aus Fahr- und Unfallspuren.
2.3 Überprüfung des Fahrzeuginnern auf den charakteristischen Geruch einer Alkoholfahne.

3   Trunkenheitssymptome
3.1 Befragung von Zeugen nach trunkenheitsbedingten Auffälligkeiten eines Beschuldigten, wie Alkoholfahne, Sprachschwierigkeiten, Bewegungsstörungen, Koordinationsprobleme, Erbrechen.

3.2 Protokollierung eigener Wahrnehmung von Trunkenheitsmerkmalen bei der Sistierung.

3.3 Mitteilung im Ermittlungsbericht, ob die Trunkenheitssymptome sich in der Zeit
   zwischen Sistierung und Blutentnahme signifikant veränderten oder gleich blieben.

3.4 Art der Alkoholfahne, z.B. typisch für Bier, Wein, Schnaps.

4 Ermittlungen zum Alkoholkonsum vor und nach dem Vorfall

4.1 Befragung des Beschuldigten zu seinem Alkoholkonsum.

4.2 Befragung von Personen, die mit dem Beschuldigten zuhause oder in einer
   Gaststätte angetroffen wurden.

4.3 Sicherstellung von Bierdeckeln. Beschreibung der Trinkgefäße oder Flaschen, auf
   die vom Beschuldigten bei einem behaupteten Nachkonsum hingewiesen wurde.
   Überprüfung, ob die Gefäße noch Flüssigkeitsreste enthielten oder trocken waren.
   Asservierung von Flüssigkeitsresten. Überprüfung bei abgestellten oder verunfallten Fahrzeugen des Wageninneren und der näheren Umgebung nach leeren oder
   gefüllten Flaschen.

4.4 Bei fehlenden Angaben oder Verneinung eines Alkoholnachkonsums Überprüfung,
   ob z.B. in der Wohnung alkoholische Getränke vorhanden sind.

Die 2. Blutentnahme

Weitgehend gelegt hat sich die Ende der 70er Jahre sehr heftig geführte Diskussion um
die 2. Blutentnahme (vgl. Hentschel u. Born 1990). 1977 wurde durch einen gemeinsamen Erlaß der Bundesländer festgelegt (Text bei Hentschel u. Born 1990), daß eine
2. Blutprobe zur Sicherung von Beweismitteln nur in Ausnahmefällen anzuordnen ist,
v.a. bei dem Verdacht schwerwiegender Straftaten, zu denen aber eine Unfallflucht
oder Trunkenheitsfahrt in aller Regel nicht zu zählen sind. Die Blutproben sollten im
Abstand von 10–15 min entnommen werden. Bis dato waren Doppelblutentnahmen
auch dann möglich, wenn ein Alkoholnachkonsum behauptet wurde oder der Betroffene keine Angaben zum Alkoholkonsum machte (Elbel u. Schulz 1973). Dies führte
dazu, daß in Köln zwischen 1967 und 1969 bei 8–9% der Blutproben Doppelentnahmen angeordnet wurden. Ein ähnliches Zahlenverhältnis berichteten auch Elbel u.
Schulz (1973), die den praktischen Wert derart undifferenziert angeordneter Doppelblutentnahmen zur Widerlegung von Nachtrunkbehauptungen gering einschätzten und
den Aufwand nur in wenigen Fällen gerechtfertigt sahen.

   Nach der Einschränkung der Doppelblutentnahmen per Erlaß verzeichneten Grüner
et al. (1980) einen deutlichen Anstieg der Fälle, in denen größere Alkoholmengen
nachgetrunken worden sein sollen. Diese Einreden stellten die Sachverständigen vor
erhebliche Probleme, zumal experimentelle Überprüfungen derartiger Behauptungen
aus gesundheitlichen und ethischen Gründen ausgeschlossen waren. Kritisiert wurde
an dem Erlaß zu Recht der kurze Abstand von 10–15 min zwischen beiden Blutproben, der sowohl aus pharmakokinetischen Gründen als auch wegen der Fehlerbreite
der Meßmethoden nur in Ausnahmefällen eine Aussage dazu erlaubt, ob von einem
Alkoholnachkonsum auszugehen ist (Berghaus u. Althoff 1979; Grüner et al. 1980;
Zink u. Reinhardt 1981). Sinnvoll ist eine Doppelblutentnahme nur dann, wenn zwischen Vorfall und erster Blutentnahme nicht mehr als 30–45, höchstens aber 60 min

liegen und Anhaltspunkte dafür gegeben sind, daß ein erheblicher Nachtrunk vorliegt oder behauptet werden könnte. In diesen Fällen sollte die 2. Blutprobe 30 min später abgenommen werden (Grüner et al. 1980; Zink u. Reinhardt 1981; Iffland u. Skolik 1984). Als erheblich sind Nachtrunkmengen einzuschätzen, die zur Erhöhung der Blutalkoholspiegel um 1,0‰ und mehr führen. Aus einer 2. Blutentnahme kann nicht der Umfang eines Alkoholnachkonsums abgeleitet werden. Sie besitzt lediglich eine Kontrollfunktion und Barrierewirkung für überzogene Nachtrunkeinreden (Berghaus u. Althoff 1979).

Die Trunkenheitssymptomatik

Der Nachtrunk weniger Trinkeinheiten auch auf eine bestehende Alkoholisierung führt nicht zwangsläufig zu bemerkbaren Veränderungen der Trunkenheitssymptome. Andere Auswirkungen sind jedoch zu erwarten, wenn in kurzer Zeit, bis maximal 1 h, Trinkmengen konsumiert werden, die zu Blutalkoholkonzentrationen von 1,0–2,0‰ führen können. Je kürzer die Trinkzeit und je größer die Alkoholmenge, desto stärkere Veränderungen im Sinne zunehmender Vergiftungserscheinungen werden auftreten. Abhängig sind die Symptome auch vom Grad der Alkoholgewöhnung, der körperlichen Verfassung, der Art der nachkonsumierten Getränke und davon, ob und in welchem Ausmaß bereits bei Nachtrunkbeginn eine Alkoholisierung bestand (Althoff 1968; Brinkmann et al. 1973; Rüdell et al. 1981; Iffland et al. 1982; Iffland u. Skolik 1984).

Viele Nachtrunkeinreden laufen darauf hinaus, daß bis kurz vor dem Erscheinen der Polizeibeamten noch Alkohol konsumiert wurde. In all diesen Fällen ist bei einem massiven Nachtrunk mit merkbaren Veränderungen im Verhalten während der Sistierung und bei der Blutentnahme zu rechnen. Fehlen derartige Veränderungen, so spricht dies in der Regel gegen die Richtigkeit einer massiven Alkoholnachaufnahme. Ein geringerer Nachtrunk ist damit allerdings nicht ausgeschlossen. Zur Feststellung, ob Veränderungen im Verhalten vom Zeitpunkt des Unfalls bis zur Fahrt und der Sistierung bzw. Blutentnahme eingetreten sind, können die Beobachtungen von Zeugen und Polizeibeamten beigezogen werden.

Die Begleitalkoholanalyse

Alkoholische Getränke enthalten neben Ethanol noch viele andere organische Substanzen wie Alkohole, Ester, Aldehyde, Carbonsäuren, die zusammen mit Aromastoffen zu Geruch und Geschmack des Getränkes beitragen. Sie entstehen z.T. wie Ethanol bei der alkoholischen Gärung, sind in den Ausgangsmaterialien für die Getränke enthalten oder werden im Verlauf der Fertigung zugesetzt. Die Konzentrationen der meisten dieser Stoffe liegen um einen Faktor 10^{-6} unter denen des Ethanols. Neben Essigsäureäthylester und Acetaldehyd sind einige gerad- und verzweigtkettige Homologe des Ethanols in deutlich höheren Konzentrationen (zwischen 1 und einigen 1000 mg/l) in den Alkoholika enthalten. Die wichtigsten dieser Alkohole, auch Begleitalkohole genannt, sind:

Tabelle 1. Mittlere Ethanol- und Begleitalkoholgehalte alkoholischer Getränke

Getränk	Ethanol [g/l]	Methanol [mg/l]	n-Propanol [mg/l]	Isobutanol [mg/l]	2-Butanol [mg/l]	Amylalkohole [mg/l]
Bier	35– 40	5	15	10	–	70
Wein	60–100	100	30	50	–	120
Korn, Wodka	300	50	–	–	–	–
Whisky	300	120	170	250	–	300
Weinbrand	300	250	130	250	–	700
Obstschnaps	320	3000	1000	200	200	200

Zusammenstellung der wichtigsten Begleitalkohole in Spirituosen:

Methanol,	2-Butanol,	2-Methyl-n-butanol,
n-Propanol,	n-Butanol,	3-Methyl-n-butanol,
Isobutanol.		

Charakteristisch für unterschiedliche Getränkesorten ist die Zusammensetzung der Begleitalkohole in den Spirituosen. So enthalten Korn und Wodka außer geringen Mengen Methanol kaum weitere Begleitalkohole, während Obstschnäpse, aber auch Weinbrand und Whisky, als begleitstoffreich bezeichnet werden können. Ein umfangreiches Tabellenwerk zum Begleitalkoholgehalt alkoholischer Getränke findet sich in der Monographie von Bonte (1987).

Die Begleitstoffanalyse beruht auf der Überlegung, daß die neben Ethanol in einem Getränk enthaltenen Alkohole ebenfalls vom Körper aufgenommen werden und im Blut nachweisbar sein müßten. Ihr Nachweis ist eine Frage der Empfindlichkeit der Meßgeräte. Getränke mit unterschiedlichem Begleitstoffmuster sollten daher durch die Begleitalkoholspiegel im Blut erkennbar sein. Über erste Versuche berichteten Machata u. Prokop (1971). Diese wurden von Bonte et al. (1980, 1983) aufgegriffen. Auch an den Instituten für Rechtsmedizin in Köln, Kiel und München hatten sich nicht zuletzt wegen der Probleme mit der Bewertung von offensichtlich überzogenen Nachtrunkbehauptungen Arbeitskreise gebildet, die hier eine Möglichkeit sahen, derartige Einreden zu überprüfen. Tabelle 1 gibt eine Übersicht über die Begleitalkoholgehalte verschiedener Getränkearten wieder.

Diese Darstellung ist nur als orientierende Übersicht zu verstehen. Bei konkreten Angaben zum Alkoholnachkonsum ist es immer ratsam, das angegebene Getränk zu untersuchen. Die beiden C_5-Alkohole wurden zusammengefaßt. Sie haben für die Bewertung von Nachtrunkangaben keine Bedeutung. Beide Alkohole werden sehr rasch verstoffwechselt und sind daher unmetabolisiert im Blut nicht nachweisbar (Bonte et al. 1981). Nur wenige Getränke, wie Obstschnäpse, enthalten n-Butanol und 2-Butanol. Für diese sind 2-Butanol und dessen Metabolit Methyläthylketon ein wichtiger Indikator (Bonte et al. 1983). Fäulnisveränderungen des Blutes werden durch erhöhte n-Butanolgehalte angezeigt. In diesen Fällen besteht ein Verwertungsverbot des Untersuchungsergebnisses. Bei ordnungsgemäßer Lagerung der Blutproben tritt Fäulnis jedoch selten auf (Bonte u. Hey 1983; Kohlhaas 1988).

Praktische Bedeutung für die Nachtrunkbegutachtung auf der Basis einer Begleitalkoholanalyse haben nur Methanol, n-Propanol und Isobutanol. Im Blut werden sie gaschromatographisch mit der Headspacetechnik bestimmt (Bonte u. Busse 1980; Iffland et al. 1982; Bilzer u. Grüner 1983; Kühnholz u. Bonte 1983; Wolf et al. 1985; Schütz 1991). Bei der gleichen Messung werden auch die physiologischen Spiegel von Aceton und Isopropanol erfaßt, von denen erhöhte Konzentrationen auf Stoffwechselstörungen durch Alkoholmißbrauch hinweisen (Iffland et al. 1988). Eine Sonderrolle nimmt Methanol ein. Im Unterschied zu n-Propanol und Isobutanol liegen die Methanolspiegel im Blut immer über den Erwartungswerten, die sich aus der Relation Begleitalkohol und Ethanol im Getränk und der Blutäthanolkonzentration errechnen lassen (Iffland et al. 1982). Methanol wird offensichtlich in einem Umfange endogen gebildet, der zu höheren Blutspiegeln führen kann als die mit Getränken zugeführten Methanolmengen (Majchrowicz u. Mendelson 1971; Iffland et al. 1982). Stündliche Anstiege aus endogener Ursache um 0,2–0,3 mg/kg wurden gemessen. Die physiologischen Spiegel liegen bei 0,5–1,0 mg/kg (Iffland et al. 1985; Gilg et al. 1987). Ungeklärt ist bislang die Genese des endogenen Methanols (Axelrod u. Daly 1965; Gilg et al. 1987; Iffland et al. 1989). Ethanolspiegel über 0,2‰ hemmen kompetitiv den Abbau des Methanols. Dies hat zur Folge, daß bei einem längeren Alkoholkonsum ohne Nüchternphasen, wie er bei Alkoholabhängigen auftritt, Methanol kumuliert. Spiegel über 10 mg/kg gelten als charakteristisch für Alkoholiker (Iffland et al. 1984; Bontc et al. 1985; Grüner u. Bilzer 1985). Häufig wurden in diesen Fällen auch pathologisch erhöhte γGT-Aktivitäten gemessen.

Während Methanol ohne sog. Resorptionsverluste aufgenommen wird, liegen die Blutspiegel von Isobutanol und n-Propanol immer unter den Erwartungswerten. So erreicht Isobutanol bei Sekt oder Wein eine Stunde nach Trinkende ca. 10% und bei hochprozentigen, unverdünnt getrunkenen Alkoholika etwa 60–70% der Erwartungswerte. Für n-Propanol findet man bei Wein zwischen 35 und 55% und bei Sekt zwischen 55 und 70% (Iffland et al. 1982; Bonte et al. 1983; Iffland u. Felberbaum 1988). Ethanol beeinflußt auch den Metabolismus von Isobutanol und n-Propanol und damit deren Elimination (Wehner u. Schieffer 1989). Die Abbaugeschwindigkeit von Isobutanol ist höher als von n-Propanol, von dem auch bekannt ist, daß geringe Mengen dieses Alkohols endogen gebildet werden (Iffland et al. 1989). Die Begleitalkoholspiegel im Blut liegen meist um einen Faktor 1000 unter denen von Ethanol. Vorgänge bei der Resorption, eine unterschiedliche Inhibition, abhängig von der Höhe der Blutalkoholkonzentration, und auch andere stoffwechselbedingte Einflüsse wirken sich stärker auf die Begleitalkoholspiegel aus als auf Ethanol. Dies erschwert die gutachterliche Wertung eines Ergebnisses erheblich. Ohne ausreichende analytische und experimentelle Erfahrung sollte von derartigen Wertungen Abstand genommen werden.

Aus einer Begleitalkoholanalyse können konkrete Angaben zur Art oder Menge der konsumierten Getränke oder Trinkzeiten ohne zusätzliche Informationen nicht abgeleitet werden. Sagen läßt sich dagegen, ob bestimmte Alkoholika getrunken worden sein könnten, wenn neben dem Zeitpunkt der Blutentnahme auch die Trinkzeiten und jeweiligen Getränkemengen bekannt sind. Auf die Bedeutung sorgfältiger Ermittlungen und deren Protokollierung durch die Polizei wurde bereits hingewiesen. Erst aus den Ergebnissen dieser Arbeit läßt sich eine konkrete Fragestellung ableiten, die der Gutachter aufgrund einer Begleitalkoholuntersuchung beantworten kann. Im folgenden sei dies an einem länger zurückliegenden Fall dargestellt (Tabelle 2).

Tabelle 2. Bewertung einer Nachtrunkeinrede nach einer Begleitalkoholuntersuchung

Ereignisse	Uhrzeit	Alkoholkonsum
Alkoholkonsum	16.00–17.00	2 Glas Cognac je 2 cl
Unfall mit PKW	19.00	
Nachtrunk	19.30–20.30	1/2 Flasche (0,7 l) Calvados und Doppelkorn
Blutentnahme	20.50	2.48‰

Begleitalkohole	Alkoholgehalt im Blut [mg/kg]
Methanol	14,0
n-Propanol	2,19
Isobutanol	0,32
2-Butanol	1,21
Methyläthylketon	0,97

Bewertung: Getränke können zutreffen. Methanolspiegel spricht für einen länger andauernden Alkoholkonsum und Probleme mit dem Alkohol. Verteilungsverhältnis 2-Butanol : Methyläthylketon nur möglich, wenn Calvados vor 19.00 Uhr getrunken wurde. Für das gleiche Ergebnis sprechen auch die n-Propanol- und Isobutanolspiegel bzw. deren Verhältnis. Nachtrunk einer geringen Menge Doppelkorn (begleitstoffarm) möglich.

An diesem wohl idealen Beispiel lassen sich die Möglichkeiten der Begleitstoffanalyse aufzeigen, aber auch ihre Grenzen. Nicht belegbar, aber auch nicht widerlegbar ist der Nachkonsum einer geringeren Menge des Doppelkorns aufgrund der Begleitstoffanalyse. Pharmakokinetische Überlegungen zum Ethanolkonsum sind notwendig, um abschätzen zu können, in welchem Umfange vor- und nachgetrunkene Alkoholika zum festgestellten Blutethanol- und Begleitstoffspiegel beigetragen haben. Der Nachkonsum weniger Trinkeinheiten (3–4) ist selten widerlegbar (Bonte u. Kühnholz 1983; Kühnholz et al. 1983; Iffland 1987). Mit zunehmendem Abstand zwischen Nachtrunk und Blutentnahme werden die Aussagemöglichkeiten einer Begleitstoffanalyse geringer, da sich durch den unterschiedlich schnellen Abbau der einzelnen Begleitalkohole die ursprünglichen Verteilungsverhältnisse verschieben. Als Grenzwerte werden je nach Lage des Falls Zeiten von 3–4 h angesehen. Die Begleitalkoholanalytik hat sich in den 10 Jahren seit ihrer Einführung als eine sehr wichtige Entscheidungshilfe zur Bewertung von Nachtrunkeinreden erwiesen. Pharmakokinetisch sind jedoch noch viele Fragen offen, die auch die Grenzen des Verfahrens aufzeigen. Deshalb sollte das Gericht nicht darauf verzichten, auch andere Beweismittel für die Urteilsfindung beizuziehen.

Harnprobe

Fälle mit Nachtrunkeinreden, die vor Gericht zu begutachten waren, wurden dahingehend ausgewertet, inwieweit Ähnlichkeiten in den Einlassungen zu finden waren (Iffland et al. 1984). In Abb. 1 ist die aus der Auswertung abgeleitete typische Einlassung bei Unfallflucht schematisch dargestellt.

Nach einem geringen Vortrunk kommt es zu einem Verkehrsunfall. Eine halbe Stunde danach wird eine größere Menge hochprozentiger Alkoholika konsumiert, ehe

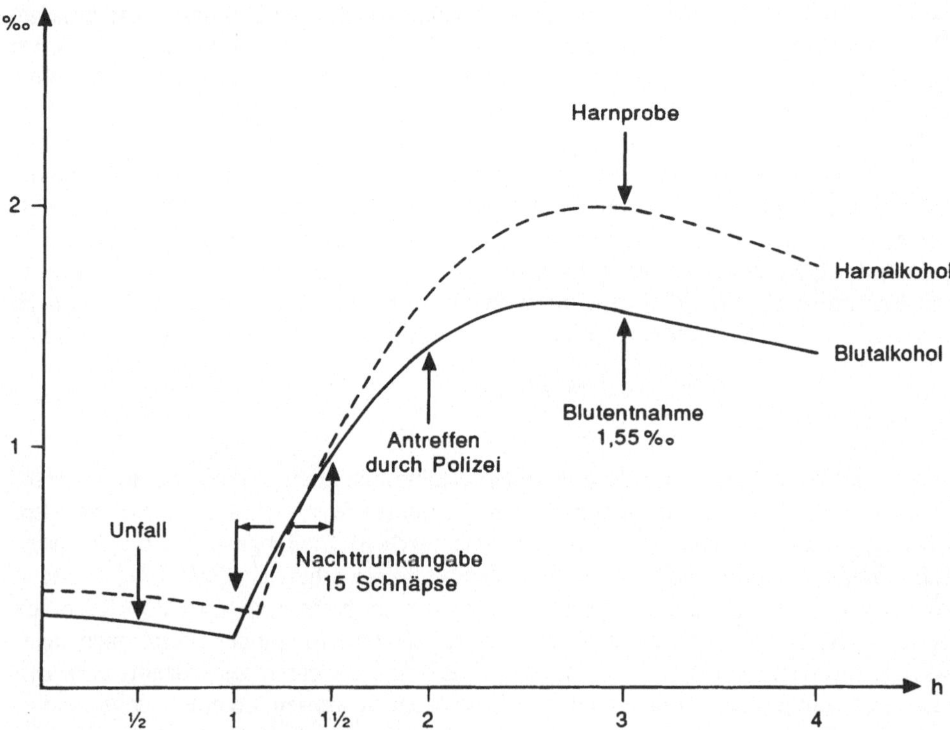

Abb. 1. Schematische Darstellung der zu erwartenden Ethanolgehalte im Blut und Ureterharn unter Berücksichtigung der Trinkangaben

der Beschuldigte sistiert und 1 h später Blut entnommen wird. Eine 2. Blutentnahme eine halbe Stunde danach wäre kein Beleg für oder gegen die Nachtrunkeinlassung. Nach Untersuchungen von Zink u. Reinhardt (1971) hinkt in der Resorptionsphase die Alkoholkurve des Ureterharns um 10 min und die des Blasenharns der Blutalkoholkurve um etwa 20 min nach. Bei der Asservierung einer Harnprobe zum Zeitpunkt der Blutentnahme (Abb. 1) ist der Alkoholgehalt des Ureterharns um einen Faktor gleich dem Verhältnis der Wassergehalte von Ureterharn und Blut höher als die BAK. Der Blasenharn wird dagegen über den gesamten Zeitraum seit der letzten Miktion vor der Blutentnahme angesammelt. Lag diese Miktion vor dem Beginn des Nachkonsums und wurde gleichmäßig Ureterharn an die Blase abgegeben, ist, wie aus Abb. 1 hervorgeht, ein mittlerer Harnalkoholspiegel (HAK) zu erwarten, der unter der BAK liegt. Der Verteilungsquotient HAK : BAK ist in diesem Fall kleiner als 1,0.

In der Eliminationsphase sind die Verteilungsquotienten deutlich höher. Sie liegen zwischen 1,4 und 1,6 (Staak et al. 1976). Wären in dem Beispiel Abb. 1 die Angaben zum Alkoholkonsum falsch und hätte kein Nachtrunk stattgefunden, müßte man einen höheren Harnalkoholgehalt und damit einen Quotienten über 1,0 erwarten. Zur Beurteilung einer Nachtrunkeinrede ist eine Harnprobe meist von höherem Beweiswert als die zweite Blutentnahme. Allerdings muß der Zeitpunkt der letzten Miktion vor der Asservierung der Harnprobe bekannt sein. Auch sollten nicht zu kleine Gefäße (min-

destens 500 ml) zur Asservierung zur Verfügung gestellt werden, damit der gesamte
Blasenharn aufgefangen werden kann. Aus der Menge des Harns kann, wenn der letzte
Miktionszeitpunkt bekannt ist, grob abgeleitet werden, ob hochprozentige Alkoholika
oder Bier, das zu einer stärkeren Diurese führt, getrunken wurden.

Begleitalkoholanalysen sind auch in Harnproben möglich (Rüdell et al. 1983; Sprung
et al. 1983). Neben den Begleitalkoholen finden sich die Abbauprodukte (Aldehyde,
Ketone und Säuren), z. T. in glucuronidierter Form im Harn. Auch 2-Methyl- und 3-
Methyl-n-butanol, die im Blut nicht nachweisbar sind, sind im Urin zu finden. Bonte u.
Kühnholz (1983) sehen in der Untersuchung einer gleichzeitig mit dem Blut asservier-
ten Harnprobe eine Möglichkeit, mehr an Informationen über den Trinkzeitraum zu
gewinnen und damit auch Nachtrunkeinreden mit größerer Sicherheit zu überprüfen.

Schlußbetrachtung

Durch die Begleitalkoholanalyse können Nachtrunkeinreden v. a., wenn sie stark
überzogen erscheinen, am Spektrum der Begleitstoffe im Blut überprüft werden.
Ebenso wie die Analytik erfordern auch gutachterliche Stellungnahmen für Staatsanwaltschaft oder Gericht bei Begleitalkoholanalysen eine erhebliche Erfahrung. Anstelle
einer zweiten Blutentnahme sollte besser eine Harnprobe asserviert werden. Rechtlich
besteht dafür keine Handhabe. Man ist dabei auf die Mitwirkung des Betroffenen angewiesen. Aus dem Ethanolgehalt bzw. dem Verteilungsquotienten des Ethanols zwischen
Harn und Blut können Anhaltspunkte dafür gewonnen werden, ob eine Nachtrunkeinrede zutreffen kann. Wenig genutzt wird bislang die Möglichkeit, auch die Begleitalkohole und deren Metaboliten im Harn zu bestimmen. Begleitalkoholanalysen und
Urinuntersuchung sind als Mosaiksteine innerhalb der gesamten Beweisführung bei
der Beurteilung von Nachtrunkeinlassungen zu sehen. Sie können weder die mit dem
Fall betrauten Polizeibeamten von einer sorgfältigen Ermittlung und deren präziser
Protokollierung entlasten, noch dem Gericht die Entscheidungsfindung und eigene Urteilsbildung abnehmen.

Literatur

Althoff H (1968) Ungewöhnlich große positive Blutalkoholdifferenz zwischen zwei Blutentnah-
    men. Arch Kriminol 141:105–113
Axelrod J, Daly J (1965) Pituitary gland: Enzymic formation of methanol from S-Adenosylme-
    thionine. Science 150:892–893
Berghaus G, Althoff H (1979) Erfahrungen und Kritik zum neuen ministeriellen Erlaß über
    Doppelblutentnahmen in Nordrhein-Westfalen. Blutalkohol 16:375–383
Bilzer N, Grüner O (1983) Methodenkritische Betrachtungen zum Nachweis aliphatischer Alko-
    hole (Begleitsubstanzen alkoholischer Getränke) im Blut mit Hilfe der Headspace-Analyse.
    Blutalkohol 20:411–421
Bonte W (1987) Begleitstoffe alkoholischer Getränke. Schmidt-Römhild, Lübeck
Bonte W, Busse J (1980) Möglichkeiten einer blut- und urinanalytischen Getränkeartbestim-
    mung. Blutalkohol 17:49–57
Bonte W, Hey F (1983) Zur Frage der Lagerungsveränderungen von Begleitstoffbefunden in
    Blut- und Urinproben. Blutalkohol 20:109–122

Bonte W, Kühnholz B (1983) Möglichkeiten und Grenzen des Begleitstoffverfahrens bei der Beurteilung von Nachtrunkbehauptungen. In: Barz J, Bösche J, Frohberg H, Joachim H, Käppner R, Mattern R (Hrsg) Fortschritte der Rechtsmedizin. Festschrift für G. Schmidt. Springer, Berlin Heidelberg New York, S 210–216

Bonte W, Kühnholz B, Ditt J (1985) Blood methanol levels and alcoholism. In: Valverius MR (ed) Punishment and/or treatment for driving under the influence of alcohol and other drugs. Dalctraf, Stockholm, pp 255–269

Bonte W, Rüdell E, Sprung R, Frauenrath C, Blanke E, Kupilas G, Wochnik J, Zäh G (1981) Experimentelle Untersuchungen zum Nachweis geringer Dosen höherer aliphatischer Alkohole im Blut von Versuchsteilnehmern. Blutalkohol 18:399–411

Bonte W, Rüdell E, Sprung R, Frauenrath C, Facius H, Reihs U, Walther W (1983) Begleitalkoholspiegel im Blut nach dem Konsum alkoholischer Getränke. Blutalkohol 20:313–327

Brinkmann B, Wilhelmi F, Naeve W, Janssen W (1973) Sturztrunk und Trunkenheitsgrad bei niedrigen Blutalkoholkonzentrationen. Beitr Gerichtl Med 30:65–71

Elbel H, Schulz R (1972) Zur forensischen Brauchbarkeit der Doppelentnahme von Alkoholblutproben. Z Rechtsmed 72:233–237

Gilg T, v Meyer L, Liebhardt E (1987) Zur Bildung und Akkumulation von endogenem Methanol unter Äthanolbelastung. Blutalkohol 24:321–332

Granicky A (1972) Die Bedeutung des Schluß- und Nachtrunkes in der gerichtlichen Praxis. Blutalkohol 9:331–338

Grüner O, Bilzer N (1985) Zur Teilnahme chronischer Alkoholiker am Straßenverkehr. Blutalkohol 22:209–223

Grüner O, Ludwig O, Rockenfeller K (1980) Die Bedeutung der Doppelblutentnahme für die Beurteilung von Nachtrunkbehauptungen. Blutalkohol 17:26–38

Hentschel P, Born R (1990) Trunkenheit im Straßenverkehr, 5. Aufl. Werner, Düsseldorf

Iffland R (1987) Congener-analyses of blood in legal proceedings. Possibilities and problems. In: Bonte W (ed) Congener alcohols and their medicolegal significance. Dalctraf, Stockholm, S 236–252

Iffland R, Skolik C (1984) Bedeutung polizeilicher Ermittlungen für die Bewertung von Nachtrunkbehauptungen. Kriminalistik 38:446–452

Iffland R, Felberbaum R (1988) Begleitalkoholspiegel im Blut und Harn nach dem Konsum von Wein und Sekt. In: Bauer G (Hrsg) Gerichtsmedizin. Festschrift für W. Holczabek. Deuticke, Wien, S 327–335

Iffland R, Staak M, Rieger S (1982) Experimentelle Untersuchungen zur Überpüfung von Nachtrunkbehauptungen. Blutalkohol 19:235–251

Iffland R, Schmidt V, Oehmichen M (1985) Zur Bewertung nichttoxischer Methanolspiegel in Körperflüssigkeiten und Geweben. Acta Med Leg Soc 35:80–88

Iffland R, Kaschade W, Heesen D, Mehne P (1984) Untersuchungen zur Bewertung hoher Methanolspiegel bei Begleitalkoholanalysen. Beitr Gerichtl Med 42:231–236

Iffland R, Schmidt V, Oehmichen M, Schmidtmann U, Norpoth T (1988) Aceton- und Isopropanol-Konzentration im Blut. Abhängigkeit vom akuten und chronischen Alkoholkonsum (Alkoholismus). Blutalkohol 25:80–96

Iffland R, Balling P, Oehmichen M, Lieder F, Norpoth T (1989) Methanol, Isopropanol, n-Propanol – endogene Bildung unter Äthanoleinfluß? Blutalkohol 26:87–97

Kohlhaas S (1988) Langzeitstudie zur Beständigkeit der Begleitalkoholkonzentrationen in Blut- und Urinproben unter Laborbedingungen. Dissertation, Universität Köln

Kühnholz B, Bonte W (1983) Methodische Untersuchungen zur Verbesserung des Fuselalkoholnachweises in Blutproben. Blutalkohol 20:399–410

Kühnholz B, Bilzer N, Bonte W, Rüdell E, Sprung R (1983) Begleitstoffgutachten und Gerichtsentscheide bei Nachtrunkbehauptungen. In: Barz J, Bösche J, Frohberg H, Joachim H, Käppner R, Mattern R (Hrsg) Fortschritte der Rechtsmedizin. Festschrift für G. Schmidt. Springer, Berlin Heidelberg New York, S 217–222

Machata G, Prokop L (1971) Über Begleitsubstanzen alkoholischer Getränke im Blut. Blutalkohol 8:349–353

Majchrowicz E, Mendelson JH (1971) Blood methanol concentrations during experimentally induced ethanol intoxication in alcoholics. J Pharm Exp Therap 179:293–300

Rüdell E, Bonte W, Sprung R, Frauenrath C (1981) Anflutungssymptomatik nach exzessivem Trinkverhalten. Blutalkohol 18:326–330

Rüdell E, Bonte W, Sprung R, Kühnholz B (1983) Zur Pharmakokinetik der höheren aliphatischen Alkohole. Beitr Gerichtl Med 41:211–218

Schütz H (1991) Die forensische Begleitstoffanalyse. GIT Fachz Lab 35:412–420

Sprung R, Bonte W, Rüdell E (1983) Der Nachweis von Begleitstoffen alkoholischer Getränke und deren Metaboliten in Blut- und Harnproben. Beitr Berichtl Med 41:219–222

Staak M, Springer E, Baum H (1976) Vergleichende Untersuchungen über den Aussagewert des Harnalkohol-Blutalkoholquotienten unter experimentellen Bedingungen sowie im Probenmaterial. Blutalkohol 13:100–110

Wehner HD, Schieffer MC (1989) Eliminationseigenschaften des Begleitstoffes n-Propanol. Blutalkohol 26:28–41

Wolf M, Urban R, Weller JP, Tröger HD (1985) Zur Begleitstoffanalytik. 1. Mitteilung: Anwendung einer kapillargaschromatographischen Mikromethode bei der Dampfraumanalyse. Blutalkohol 22:321–332

Zink P, Reinhardt G (1971) Zur Theorie der Äthanolausscheidung im menschlichen Urin. Blutalkohol 8:1–15

Zink P, Reinhardt G (1981) Der Beweiswert von Doppelblutentnahmen. Blutalkohol 18:377–386

Zur Bedeutung des Blutalkoholwertes
für die Beurteilung der Schuldfähigkeit

Günter Schewe

Diskussionsstand

Korrelationen zwischen Blutalkoholwert und Schuldfähigkeit

Juristen und Mediziner sind sich einig darüber, daß im allgemeinen bei Blutalkoholwerten ab 3‰ Schuldunfähigkeit und ab 2‰ erheblich verminderte Schuldfähigkeit
in Betracht kommt[1]. Unwidersprochen blieb auch, daß der Bundesgerichtshof im Rahmen der Beurteilung von Tötungsdelikten um 10 % höhere Werte zugrunde legen will:
Die Untergrenze für die regelmäßige Annahme erheblich verminderter Schuldfähigkeit sei im Hinblick auf die erhöhte Hemmschwelle bei Angriffen auf das Leben „allgemein bei 2,2‰" anzusetzen; bei Tötungsdelikten sei erst ab etwa 3,3‰ Schuldunfähigkeit „regelmäßig nicht ausgeschlossen[2]."
  Einigkeit besteht auch darüber, daß angesichts der Vielzahl der möglichen wirksa-
men Variablen zwischen Blutalkoholkonzentration und psychischer Verfassung keine
gleichbleibende Korrelation besteht (Rasch), also kein „funktionaler Zusammenhang,
sondern eine stochastische Abhängigkeit" (Gerchow)[3].
  Umstritten ist jedoch, welche Konsequenzen hieraus unter Berücksichtigung des
Satzes „im Zweifel zugunsten des Angeklagten" („in dubio pro reo", „Zweifelssatz")
für die Beurteilung der Schuldfähigkeit zu ziehen sind.

Umstrittene Schlußfolgerungen

Im juristischen, forensisch-psychiatrischen und rechtsmedizinischen Schrifttum wird
nahezu einhellig die Meinung vertreten, entscheidend für die Beurteilung der Schuldfähigkeit sei die psychische Befindlichkeit des Täters zur Zeit der Tat; somatische Befunde wie morphologisch faßbare Hirnveränderungen, toxikologisch nachgewiesene
psychotrope Substanzen oder Blutalkoholwerte könnten zwar gewisse Hinweise auf
psychische Veränderungen liefern, hätten aber grundsätzlich diesen gegenüber nach-
rangige Bedeutung. Für die Beurteilung der Schuldfähigkeit bei fraglichem Alkoholeinfluß sei also – wenn sonst keine psychischen Störungen der Primärpersönlichkeit
vorliegen – in erster Linie maßgebend das Ausmaß der alkoholbedingten psychischen

---

[1] BGH Blutalkohol 1991, 259, 260.
[2] Blutalkohol 1991, 116, 117.
[3] Rasch (1986), 199; Gerchow, Blutalkohol 1985, 152, 156; BGH Blutalkohol 1991, 259. Zum
Unterschied von funktionalem und stochastischem Zusammenhang vgl. Sachs, S. 298.

Veränderungen, also das Vorhandensein oder Nichtvorhandensein von Trunkenheitszeichen. Die genannten Blutalkoholwerte seien gegenüber solchen „psychodiagnostischen Kriterien" prinzipiell von nachrangiger Bedeutung. Der Stellenwert wird dabei
nicht ganz einheitlich beurteilt; z.T. wird gesagt, die Frage, ob Trunkenheit die
Schuldfähigkeit ausschließe oder (erheblich) vermindere, dürfe nicht schematisch nach
bestimmten Blutalkoholwerten beurteilt werden; bei den dargestellten Zusammenhängen handle es sich nur um grobe Faustregeln, die nicht mehr als einen ersten Anhaltspunkt lieferten[4]; z.T. wird auch der Blutalkoholwert als ein „wichtiger Mosaikstein"
bezeichnet[5].

In der höchstrichterlichen Rechtsprechung ließ sich bis Ende der 70er Jahre keine
eindeutig vorherrschende Auffassung ausmachen; ebensowenig konnte man eindeutige
Differenzen zwischen den verschiedenen Senaten des BGH erkennen; allenfalls schien
es gelegentlich unterschiedliche Akzentuierungen zu geben[6].

Seit Ende der 70er Jahre hat jedoch der 4. Strafsenat des BGH (Verkehrssenat) dem
Blutalkoholwert einen zunehmend höheren, den psychodiagnostischen Kriterien einen
zunehmend geringeren Stellenwert eingeräumt, insbesondere bei der Feststellung der
„erheblich verminderten Schuldfähigkeit" i.S. des § 21 StGB:

Es sei den Psychiatern bisher nicht gelungen, die erheblichen Störungen der Selbstbestimmung in Form der Beeinträchtigung des Hemmungsvermögens in ihrer Abweichung von einem Normalmaß zu beschreiben und die Grenzen menschlicher Motivierbarkeit durch Normen festzustellen. Der 4. Senat meint deshalb, „daß eine Blutalkoholkonzentration von 2‰ und mehr einen Umstand darstellt, der aufgrund eines
gesicherten – statistischen – Erfahrungssatzes den Schluß auf eine erhebliche Verminderung des Steuerungsvermögens ermöglicht", und daß dieser Schluß im allgemeinen
auch – nach dem Grundsatz „in dubio pro reo" – zu ziehen sei. Zwar sei „die Möglichkeit der Beurteilung der Steuerungsfähigkeit eines alkoholisierten Täters nach psychopathologischen Kriterien nicht ausgeschlossen. Im Idealfall einer in unmittelbarem Zusammenhang mit dem Tatgeschehen durch einen fachkundigen Mediziner vorgenommenen subtilen Psychodiagnostik aus dem Erscheinungsbild, dem (Leistungs-)Verhalten des Täters oder sonstigen Umständen ist es möglich, sichere Rückschlüsse auf ein
erhalten gebliebenes oder beeinträchtigtes Hemmungsvermögen zu ziehen. Auch dürfte in Fällen, in denen der Täter im Zusammenhang mit der Tat trotz erheblicher Alkoholisierung außergewöhnliche (fein)motorische Körperbeherrschung zeigt, ein Schluß
von dem festgestellten Leistungsverhalten auf erhalten gebliebene Steuerungsfähigkeit
möglich sein[7]". Abgesehen von derartigen Ausnahmefällen seien keine Beurteilungskriterien zur Rekonstruktion der psychischen Befindlichkeit des Täters zur Tatzeit von
solcher Überzeugungskraft ersichtlich, die geeignet wären, den aufgezeigten Erfah-

---

[4] Vgl. im einzelnen die Nachweise in der in Anm. 1 zitierten BGH-Entscheidung sowie bei
Schewe, 1982, S. 171 f. und 1986, S. 39 f. Anders im forensisch-psychiatrischen Schrifttum,
soweit ersichtlich, nur Haddenbrock, MschrKrim 1988, 402.

[5] Rasch (1986) a.a.O.

[6] Vgl. im einzelnen die Übersicht bei Lenckner in: Schönke-Schröder, § 20, Rdn. 17.

[7] Vgl. BGH Blutalkohol 1991, 259 ff., 262, unter Hinweis auf eine Entscheidung des 2. Senats
vom 21.10.1981 – 2StR 264/61 („Fassadenklettererfall", bislang unveröffentlicht) und die Entscheidung BGHSt 35, 308 (1. Strafsenat).

rungssatz in bezug auf eine Blutalkoholkonzentration von 2‰ (bzw. 2,2‰ bei Tötungsdelikten) und mehr zu entkräften.

Analog dem verkehrsrechtlichen „Grenzwert der alkoholbedingten absoluten Fahruntüchtigkeit" von 1,1‰ könnte man hier also (fast) von einem „Grenzwert der alkoholbedingten absoluten verminderten Schuldfähigkeit" sprechen, weil ein Gegenbeweis nach psychodiagnostischen Kriterien praktisch – abgesehen von ganz exzeptionellen Fällen – nicht mehr zugelassen werden soll.

Bei der Abgrenzung von erheblich verminderter Schuldfähigkeit und Schuldunfähigkeit will der 4. Senat allerdings nicht ganz so rigoros verfahren: Zwar sei bei einer Blutalkoholkonzentration von 3‰ (bei Tötungsdelikten ab etwa 3,3‰) Schuldunfähigkeit regelmäßig nicht ausgeschlossen; eine derartige Alkoholisierung bedinge aber nicht zwangsläufig Schuldunfähigkeit; es bedürfe „daher bei der Prüfung der Voraussetzungen des § 20 StGB unter Einbeziehung des Blutalkoholwertes ... einer Gesamtschau aller wesentlichen objektiven und subjektiven Umstände, die sich auf das Erscheinungsbild und das Verhalten des Täters vor, während und nach der Tat beziehen[8]".

Indessen will der Senat auch in diesem Zusammenhang anscheinend der Blutalkoholkonzentration einen relativ hohen Stellenwert gegenüber den psychodiagnostischen Kriterien beimessen.

Die Auffassung des 4. Strafsenats insbesondere zur Bedeutung des Blutalkoholwertes für die Feststellung der erheblich verminderten Schuldfähigkeit wird offenbar nicht vom 1. und 2. Strafsenat des BGH geteilt. Der 1. Senat hatte in 2 Entscheidungen aufgrund psychodiagnostischer Kriterien eine „erheblich verminderte Schuldfähigkeit" für ausgeschlossen erachtet, obwohl sich mögliche maximale Tatzeitblutalkoholwerte von erheblich über 2‰ errechnen ließen[9]; der 2. Senat hatte es unbeanstandet gelassen, daß die Schwurgerichtskammer sich außerstande gesehen hatte, Feststellungen über die getrunkenen Alkoholmengen zu treffen und daraufhin die Blutalkoholkonzentration zur Tatzeit berechnen zu lassen; rechtlich einwandfrei sei die Annahme, daß hier der Alkoholisierungsgrad zum Tatzeitpunkt nur aufgrund der äußeren und inneren Merkmale des Individualgeschehens und der Gesamtumstände, insbesondere des vom Angeklagten gezeigten Leistungsverhaltens beurteilt werden könne[10].

Heifer sieht hier eine zwischen den Senaten des BGH „entbrannte Streitfrage[11]", Blau[12] eine „Außen- und Innendivergenz einzelner Senate". Der Vorsitzende des 4. Strafsenats, Salger, hatte seine Auffassung in einem Festschriftbeitrag eingehend dargelegt[13], v. Gerlach, Mitglied des 1. Strafsenats des BGH, begründete dessen Position (Gegenposition?) ausführlich[14] und vertrat die Ansicht, eine Divergenz, die sich zwi-

---

[8] BGH Blutalkohol 1991, 116, 117.

[9] BGHSt 35, 308; BGH NJW 1990, 778.

[10] „Fassadenklettererfall" (s. Anm. 7). Die Auffassung des 1. und 2. Senats (vgl. Anm. 7, 8, 9) entspricht der nahezu einhelligen Auffassung im juristischen Schrifttum (vgl. Lenckner, s. oben Anm. 6; Schild, §§ 20, 21, Rdn. 156) sowie im rechtsmedizinischen und forensisch-psychiatrischen Schrifttum. Soweit ersichtlich, findet die Rechtsprechung des 4. Strafsenats nur die Zustimmung von Haddenbrock (s. oben Anm. 4).

[11] Blutalkohol 1990, 436 ff.

[12] Blutalkohol 1989, 1 ff.

[13] Festschrift für Gerd Pfeiffer, S. 379 ff.

[14] Blutalkohol 1990, 305 ff.; Aktuelle Probleme der Strafrechtspflege, 165.

schen den Entscheidungen des 1. und 4. Strafsenats anzubahnen schien, sei nicht zu erkennen.

Die hier erwähnte, soweit ersichtlich, letzte einschlägige Entscheidung des 4. Strafsenats[15] bemüht sich offenbar – ähnlich wie v. Gerlach aus der Gegenposition des 1. Senats –, die Kontroverse zum 1. und 2. Senat zu entschärfen, indem sie deren Entscheidungen im Ergebnis akzeptiert; gleichzeitig betont aber der 4. Senat seine Auffassung, nur bei exzeptionellen Konstellationen könne von dem Grundsatz, daß ab 2‰ stets erheblich verminderte Schuldfähigkeit anzunehmen sei, abgewichen werden.

Bei den genannten Entscheidungen des 1. und 2. Strafsenats spielte für die Relativierung der Tatzeitblutalkoholkonzentration die Unsicherheit bzw. die völlige Ungewißheit über die wirkliche Blutalkoholkonzentration zur Tatzeit eine nicht unerhebliche Rolle. Über die Bedeutung solcher Unsicherheiten hinsichtlich der Tatzeitblutalkoholkonzentration werden wiederum sehr unterschiedliche Auffassungen vertreten.

Bedeutung der durch Berechnung ermittelten Tatzeitblutalkoholkonzentration

Bei kurzem zeitlichen Abstand zwischen Tat und Blutentnahme lassen sich relativ genaue Feststellungen über die Tatzeitblutalkoholkonzentration treffen. Oft aber wird ein Delinquent erst längere Zeit nach der Tat gestellt. Ist der Zeitabstand nicht allzu groß, so ist es prinzipiell noch möglich, eine Blutprobe zu entnehmen und vom Blutalkoholwert auf den Tatzeitpunkt zurückzurechnen. Eine solche Rückrechnung ist jedoch mit erheblichen Unsicherheiten behaftet: Der stündliche Abbauwert liegt nach rechtsmedizinischer Erfahrung zwischen 0,1 und 0,2‰; weitere Unsicherheitsmomente liegen darin, daß es bei noch nicht abgeschlossener Resorption zu einem verzögerten Abfall der Blutalkoholkurve kommen kann, daß aber andererseits bei einem „Diffusionssturz" kurzzeitig ein steilerer Abfall möglich ist.

Nach dem Grundsatz „in dubio pro reo" ist nach dem 4. Senat zur Beurteilung der Schuldfähigkeit bei der Rückrechnung stets der mögliche Maximalwert zum Tatzeitpunkt zu berechnen; nach einer von der Rechtsmedizin erarbeiteten und inzwischen von der höchstrichterlichen Rechtsprechung akzeptierten Formel wäre vom Blutentnahmewert aus auf den Tatzeitpunkt zurückzurechnen, indem ein stündlicher Abbauwert von 0,2‰ zugrunde gelegt und ein weiterer einmaliger Zuschlag von 0,2‰ hinzugerechnet wird.

Wurde wegen des großen Zeitabstandes zwischen Tat und Ergreifung des Täters auf eine Blutentnahme verzichtet, so wird vom 4. Senat eine Berechnung der Tatzeitblutalkoholkonzentration aufgrund vom Täter oder von Zeugen angegebenen Trinkmengen und Trinkzeiten gefordert, wobei nunmehr sozusagen mit umgekehrten Vorzeichen gerechnet werden soll – also zugunsten des Angeklagten die maximal mögliche Trinkmenge, der niedrigste Abbauwert und im übrigen diejenigen Rechengrößen zugrunde zu legen wären, die den höchstmöglichen Blutalkoholwert zur Tatzeit ergeben würden.

---

[15] Blutalkohol 1991, 259 ff.

Aus den Unsicherheiten bei der Berechnung, die sich insbesondere bei Rückrechnungen über einen längeren Zeitraum auswirken, ergeben sich oft erhebliche Differenzen zwischen dem möglichen maximalen Tatzeitblutalkoholwert und dem möglichen Mindestwert, ja auch schon zwischen dem möglichen Maximalwert und dem berechenbaren Durchschnittswert; in Fällen, in denen keine Blutentnahme erfolgte und man bei Berechnung der Tatzeitblutalkoholkonzentration nur auf Angaben des Täters oder von Zeugen über Trinkmengen angewiesen ist, besteht bereits Ungewißheit über die Trinkmenge als Berechnungsgrundlage; die Extremwertberechnungen ergeben in solchen Fällen noch weit größere Differenzen.

Im rechtsmedizinischen und forensisch-psychiatrischen Schrifttum wird deshalb einhellig die Auffassung vertreten, daß Blutalkoholwerte, die lediglich aufgrund höchst unsicherer Berechnungen als theoretisch mögliche Maximalwerte errechenbar sind, keine geeignete Grundlage mehr für die Beurteilung der Schuldfähigkeit abgeben können. – Danach wäre einem hohen Blutalkoholwert als Indiz für Schuldunfähigkeit oder erheblich verminderte Schuldfähigkeit um so geringeres Gewicht beizumessen, je größer die Unsicherheiten aufgrund der Maximalwertberechnung bzw. der Trinkmengenfeststellung sind. In Extremfällen, in denen lediglich nicht nachprüfbare Angaben über Trinkmengen und Trinkzeiten vorliegen, ließe sich aus dieser Sicht überhaupt kein Blutalkoholwert mehr ermitteln, der ein taugliches Indiz für die Beurteilung der Schuldfähigkeit liefern könnte. In diesem Falle wäre die Beurteilung der Schuldfähigkeit ausschließlich auf psychodiagnostische Kriterien zu stützen; im übrigen würden diese Kriterien um so höheres Gewicht erlangen, je unsicherer die Feststellungen über die Tatzeitblutalkoholkonzentration sind.

Diese Auffassung wird auch vom 1. und 2. Strafsenat des BGH vertreten[16]: Der 1. Senat hatte aufgrund „psychodiagnostischer Kriterien" eine „erheblich verminderte Schuldfähigkeit" für ausgeschlossen erachtet, obwohl sich „mögliche maximale Tatzeitblutalkoholwerte" von erheblich über 2‰ errechnen ließen: Im einen Fall ergab sich bei einer Rückrechnungszeit von über 9 h ein möglicher Maximalwert von 2,54‰[17], im zweiten Fall aufgrund von Trinkmengenangaben ein möglicher Maximalwert von 2,82‰[18]. Der 2. Senat hatte es unbeanstandet gelassen, daß die Schwurgerichtskammer sich nach den Urteilsgründen außerstande gesehen habe, Feststellungen über die getrunkenen Alkoholmengen zu treffen: Rechtlich einwandfrei sei die Annahme, daß – da die Gesamttrinkmenge nicht feststellbar sei – der Alkoholisierungsgrad zum Tatzeitpunkt nur aufgrund der äußeren und inneren Merkmale des Individualgeschehens und der Gesamtumstände, insbesondere des vom Angeklagten gezeigten Leistungsverhaltens, beurteilt werden könne[19].

Demgegenüber vertritt der 4. Strafsenat[20] in ständiger Rechtsprechung die Auffassung, nach dem Zweifelssatz sei stets die höchstmögliche Tatzeitblutalkoholkonzentration zu berechnen; der Tatrichter habe bei fehlender Blutprobe von maximal möglichen Trinkmengen auszugehen und denjenigen Berechnungsmodus zugrunde zu legen, nach dem sich die maximal mögliche Tatzeitblutalkoholkonzentration ergebe. Der so

---

[16] Vgl. a.a.O. (Anm. 9, 10).
[17] BGHSt 35, 308.
[18] BGH NJW 1990, 778.
[19] „Fassadenkletterer"fall; vgl. Anm. 7.
[20] Blutalkohol 1991, 259.

berechnete Tatzeitmaximalwert sei stets der Beurteilung der Schuldfähigkeit zugrunde zu legen. Dann sei nach den oben im einzelnen dargestellten Beurteilungsgrundsätzen zu verfahren.

Zum Pro und Kontra im einzelnen

Die Diskussion „Psychodiagnostik vs. Promillediagnostik" wird auf verschiedenen Argumentationsebenen geführt: Grundsätzliche Erwägungen über die Beziehungen zwischen somatischen Befunden und Schuldfähigkeit, über das Verhältnis von Empirie und Wertung bei Feststellung der Schuldunfähigkeit und der verminderten Schuldfähigkeit sowie der Differenzierung beider gegeneinander und gegenüber der vollen strafrechtlichen Verantwortlichkeit werden vorgebracht; die Bedeutung von Erfahrungssätzen mit verschiedenen Blutalkoholwerten ebenso wie die Bedeutung des Indubio-Satzes steht in diesem Zusammenhang zur Diskussion. Weiter werden Perspektiven der Rechtspraxis (Verfahrensökonomie, Rechtsgleichheit, Manipulierbarkeit, Plausibilität, Akzeptanz) angeführt.

Perspektiven der Rechtspraxis

Salger[21] sieht in der Beurteilung der Schuldfähigkeit nach Blutalkoholwerten unter Hintanstellung psychodiagnostischer Kriterien v.a. eine Möglichkeit für die Strafjustiz, das „Massenproblem der alkoholbedingten erheblichen Verminderung der Schuldfähigkeit" rechtlich unbedenklich zu bewältigen. In der Mehrzahl der Fälle seien außer der Errechenbarkeit des Blutalkoholwertes auf die Tatzeit keine beweisbaren und damit feststellbaren anderweitigen Anzeichen auszumachen, die einen Rückschluß auf den Grad der Trunkenheit zuließen. Gerade die „Normalfälle" der täglichen Praxis hätten zugleich das Grenzproblem zwischen voll erhaltener Schuldfähigkeit und ihrer erheblichen Verminderung, also den Übergang von der Angetrunkenheit zur Betrunkenheit zum Gegenstand. Den Psychiatern sei es bisher nicht gelungen, die erheblichen Störungen der Selbstbestimmung in Form der Beeinträchtigung des Hemmungsvermögens in ihrer Abweichung von einem Normalmaß zu beschreiben. Andererseits habe die Alkoholforschung heute einen Stand erreicht, der dem Richter Faustregeln entsprechend denen über die Beurteilung der Fahrtüchtigkeit an die Hand geben könne, um in der Regel ohne Zuziehung eines Sachverständigen über die Frage der verminderten Schuldfähigkeit zu entscheiden. Dafür biete sich eine schematisierende Verallgemeinerung des singulären Kausalfaktors „BAK-Wert" an, die zugleich Rechtsgleichheit und Rechtssicherheit in den „Normalfällen" im Grenzbereich des § 21 StGB garantiere.

Zu konzedieren ist, daß dies für die „Normalfälle" der täglichen Praxis zutreffen mag, soweit es dabei um kleinere und mittlere Kriminalität geht. Bei Richtern, die es vorwiegend oder ausschließlich mit solchen Delikten zu tun haben, findet man oft uneingeschränkte Zustimmung zur Rechtsprechung des 4. Senats.

------

[21] a.a.O. (Anm. 13).

Anders ist die Sachlage jedoch im Bereich der Schwerkriminalität und insbesondere bei Tötungsdelikten: Auffallend häufig hat der 4. Senat in den vergangenen Jahren Veranlassung gefunden, seinen Standpunkt zu bekräftigen und erstinstanzliche Urteile aufzuheben, weil diese Gerichte den psychodiagnostischen Kriterien vorrangige Bedeutung beigemessen hatten. Typischerweise handelte es sich hier entweder um eingehender geplante Straftaten, um Delikte, die beim gemeinsamen Alkoholkonsum ausbaldowert und dann ausgeführt wurden, oder eben um Tötungsdelikte, bei denen die Tatumstände, das Vor- und das Nachtatverhalten gegen eine erhebliche Verminderung der Schuldfähigkeit sprachen – jedenfalls nicht um ein „Massenproblem" oder um „Normalfälle der täglichen Praxis". Es mag sein, daß den Richtern der einen oder der anderen Strafkammer oder vielleicht auch den dort tätigen Sachverständigen das Anliegen des 4. Senats bei ihren Entscheidungen nicht hinlänglich deutlich geworden ist – aber vielleicht hat man damit auch gewisse Akzeptanz- und Plausibilitätsprobleme gehabt, wie sie im Verkehrsstrafrecht nicht annähernd bestanden haben: Jede Herabsetzung des „Grenzwertes der alkoholbedingten absoluten Fahruntüchtigkeit" durch den 4. Senat wurde von allen Tatsacheninstanzen so uneingeschränkt akzeptiert, daß weitere Entscheidungen des Senats zur Bekräftigung seines Standpunktes nicht notwendig gewesen waren. Bei der Beurteilung der Schuldfähigkeit nach Blutalkoholwerten ist solch uneingeschränkte Akzeptanz der Auffassung des 4. Senats dagegen nicht festzustellen.

Wenig einleuchtend erscheint offenbar auch den Strafkammern, daß ein höchst unsicherer, über lange Rückrechnungszeiten oder aus bloßen Trinkmengenangaben ermittelter „möglicher maximaler Tatzeitblutalkoholwert" für die Beurteilung der Schuldfähigkeit die gleiche Bedeutung haben soll wie ein sicher festgestellter Wert. Daran würde sich auch wenig ändern, wenn man bei Tötungsdelikten die „Grenzwerte" um 10% höher ansetzt: Bei der Rückrechnung würde der höhere Grenzwert von 2,2‰ erreicht sein, wenn die Blutentnahme 1 h später stattfände, der kritische Wert von 3,3‰ entspräche einer Verzögerung um 1 1/2 h; bei Trinkmengenangaben wäre es u.U. bereits entscheidend, ob der Täter 1 bis 2 Gläser Bier mehr angibt.

Im Unterschied zur Verkehrsdelinquenz unter Alkoholeinfluß ist generell weit häufiger bei planvoll durchgeführten schweren Straftaten und bei Tötungsdelikten damit zu rechnen, daß der Täter erst längere Zeit nach der Tat gestellt wird. Hier eröffnen sich ihm allzu viele Möglichkeiten, über Trinkmengenangaben die Entscheidung über die Schuldfähigkeit zu manipulieren. Im „Normalfall" der kleinen oder mittleren Kriminalität wird die Bereitschaft, sich damit abzufinden, vermutlich größer sein als bei schweren und schwersten Straftaten.

Erfahrungssätze und Blutalkoholwerte

Unbestreitbar entspricht es der medizinischen Erfahrung, daß bei Blutalkoholwerten ab 2‰ nicht selten die Voraussetzungen einer alkoholbedingten erheblichen Verminderung der Schuldfähigkeit vorliegen[22]. – Problematisch ist jedoch die darauf gegrün-

---

[22] Vgl. im einzelnen die Nachweise in der Entscheidung des BGH Blutalkohol 1991, 259; vgl. dort auch im einzelnen die Angaben über die unterschiedlich weitreichend formulierten Aussagen (ab 2‰ „kaum vertretbar", eine erhebliche Verminderung der Schuldfähigkeit auszuschlie-

Fortsetzung nächste Seite

dete These des BGH, „daß eine Blutalkoholkonzentration von 2‰ und mehr einen Umstand darstellt, der aufgrund eines gesicherten – statistischen – Erfahrungssatzes den Schluß auf eine erhebliche Verminderung des Steuerungsvermögens ermöglicht", und ebenso die These, daß dieser Schluß auch – weil möglich – wegen des In-dubio-Satzes nahezu ausnahmslos gezogen werden müsse.

Zunächst: Ein „statistischer Erfahrungssatz" läßt sich, soweit ersichtlich, im einschlägigen medizinischen Schrifttum nicht ausmachen; es kann ihn auch nicht geben, weil die Materie einer statistischen Erfassung nicht zugänglich ist; denn jede Tat hat ihr eigenes Gepräge, und statistische Aussagen können immer nur an eine große Zahl gleichgelagerter Fälle anknüpfen[23].

Im übrigen könnte ein solcher „Erfahrungssatz" allenfalls bedeuten, daß in vielen oder den meisten Fällen bei Blutalkoholwerten ab 2‰ bestimmte beobachtbare Ausfälle vorliegen. Aber dieser "Erfahrungssatz" vermittelt keine Einsichten oder Erkenntnisse über innerseelische Vorgänge, die jenseits beobachteter und beobachtbarer psychodiagnostischer Kriterien liegen, insbesondere: Das empirischen Feststellungen prinzipiell nicht zugängliche „Hemmungsvermögen", das vom 4. Senat als entscheidendes Kriterium angeführt wird, offenbart sich über den „Erfahrungssatz" aus Blutalkoholwerten durchaus nicht in neuartiger Weise. – Der „Erfahrungssatz" könnte also allenfalls insoweit zur Überbrückung von Ungewißheit taugen, als über das Vorliegen oder Nichtvorliegen beobachtbarer Ausfälle Ungewißheit besteht. Nur dann und nur insoweit ist es möglich und nach dem Zweifelssatz erforderlich, zugunsten des Angeklagten zu unterstellen, daß Ausfälle der erfahrungsgemäß in derartigen Konzentrationsbereichen beobachtbaren Art vorgelegen hätten. Soweit aber bewiesen ist, daß jene beobachtbaren Ausfälle, die sich juristisch als „erhebliche Verminderung der Schuldfähigkeit" bewerten lassen, *nicht* vorgelegen haben, darf nicht aufgrund des Zweifelssatzes unterstellt werden, sie hätten doch vorgelegen.

Freilich sind die psychodiagnostischen Kriterien, nach denen Schuldfähigkeit und verminderte Schuldfähigkeit unterschieden werden sollen, umstritten und lassen sich auch nicht annähernd in der Weise definieren wie etwa die deskriptiven Tatbestandsmerkmale der Straftatbestände des Besonderen Teils des StGB. Der Hinweis, es gebe bisher keine „zuverlässigen empirischen Tatsachenerkenntnisse" über die Feststellung bzw. den Ausschluß erheblich verminderter Schuldfähigkeit[24], mag aus einer an juristischen begrifflichen Definitionen orientierten Sichtweise verständlich erscheinen. Der These: „Dem wissenschaftlich gesicherten statistischen Erfahrungssatz über den Einfluß der Blutalkoholkonzentration auf die Schuldfähigkeit in Fällen der hier behandelten Art stehen bisher keine auch nur annähernd ähnlich gesicherten Erfahrungssätze aus dem psychodiagnostischen Bereich gegenüber" ist jedoch zu widersprechen; denn der gemeinte Erfahrungssatz kann sich nur auf Feststellungen aus dem „psychodiagnostischen Bereich" beziehen; er kann keine Erkenntnisse über das Vorhandensein oder Nichtvorhandensein oder die Herabsetzung des „Hemmungsvermögens" vermitteln, und er kann nicht Unsicherheiten oder Meinungsverschiedenheiten über die Be-

---

ßen; Zuordnung des § 21 StGB zu Blutalkoholwerten über 2‰ wird „oft den tatsächlich gegebenen Verhältnissen gerecht"; „Faustregel"; „Orientierungshilfe"; „diagnostisches Hilfsmittel von untergeordneter Bedeutung").

[23] Vgl. im einzelnen: Schewe, Blutalkohol 1991, 264 ff, 265.

[24] Vgl. BGH Blutalkohol 1991, S. 262.

deutung psychodiagnostischer Kriterien überbrücken. Allenfalls verweist er auf die grundsätzliche Problematik des Rechtsinstituts der „erheblich verminderten Schuldfähigkeit".

Psychodiagnostische Kriterien und „erheblich verminderte Schuldfähigkeit"

Das Rechtsinstitut der „erheblich verminderten Schuldfähigkeit" wurde eingeführt, weil die forensische Psychiatrie zu der Überzeugung gelangt war, es gebe entsprechende beobachtbare und prinzipiell einer Beweisführung zugängliche psychodiagnostische Kriterien, die aus Gründen der Gerechtigkeit der Einzelfallentscheidung berücksichtigt werden müßten. Wilmanns, prominentester Gegner der „verminderten Zurechnungsfähigkeit", hatte demgegenüber die Auffassung vertreten, es gebe keine hinreichend sicheren psychodiagnostischen Möglichkeiten. Alle Argumente, die jetzt vom 4. Strafsenat *für* die generelle Zuschreibung verminderter Schuldfähigkeit nach dem „2-Promille-Grenzwert" unter Hinweis auf die Untauglichkeit psychodiagnostischer Kriterien vorgebracht werden, hatte Wilmanns bereits 1927 *gegen* die gesetzliche Einführung der „verminderten Zurechnungsfähigkeit" überhaupt geltend gemacht[25]. Hingewiesen wurde u.a. auf die Gefährdung der „Gleichmäßigkeit der Rechtsanwendung", auf größere Abgrenzungsschwierigkeiten als bei der Unterscheidung zwischen Zurechnungsfähigkeit und Zurechnungsunfähigkeit, auf die Gefahr des Überhandnehmens der Sachverständigenfragen.

Trotz dieser Bedenken wurde die Einführung des Rechtsinstituts der verminderten Zurechnungsfähigkeit für notwendig erachtet, um den Erfordernissen der Einzelfallgerechtigkeit bei erheblichen psychischen Störungen, aber nicht gänzlich aufgehobener Schuldfähigkeit zu entsprechen[25a]. Mit dieser Ratio legis erscheint aber die These nur schwer vereinbar, das „Massenproblem der alkoholbedingten erheblich verminderten Schuldfähigkeit" müsse durch schematisierende Verallgemeinerung des singulären Kausalfaktors „BAK-Wert" bewältigt werden. Eher schon entspräche es dann der Ratio legis, der Argumentation von Jakobs[25b] zu folgen, daß die Entscheidung über die verminderte Schuldfähigkeit als richterlicher Wertungsakt die „Verschuldung" der alkoholbedingten psychischen „Defektlage" auch dann zu berücksichtigen habe, wenn keine „actio libera in causa" vorliegt. Da es streng genommen eine „erheblich verminderte Schuld*fähigkeit*" ohnehin nicht geben kann (Blau[25c]), sondern allenfalls erheblich „verminderte Schuld", wäre nach Jakobs bei verschuldeter alkoholbedingter „Defektlage" aus juristisch wertenden Gründen generell die Schuld(fähigkeit) nicht als „erheblich vermindert" anzusehen.

Folgt man dem nicht, so bleibt jedenfalls klarzustellen: Selbst wenn es gelingen sollte, aufgrund empirisch-diagnostischer Kriterien die Abweichung vom Durchschnittlich-Normalen quantitativ exakt zu bestimmen, so würde dies doch keine Aussage darüber ergeben, ob die jeweilige Abweichung das Ausmaß einer „erheblich" verminderten Schuldfähigkeit erreicht hat oder nicht. Diese Zäsur kann nur durch rich-

---

[25] Wilmanns, die sog. verminderte Zurechnungsfähigkeit, 1927.
[25a] Vgl. Jescheck, S. 359 m.w.Nachw. ebd. Anm. 52.
[25b] S. 440 ff., 443.
[25c] Blutalkohol 1989, 1.

terlich wertende Entscheidung gesetzt werden[26]. Aber dieser Entscheidungsakt hätte nur dann seine Berechtigung, wenn er sich primär auf das Ausmaß der psychischen Veränderungen gründen könnte und primär an diesen „Anknüpfungstatsachen" orientiert bliebe.

Freilich wird damit die Frage nach den Beziehungen zwischen somatischen Befunden und Psychodiagnostik angesprochen.

Beziehungen zwischen somatischen Befunden, insbesondere Blutalkoholwerten, und Schuldfähigkeit

Ohne Zweifel gibt es somatische Extrembefunde, die eine geordnete Hirntätigkeit mit Sicherheit ausschließen – etwa eine massive Zerstörung der Hirnsubstanz oder ein Blutalkoholwert von 5 ‰. Psychodiagnostik erübrigt sich hier – für sie besteht aber in der Regel auch kein Anlaß, da solche Extrembefunde mit der Begehung von Straftaten kaum vereinbar sind. Aber im Zwischenbereich zwischen Extrem- und Normalbefunden gibt es zwischen Psyche und somatischem Befund keine strenge funktionale Abhängigkeit, sondern nur nach der Erfahrung zu vermutende Beziehungen. Ein daraus vielleicht ableitbarer Schluß vom somatischen auf den psychischen Befund ist im Einzelfall prinzipiell widerlegbar und kann dadurch widerlegt werden, daß statt des nach der Erfahrung zu vermutenden ein anderer psychischer Befund erhoben wird.

Nur folgende Aussagen sind möglich: Bei massivem einschlägigem somatischem Befund liegt eine psychische Störung nahe. Läßt sie sich aber trotz eingehender Psychodiagnostik nicht verifizieren, so muß man dies als Ausnahmefall verbuchen, oder man kann allenfalls unterstellen, es könnte möglicherweise eine diskrete, psychodiagnostisch nicht faßbare Störung vorgelegen haben. Dann könnte es sich aber eben nicht um eine schwere Störung gehandelt haben. Andererseits: Je beschränkter die psychodiagnostischen Möglichkeiten sind und je sicherer pathologische somatische Befunde erhoben werden, desto eher sind schwerere psychische Störungen zu vermuten und nach dem Zweifelssatz zugunsten des Angeklagten zu unterstellen, soweit sie nicht widerlegbar sind.

Dies entspricht den allgemein in der Medizin vertretenen Beurteilungsgrundsätzen: Bei Blutalkoholwerten deutlich unter 2 ‰ müßten schon deutliche Hinweise auf schwerere psychische Störungen vorliegen, um verminderte Schuldfähigkeit oder Schuldunfähigkeit anzunehmen; dagegen könnte bei Werten über 2 ‰ erheblich verminderte Schuldfähigkeit und bei Werten über 3 ‰ Schuldunfähigkeit nur dann ausgeschlossen werden, wenn entsprechend sichere Feststellungen über psychodiagnostische Kriterien getroffen werden können. Soweit nach diesen Grundsätzen – mit großer Vorsicht – verfahren wird, wird dies offenbar vom 1. und 2. Strafsenat des BGH gebilligt, und die Bereitschaft der Tatrichter, diese Beurteilungsgrundsätze zu akzeptieren, erscheint – jedenfalls bei schwereren Straftaten und insbesondere bei Tötungsdelikten – größer als die Neigung, mehr oder weniger ausschließlich nach Blutalkoholwerten zu urteilen.

---

[26] Vgl. Witter, 46 ff.

Vorbehalte gelten insbesondere den nur aus Trinkmengenangaben errechenbaren, theoretisch „möglichen" maximalen Tatzeitblutalkoholwerten. – Grundsätzlich gilt für die medizinische Diagnostik: Nur wirklich erhobene somatische Befunde können als psychodiagnostische Hilfsmittel verwertet werden; ein bloß möglicher, aber nicht erhobener pathologischer Befund wäre medizinisch gesehen überhaupt kein Befund und also auch kein psychodiagnostisches Hilfsmittel[27]. – Sonst müßte jeder „mögliche" pathologische somatische oder toxikologische Befund nach dem Zweifelssatz zu dem entsprechenden Schluß auf mögliche verminderte Schuldfähigkeit bzw. Schuldunfähigkeit zwingen, sofern dieser Schluß nur möglich wäre. Das müßte dann nicht nur bei behauptetem Alkoholkonsum, sondern auch bei unwiderlegt behaupteter Drogen- oder Medikamenteneinnahme gelten, darüber hinaus für mögliche pathologische psychische Befunde (z.B. müßte bei verweigertem Intelligenztest der niedrigst mögliche IQ unterstellt werden).

Vorbehalte gelten auch der aus Blutalkoholwerten durch Rückrechnung ermittelten möglichen maximalen Tatzeitblutalkoholkonzentration, insbesondere bei längeren Rückrechnungszeiten: Der nach der üblichen Formel (stündlicher „Abbauwert" von 0,2 ‰ + einmaliger Zuschlag von 0,2 ‰) errechnete Wert wird zwar in 99 % der Fälle nicht überschritten[28], so daß ein auf diese Weise berechneter niedriger Blutalkoholwert zum *Ausschluß* von Schuldunfähigkeit bzw. verminderter Schuldfähigkeit herangezogen werden könnte; wenn jedoch der 4. Senat den nach der Maximalwertberechnung „möglichen" Maximalwert als entscheidendes Kriterium zur *Begründung* von Schuldunfähigkeit bzw. verminderter Schuldfähigkeit auffaßt, so würde damit, wenn es allein auf den maximalen Alkoholwert ankäme, bereits eine sehr hohe Fehlerquote in Kauf genommen – zwar zugunsten des Angeklagten, aber aufgrund eines angenommenen „pathologischen Laborwertes", der in 99 % aller Fälle zu hoch angegeben und damit klinisch-diagnostisch wertlos wäre. Allenfalls könnten einigermaßen realistische Blutalkoholwerte zur Fundierung oder Abrundung der Psychodiagnostik mit herangezogen werden, wenn die Rückrechnung dafür entsprechende Anhaltspunkte liefern würde.

Die Frage, bei welchem Wahrscheinlichkeitsgrad man solche „realistischen Anhaltspunkte" als gegeben annehmen müßte, läßt sich nicht global beantworten, sondern muß für den Einzelfall unter Berücksichtigung der aufgrund der Beweisaufnahme feststellbaren „psychodiagnostischen Kriterien" entschieden werden. Einen gewissen Anhalt für das Ausmaß, in dem die Bedeutung der durch Rückrechnung ermittelbaren Maximalwerte zu relativieren wäre, könnte sicherlich die Berechnung des Tatzeitblutalkoholwerts unter Zugrundelegung durchschnittlicher Abbauwerte liefern.

---

[27] Dementsprechend hat es auch der 2. Senat in dem „Fassadenkletterfall" (vgl. Anm. 19) unbeanstandet gelassen, daß die Schwurgerichtskammer sich nach den Urteilsgründen außerstande gesehen habe, Feststellungen über die getrunkenen Alkoholmengen zu treffen: Rechtlich einwandfrei sei die Annahme, daß – da die Gesamttrinkmenge nicht feststellbar sei – der Alkoholisierungsgrad zum Tatzeitpunkt nur aufgrund der äußeren und inneren Merkmale des Individualgeschehens und der Gesamtumstände, insbesondere des Leistungsverhaltens, beurteilt werden könne.

[28] Vgl. Gerchow et al., Blutalkohol 1985, 77; BGH Blutalkohol 1986, 55. Haffner et al. (Blutalkohol 1991, 46) stellten jedoch bei Alkoholkranken z.T. nicht unerhebliche Überschreitungen des nach der im Text genannten Berechnungsformel ermittelten Maximalwertes fest.

Der Satz „in dubio pro reo" bei „entlastenden Indizien",
insbesondere bei der Beurteilung der Schuldfähigkeit

Der Satz „im Zweifel zugunsten des Angeklagten" gilt grundsätzlich für alle belastenden unmittelbar rechtserheblichen Tatsachen und für alle belastenden Indizien, aus
denen auf jene geschlossen werden soll; ebenso gilt er für die Sicherheit dieses Rückschlusses. Er kann aber nicht gewissermaßen in anologer Anwendung mit umgekehrtem Vorzeichen für „entlastende Indizien" gelten: Es ist nicht angängig, nach dem
Zweifelssatz zugunsten des Täters ein entlastendes Indiz als tatsächlich vorhanden bereits dann zu unterstellen, wenn es nur möglicherweise vorhanden sein könnte (z.B.
kann nicht im Rahmen eines Alibibeweises zugunsten des Täters unterstellt werden, er
habe tatsächlich eine bestimmte Theaterkarte gelöst, wenn er gleichzeitig angibt, er
habe sie verloren). Die logische Struktur von „Entlastungsbeweisen" und „entlastenden Indizien" ist in der Rechtsdogmatik noch wenig erforscht; aber offenbar herrschen
hier grundsätzlich andere Regeln als beim Belastungsbeweis, und diese Regeln sind
nicht schlicht dadurch charakterisiert, daß man generell alle „möglichen" entlastenden
Indizien nach dem Zweifelssatz zugunsten des Angeklagten als gegeben unterstellt:
Nach dem Bundesverfassungsgericht bedeutet der In-dubio-Satz bei entlastenden Indizien keinen Zwang des Richters zur positiven Feststellung des Zweifelhaften; bei ungewissen entlastenden Indizien ist lediglich „ihre Ungewißheit bei der Gesamtabwägung" zu berücksichtigen[29].

Diese bereits recht vertrackte allgemeine Problematik der entlastenden Indizien
wird weiter kompliziert durch die besonders heikle Verflechtung von Tat- und Rechtsfragen bei der Beurteilung der Schuldfähigkeit: Tatsachen, die für eine Aufhebung
oder Verminderung der Schuldfähigkeit sprechen, sind zweifellos „entlastende Indizien" – aber die Feststellung von Schuldunfähigkeit oder verminderter Schuldfähigkeit
selbst ist keine bloße Tatsachenfeststellung, sondern eine Entscheidung über eine
Rechtsfrage. Für Zweifel im Bereich juristisch wertender Entscheidung gilt jedoch
nicht der Zweifelssatz; er gilt nur für die Feststellung des Ausmaßes der psychischen
Beeinträchtigung[30].

Soweit es um alkoholbedingte Störungen geht, wäre danach „im Zweifel" sicherlich
die stärkere mögliche Beeinträchtigung zugunsten des Angeklagten anzunehmen. Ein
hoher Blutalkoholwert wäre – wenn im Hinblick auf das im Einzelfall wirklich feststellbare Ausmaß der Beeinträchtigung keine genaueren Feststellungen getroffen werden könnten – ein gewichtiges Indiz für die stärkere Beeinträchtigung. Es muß aber
prinzipiell stets dann als widerlegt gelten, wenn mit der im Strafverfahren erforderlichen Sicherheit festgestellt wurde, daß *keine* stärkere Beeinträchtigung vorgelegen hat.

Insbesondere ist zu berücksichtigen, daß nach allgemeinen Beweisregeln der Zweifelssatz innerhalb des Geschehens nur einmal angewendet werden darf. Die mehrfache
Anwendung des Zweifelssatzes, wie sie der 4. Strafsenat fordert, verstößt also gegen
diesen Grundsatz[31].

---

[29] BVerfG MDR 1975, 468, 469.
[30] Vgl. im einzelnen: v. Gerlach, a.a.O., insbes. S. 182 ff.
[31] Vgl. v. Gerlach, a.a.O., S. 180, Anm. 56.

Resümee

Der Tatzeitblutalkoholwert ist ohne Zweifel für die Beurteilung der Schuldfähigkeit ein wichtiger Befund. Ohne Frage entspricht es medizinischer Erfahrung, daß bei Blutalkoholwerten ab 2‰ im allgemeinen mit erheblichen psychischen Veränderungen zu rechnen ist, die juristisch die Annahme einer erheblich verminderten Schuldfähigkeit rechtfertigen, und daß ab 3‰ im allgemeinen psychische Veränderungen eines Ausmaßes vorliegen, das juristisch die Annahme von Schuldunfähigkeit nahelegt. Maßgebend für die Entscheidung über verminderte Schuldfähigkeit und Schuldunfähigkeit kann jedoch nur das Ausmaß der psychischen Veränderung sein, und Blutalkoholbefunde als somatische Befunde können nicht generell – auch nicht über den Indubio-Satz – zu „Stellvertreterkriterien" erhoben werden. Der Blutalkoholwert bleibt ein somatischer Befund und kann stets nur ein psychodiagnostisches Hilfsmittel sein. Er gewinnt jedoch um so mehr an Gewicht, je größere Unsicherheit nach dem Ergebnis der Beweisaufnahme über die psychische Befindlichkeit des Täters zur Tatzeit verbleibt.

Allerdings können die psychodiagnostischen Kriterien, nach denen zwischen voller Verantwortlichkeit, verminderter Schuldfähigkeit und Schuldunfähigkeit zu differenzieren ist, nicht in gleicher Weise exakt umschrieben und definiert werden wie etwa die deskriptiven Tatbestandsmerkmale des Besonderen Teils des Strafgesetzbuchs. Insofern wird es weiterhin eine Meinungsvielfalt der Sachverständigen geben. Sie kann aber kein Argument dafür sein, die Differenzierung zwischen voller Verantwortlichkeit und verminderter Schuldfähigkeit aufgrund psychodiagnostischer Kriterien überhaupt oder weitestgehend aufzugeben und nahezu völlig durch den Rekurs auf einen Blutalkoholwert zu ersetzen. Denn wenn wirklich bei Alkoholtätern eine Differenzierung nach psychodiagnostischen Kriterien grundsätzlich nicht möglich wäre, so müßte dies auch für alle anderen Delinquenten gelten, und das Rechtsinstitut der „erheblich verminderten Schuldfähigkeit" müßte überhaupt aufgegeben werden.

Im allgemeinen besteht die „Meinungsvielfalt" der Sachverständigen aber nur darin, daß der eine sagt, er könne „verminderte Schuldfähigkeit ausschließen", während der andere noch „gewisse Zweifel" sieht. Gleichzeitig gibt es indessen meist über die psychische Verfassung des Täters weder zwischen den verschiedenen Sachverständigen (sofern sie über hinreichende Erfahrung verfügen) noch zwischen Richtern und Sachverständigen größere Differenzen, wo man über die Persönlichkeit des Täters, seinen Zustand und sein Verhalten vor, während und nach der Tat einigermaßen Bescheid weiß. Das heißt, die „Meinungsvielfalt" besteht überwiegend im Bereich von Wertungsfragen, über die der Richter zu entscheiden hat und für die der Zweifelssatz nicht gilt.

Praktisch erscheint eine mehr oder weniger schematische Beurteilung nach Blutalkoholwerten im Bereich der leichten und mittelschweren Kriminalität noch am ehesten vertretbar; bei schweren Delikten und insbesondere bei Tötungsdelikten wird sie jedoch problematisch.

Dies gilt insbesondere dann, wenn über die Höhe der Tatzeitblutalkoholkonzentration völlige Ungewißheit besteht, weil Berechnungen sich nur auf unsichere Angaben über Trinkmengen stützen können. – Problematisch bleibt aber auch die Blutalkoholkonzentration als Beurteilungsgrundlage, wenn eine Blutentnahme längere Zeit nach der Tat erfolgt ist und die Maximalwertberechnung über einen langen Zeitraum hinweg zu oftmals sehr unrealistischen Ergebnissen führt. Dem 2. und 3. Strafsenat des BGH ist jedenfalls darin zu folgen, daß bei zu großer Unsicherheit über die Tatzeitblutalkoholkonzentration der Alkoholisierungsgrad zum Tatzeitpunkt nur aufgrund der äußeren und inneren Merkmale des Individualgeschehens und der Gesamtumstände, insbesondere des vom Angeklagten gezeigten Leistungsverhaltens, beurteilt werden kann.

Aber auch bei sicher oder annähernd sicher festgestellter Tatzeitblutalkoholkonzentration bleibt zu berücksichtigen, daß die Verminderung oder Aufhebung der Schuldfähigkeit allemal ausschließlich vom Ausmaß der psychischen Störung abhängt. Deshalb müssen in erster Linie psychodiagnostische Kriterien entscheiden. Der Blutalkoholwert kann jedoch u.U. ein wertvolles psychodiagnostisches Hilfsmittel sein, insbesondere soweit er einigermaßen sicher festgestellt ist, wenn im übrigen keine Informationen vorliegen, aus denen sich hinreichend sichere Schlüsse über den Zustand des Täters zur Tatzeit herleiten lassen. Dies ändert aber nichts daran, daß die Beurteilung der Schuldfähigkeit primär ein psychodiagnostisches Problem ist und vorrangig an psychodiagnostischen Kriterien orientiert bleiben muß.

Literatur

Blau G (1989a) Promillegrenze und verminderte Schuld. Blutalkohol 26:1–6

Blau G (1989) Anmerkung (zu BGH v. 6.10.1988 – 4. StR 460/88, JR 1989, 336). JR:337–338

Gerchow J et al. (1985) Die Berechnung der maximalen Blutalkoholkonzentration und ihr Beweiswert für die Beurteilung der Schuldfähigkeit. Blutalkohol 22:77–107

Gerlach v J (1990) Blutalkoholwert und Schuldfähigkeit in der Rechtsprechung des Bundesgerichtshofs. Blutalkohol 27:305–315

Gerlach v J (1991) In dubio pro reo und Schuldfähigkeit im Bereich der Alkoholdelinquenz. In: Ebert U (Hrsg) Aktuelle Probleme der Strafrechtspflege. de Gruyter, Berlin New York, S 165–186

Haffner H-T et al. (1991) Die Äthanol-Eliminationsgeschwindigkeit bei Alkoholikern unter besonderer Berücksichtigung der Maximalwertvariante der forensischen BAK-Rückrechnung. Blutalkohol 28:46–54

Haddenbrock S (1988) Zur Relevanz von pathophysiologischen und pathopsychologischen Befunden für die Beurteilung strafrechtlicher Schuldfähigkeit („Promillediagnostik" versus Psychodiagnostik). Monatsschr Krim 71:402

Heifer K, Pluisch F (1990) Anmerkung (zu BGH v. 31.10.1989 – 1 StR 419/89). Blutalkohol 27:436–440

Jakobs G (1983) Strafrecht. Allgemeiner Teil. de Gruyter, Berlin New York

Jescheck H-H (1978) Lehrbuch des Strafrechts. Allgemeiner Teil, 3. Aufl. Duncker & Humblot, Berlin

Lenckner T (1988) Kommentierung zu § 20 StGB. In: Schönke u. Schröder (Hrsg) Strafgesetzbuch, Kommentar, 23. Aufl. Beck, München

Luthe R, Rösler M (1987) Psychiatrische Erfahrungswerte und höchstrichterliche Rechtsprechung zur Frage der alkoholtoxischen Bewußtseinsstörungen. In: Witter H (Hrsg) Der psychiatrische Sachverständige im Strafrecht. Springer, Berlin Heidelberg New York Tokyo, S 201–214

Rasch W (1986) Forensische Psychiatrie. Kohlhammer, Stuttgart

Sachs L (1972) Statistische Auswertungsmethoden. Springer, Berlin Heidelberg New York

Salger H (1988) Die Bedeutung des Tatzeit-Blutalkoholwertes für die Beurteilung der erheblich verminderten Schuldfähigkeit. In: Gamm v OF et al. (Hrsg) Strafrecht, Unternehmensrecht, Anwaltsrecht (Festschrift für G. Pfeiffer). Heymanns, Köln Berlin Bonn, S 379 ff.

Schewe G (1982) Zur beweisrechtlichen Relevanz berechneter maximaler Blutalkoholwerte für die Beurteilung der Schuldfähigkeit. In: Schultz D, Schlecht HG (Hrsg) Festschrift zum 25-jährigen Bestehen des Bundes gegen Alkohol im Straßenverkehr e.V. – Landessektion Berlin. Berlin, S 171

Schewe G (1986) Blutalkoholwert und Schuldfähigkeit. In: Kohlmeier H et al (Hrsg) Forensische Psychiatrie heute (Festschrift f. U. Venzlaff). Springer, Berlin Heidelberg New York Tokyo, S 39–51

Schewe G (1987) Die „mögliche" Blutalkoholkonzentration von 2‰ als „Grenzwert der absolut verminderten Schuldfähigkeit"? JR:179

Schewe G (1991) Anmerkung (zu BGH v. 22.11.1990 – 4. StR 117/90, Blutalkohol 1991, 259). Blutalkohol 28:264–268

Schild W (1990) Kommentierung zu §§ 20, 21. In: Alternativ-Kommentar StGB Bd. 1. Luchterhand, Neuwied

Wilmanns K (1927) Die sogenannte verminderte Zurechnungsfähigkeit. Springer, Berlin

Witter H (1990) Unterschiedliche Perspektiven in der allgemeinen und in der forensischen Psychiatrie. Springer, Berlin Heidelberg New York Tokyo

Zur psychiatrischen Beurteilung
forensisch relevanter Rauschzustände

Norbert Konrad und Wilfried Rasch

Probleme der Klassifikation

Die Problematik der durch Konsum psychotroper Substanzen hervorgerufenen psychischen Störungen fordert Richter und forensisch-psychiatrische Sachverständige in mehrfacher Hinsicht zu Verständigung über die in den jeweiligen Fachdisziplinen vorherrschenden Denksysteme auf. Dabei scheint die Problematik der Indikation einer strafgerichtlichen Unterbringung in einer Entziehungsanstalt gemäß § 64 StGB trotz des starken Anstiegs der Einweisungsinzidenz seit 20 Jahren, der andauernden Diskussion um die Definition von „Hang" und „Aussichtslosigkeit" und der Klagen der zuständigen Einrichtungen über Fehleinweisungen angesichts der absoluten Zahl von 631 Unterbringungen im Jahre 1989 (Strafverfolgungsstatistik 1989) vergleichsweise von geringerem Gewicht; es befinden sich weitaus mehr alkohol- und drogenabhängige Straftäter in Einrichtungen des Strafvollzugs als in Entziehungsanstalten (Rasch 1986a).

Der Anteil der unter der kriminologisch bedeutsamsten Substanz Alkohol begangenen Straftaten an der Gesamtdelinquenz ist nicht zuverlässig bestimmbar – internationale Schätzungen gehen davon aus, daß bei ca. 50% der wegen Eigentums- und Gewaltdelikten Verurteilten Intoxikationen zum Zeitpunkt der Straftat vorlagen (Mitchell 1990) – und nicht nur von delikttypischen Variablen abhängig. Dabei dürften in der Bundesrepublik Deutschland, in der nach der Polizeilichen Kriminalstatistik 1989 bei 10,4% aller und bei 32,9% der wegen Gewalttaten registrierten Tatverdächtigen Alkoholeinfluß bei der Tatbegehung festgestellt wurde, bedeutend mehr Straftaten unter Alkoholeinfluß begangen worden sein als solche, die zu einer Aburteilung wegen Vollrauschs gemäß § 323a StGB geführt haben und/oder bei denen eine Beeinträchtigung der Schuldfähigkeit gemäß §§ 20/21 StGB aufgrund der Alkoholisierung angenommen wurde. Der Anteil der Aburteilungen wegen Vollrauschs (ohne Verkehrsunfall) an der Gesamtzahl der Aburteilungen ist zwischen 1980 und 1989 leicht gefallen und lag 1989 bei 0,75%. Die Anwendung von § 20 StGB blieb im gleichen Zeitraum annähernd konstant und lag bei ca. 0,06% aller Aburteilungen; die Anwendung von § 21 StGB, bezogen auf alle Verurteilungen, schwankte zwischen 1,9% und 2,5% mit insgesamt leicht zunehmender Tendenz.

Daß das Verhalten eines Individuums unter Alkohol nicht nur vom Ausmaß des Konsums, sondern auch von situativen Determinanten, Persönlichkeitsvariablen, Toleranzentwicklung, Konsumgewohnheiten, Ausmaß einer süchtigen Bindung, hirnorganischen Faktoren und nicht zuletzt der körperlichen Verfassung abhängt, ist mittlerweile wissenschaftliches Allgemeingut geworden. Die Alkoholsensitivität wird darüber hinaus möglicherweise durch genetisch determinierte Faktoren des Alkoholmetabolismus beeinflußt (Eckey et al. 1990). Versuche umfassender und reliabler Erfassung der Vielzahl relevanter intervenierender Variablen sind durch eine multiaxiale Diagnoseklassifikation, etwa gemäß DSM-III-R, gleichwohl nicht zu gewährleisten. Bei der forensisch-psychiatrischen Beurteilung des Zustandes eines alkoholisierten Straftäters werden unterschiedliche Ansätze im Hinblick auf tatzeitwirksame Veränderungen des Erlebens und Verhaltens verfolgt.

Diagnostische Problematik – der Mythos des pathologischen Rausches

Der Vielfalt der psychopathologischen Störungsbilder in ihrer inter- und intraindividuellen Varianz ist zunächst gemeinsam, daß es sich um Zustände normabweichenden Erlebens und Verhaltens handelt. Die Kategorisierung „abnormer Rausch" (z. B. Bresser 1984) bzw. „abnorme Alkoholreaktion" (Forster u. Joachim 1975) ist tautologisch und verzichtbar, sofern damit ein besonderer Intensitätsgrad einzelner rauschtypischer Merkmale gemeint ist, der gelegentlich den Begriff „komplizierter Rausch" prägt, welcher wiederum von einigen Autoren (z. B. Bresser 1984) nur im Hinblick auf eine Diskrepanz zwischen Rauschphänomenologie und Alkoholisierungsgrad bei Vorliegen von Zusatzfaktoren sinnvoll erachtet wird. Diese Diskrepanz als idiosynkratische Reaktion erscheint aber in der ICD-9 (1980) als charakteristisches Kennzeichen des „pathologischen Rausches". Im DSM-III-R (1987) werden als weitere diagnostische Kriterien des „pathologischen Rausches" Verhaltensänderungen aufgeführt, vor allem aggressives oder tätliches Verhalten, die im Vergleich zum nüchternen Zustand „atypisch" imponieren. Die in der Fassung der ICD-10 vom 1.11.1990 (Dilling et al. 1990) genannten Kriterien des „pathologischen Rausches" sind im wesentlichen dem DSM-III-R entlehnt. Verzichtet wird in der ICD-10 im Vergleich zur ICD-9 auf das Kriterium der „akuten psychotischen Episode"; die Kriterien des „plötzlichen Ausbruchs" und der geringen rauschauslösenden Alkoholmenge sind, für sich genommen und in kombinierter Form, als Merkmale des pathologischen Rausches keineswegs unumstritten (vgl. Übersicht bei Athen 1986). Mit „untypischem" Verhalten hat der in der forensischen Psychiatrie verbreitete, aber vage, auf einem statischen Persönlichkeitsmodell basierende und letztlich wissenschaftlich unhaltbare (Rasch 1986b) Begriff der „Persönlichkeitsfremdheit" Eingang in das Klassifikationssystem gefunden.

Trotz gelegentlich geäußerten Zweifeln an einer reliablen syndromatologischen Abgrenzung des pathologischen Rausches (z. B. Bresser 1984), die auch auf der Unspezifität verschiedentlich angeführter Kriterien (z. B. Verlaufscharakteristik, neurologische Symptome) beruhen, wird in der Literatur nur ausnahmsweise auf die eingeschliffene begriffliche Einteilung (vgl. z. B. Forster u. Joachim 1975; Diehl 1983; Schewe 1986; Finzen 1986; Mallach et al. 1987) verzichtet. Feuerlein (1989) gibt zwar den Begriff „pathologischer Rausch" auf, subsumiert aber die in der ICD-10-Fassung aufgelisteten Kriterien unter „komplizierter Rausch (alkoholischer Dämmerzustand)": In Anlehnung an Witters „Syndromlehre" (1970) ordnet Luthe (1988) den „komplizierten (pathologischen) Rausch" der „affektiv-paranoiden Syndromstufe" zu. Die Heuristik einer kategorialen Abgrenzung des „pathologischen Rausches" wird auch durch Einführung eines Bindegliedes zum „einfachen Rausch" mittels des sog. „pathologisch gefärbten Rausches" (Ochernal u. Szewczyk 1978) nicht deutlich. Neben symptomatologischen und syndromatologischen Ansätzen wurde versucht, die konventionelle Diversifizierung ätiopathogenetisch zu fundieren. Die Bemühung von Tiffany u. Tiffany (1990), den pathologischen Rausch im quintessentiellen Fall als durch Alkoholkonsum ausgelösten psychomotorischen epileptischen Anfall zu fassen, dürfte sich angesichts der bislang in der Literatur vorfindbaren ätiopathogenetischen Heterogenität nicht durchsetzen. Organische Dispositionen lassen sich nach Alkoholelimination nicht regelmäßig feststellen, wie Zabel (1986) behauptet. Eine Definition des pathologischen Rausches als „Dämmerzustand" bei einem Blutalkoholgehalt von weniger als 2‰ (Laubichler u. Klimesch 1983) ist im Zweifelsfall von der – sehr niedrig einzuschätzenden (Miltner et al. 1990) – Zuverlässigkeit von Zeugenaussagen im Hinblick auf das nicht einfach zu erfassende psychopathologische Konstrukt des Dämmerzustands abhängig.

Die Beibehaltung der diagnostischen Kategorie „pathologischer Rausch" als ätiopathogenetisch und phänomenologisch uneinheitliche Entität entspricht forensischen Bedürfnissen (Laubichler u. Klimesch 1983; Tiffany u. Tiffany 1990); die Beurteilung der Schuldfähigkeit kann aber auf diese Kategorie durchaus verzichten, solange sie lediglich ein Konglomerat tradierter, aber im Grunde für die forensisch-psychiatrische Beurteilung ungeeigneter Kriterien wie Persönlichkeitsfremdheit, Sinnlosigkeit und Amnesie (Haller 1988) bilden, das ein bestimmtes forensisch relevantes Verhalten wie aggressive Tätlichkeiten tautologisierend als diagnostisches Kriterium wertet. Die Bemühung, eine Differenzierung in sog. normale oder pathologische Rauschzustände zu liefern, ist eigentlich seit Schaffung des § 323a (330a a.F.) StGB überholt, der eine Verurteilung eines Rauschtäters auch über den Gesichtspunkt der „actio libera in causa" hinaus möglich macht (Rommeney 1955). Das in dieser Bestimmung enthaltene juristische Konstrukt des „Vollrausches", auf dessen Definitionsproblematik nicht näher eingegangen werden soll (z. B. Forster u. Rengier 1986), bezieht sich nach vorherrschender Auffassung auf ein abstraktes Gefährdungsdelikt (Dreher u. Tröndle 1988). Eigentlicher Strafgrund des § 323a StGB ist das schuldhafte Sichberauschen, wobei sich das Verschulden zwar nicht auf die Rauschtat, aber auf die durch den Vollrausch begründete Gefahr beziehen muß, in diesem Zustand irgendein Rechtsgut zu verletzen. Dieses Konstrukt ist unmittelbar an eine Beeinträchtigung der Schuldfähigkeit geknüpft, wenngleich der BGH (BGHSt 32, 48ff.) offengelassen hat, ob ein Rausch auch bei voller Schuldfähigkeit vorliegen kann. Hierbei könnten aus der Überbewertung der „Promillediagnostik" künstliche Probleme erwachsen.

Psychopathologie und Blutspiegelbestimmung – Symptom- bzw. Syndrombewertung oder Indizcharakter

Trotz diverser prinzipieller und praxisbezogener Einwände wird von Forster u. Joachim (1975) eine Systematik alkoholischer Rauschzustände für sinnvoll erachtet. Eine überwiegende Orientierung bei der konventionellen Einteilung in „angetrunkenbetrunken-volltrunken" am Leitsymptom der Bewußtseinsstörung (Bresser 1984) vernachlässigt nicht nur die Vielzahl psychopathologischer Syndrome, sondern bleibt implizit trennungsunscharf, da auch bereits beim „Angetrunkensein" Wahrnehmungsveränderungen auftreten, die eine Beeinträchtigung integrierender Bewußtseinsfunktionen indizieren. Eine bessere Verständigung ist auch in diesem Zusammenhang nicht über eine dogmatische Eingliederung der Rauschzustände in das psychische Merkmal der „tiefgreifenden Bewußtseinsstörung" zu erwarten, wie es der Tradition des § 51

StGB a.F. und dem § 15 des StGB der ehemaligen DDR entspricht, von Forster u. Joachim (1975) entgegen der nach der Reformgesetzgebung maßgeblichen Einordnung als „krankhafte seelische Störung" weiterpraktiziert und von Saß (1983) v. a. wegen einer „gemeinsamen empirischen Basis" für die Beurteilung aller veränderten Bewußtseinsverfassungen empfohlen wurde. Dabei ist zu berücksichtigen, daß bei strafrechtlich relevanten Rauschzuständen durchaus nicht immer eine Bewußtseinsstörung im Vordergrund steht, oft diverse affektive Syndrome eine bedeutendere Rolle spielen (Athen 1986) und die Einordnung anderer, als „krankhafte seelische Störung" geführter, mit Bewußtseinsstörungen einhergehender psychischer Störungen (z. B. das Alkoholentzugsdelir, nicht durch Alkohol hervorgerufene Intoxikationen oder psychotische Störungen wie z. B. der „Horrortrip") unnötige Zuordnungsprobleme verursachen würden.

Die der Varianz der Störungsbilder entsprechende Heterogenität und Uneinheitlichkeit der gängigen Rauschtypologien liefert keine zwanglose Zuordnung reliabel definierter Rauschtypen zu bestimmten Graden der Schuldfähigkeitsbeeinträchtigung. Mit dem Gefühl, sich auf sicheren Boden zu stellen, tendiert die Rechtsprechung dazu, Stufen der Trunkenheit in Abhängigkeit vom Promillewert aufzustellen und daraus „Faustregeln" abzuleiten (Gerchow 1986), die den normativen Charakter der Schuldfähigkeitsbeurteilung in Erinnerung rufen. Bei der Diskussion um den Stellenwert Blutalkoholkonzentration versus psychopathologisches Erscheinungsbild (vgl. auch die Diskussion in der Mschr Krim, Heft 6, 1988) ist zu berücksichtigen, daß der diagnostische Prozeß auf juristischer Seite durch bestimmte Leitvariable wie Zweifelssatzanwendung oder Regeln des Indizienbeweises gesteuert wird, die eine andere Gewichtung laborchemischer und psychopathologischer Daten in der Gesamtbewertung als die aufgrund der Wahrscheinlichkeitsabwägung im psychiatrisch-diagnostischen Prozeß naheliegende implizieren. Eine gewisse Relativierung der seitens der forensischen Psychiatrie und Rechtsmedizin kritisierten betonten Stellung der Blutalkoholkonzentration im Vergleich zur psychopathologischen Symptomatik ist in der jüngsten Rechtsprechung des BGH (BGHSt 35,308 = NStZ 1988,548 = NJW 1989,779; BGHSt 36,286 = NStZ 1990,121) im Rahmen einer geforderten „Gesamtprüfung" vorgenommen worden. Mit Miltner et al. (1990) ist jedoch festzuhalten, daß eine zurückgerechnete oder aus Trinkmengenangaben errechnete hohe Blutalkoholkonzentration im Hinblick auf die Schuldfähigkeitsbeurteilung in erster Linie hohe Alkoholverträglichkeit indiziert und die Rekonstruktion des psychischen Befundes zur Tatzeit unabdingbar ist.

Zur Erfassung der unterschiedlichen Rauschformen wurden von Athen (1986) mittels clusteranalytischer Datenbearbeitung 10 psychopathologische Syndrome als überindividuelle Reaktionsmuster qualitativ abgegrenzt. Dieser methodische Zugang liefert eine klarere Ausdifferenzierung als die bei Luthe u. Rösler (1987) zusammengestellten psychopathologischen Konzepte, ohne daß aber quantitative Gewichtungen und eine Zuordnung zu den Voraussetzungen der §§ 20 und 21 StGB herausgearbeitet werden konnten. Dies wäre auch mit einem multiaxialen Klassifikationssystem wie DSM-III-R und seinen nicht bestreitbaren Vorteilen auf der deskriptiven und ätiopathogenetischen Ebene nicht zu leisten. Um in kriminologischer Hinsicht eine differenzierte Erfassung der verschiedenen Rauschformen und Rauschverläufe im Hinblick auf einen Zugang zur Tatdynamik zu ermöglichen, soll erneut ein idealtypischer Entwurf tatwirksamer Rauschformen dargestellt werden (vgl. Rasch 1966, 1986b).

Idealtypische Typologie forensisch relevanter Rauschzustände

Die euphorische Auflockerung

Im Rahmen des sog. Gesellschaftsrausches anzutreffende Rauschformen mit euphorisch-beschwingter Stimmung, munterem Redefluß, assoziativ-gelockertem formalen Gedankengang; sie werden weitgehend toleriert, soziale Komplikationen können aus unerwünschten sexuellen Annäherungen resultieren.

Die depressiv-dysphorische Verstimmung

Diese Reaktionsform entspricht einer individuellen Alkoholunverträglichkeit und ist charakterisiert durch eine depressive Verstimmung, die unterschiedlich stark durch Gereiztheit gefärbt ist. Diese Dysphorie kann zu plötzlichen aggressiven Entladungen führen, die situations- und erlebnisunabhängig anmuten.

Die akzentuierende katalysierende Reaktion

Hierbei werden eine – etwa durch spannungsreiche Konfliktbelastungen – vorgegebene spezielle Gestimmtheit oder bestehende Intentionen durch die Mittelwirkung vertieft und aktualisiert bzw. ausgelebt. Dabei kann die Wendung der Aggression gegen die eigene Person zu Suiziden oder Suizidversuchen führen. Ein häuslicher Partnerkonflikt endet in einer Schlägerei mit einem Unbekannten in einer Gastwirtschaft. Sofern der Gesprächs- oder Konfliktpartner ebenfalls Alkohol konsumiert, kann es zu Verhaltensweisen kommen, die die Auseinandersetzung fördern.

Die toxische Reizoffenheit

Aufgrund einer sich möglicherweise über einen längeren Zeitraum erstreckenden Substanzaufnahme, gelegentlich in Kombination mit Schlafmangel und/oder unregelmäßiger Nahrungsaufnahme, stellt sich eine schwere hirnorganische Veränderung ein, deren Leitsymptom als Bewußtseinstrübung oder Bewußtseinseinengung zu fassen ist. Strafbare Handlungen ganz unterschiedlicher Art erfolgen als Reaktionen im Kontext des spezifischen Aufforderungscharakters der Situation oder aus lenkenden Einflüssen in der Interaktion mit Mittätern.

Das ungerichtete Handlungsbedürfnis

Im Vergleich zur toxischen Reizoffenheit wohnt der hirnorganischen Veränderung mehr Eigenantrieb inne mit der Qualität eines Drangs nach Aktion, d. h. ein Verlangen, „irgend etwas" geschehen zu lassen. Neben kurzschlüssigem Umsetzen von Impulsen in Handlungen sind in diese Kategorie eingeschliffene Verhaltensmuster einzuordnen, die etwa die Neigung zu Sachbeschädigung, Einbruchsdiebstählen oder Brandstiftungen oder zum Fahren von Kraftfahrzeugen gerade in intoxikiertem Zustand beinhalten.

Die Rauschdämmerzustände

Hierbei führt die Intoxikation zu einer ausnahmezustandhaften Verfassung psychotischer Gestalt. Die hochgradige Bewußtseinseinengung kann mit illusionärer situativer Verkennung, Desorientiertheit, Wahnstimmung, paranoiden Vorstellung bis hin zu Halluzinationen verknüpft sein. Delinquentes Verhalten kann in motivischem Zusammenhang mit der psychopathologischen Symptomatik stehen oder aus freisteigenden Angst- und Erregungszuständen resultieren.

Die Herausarbeitung eines der oben aufgeführten idealtypischen Rauschzustände impliziert keinesfalls automatisch eine Schuldfähigkeitsbeurteilung. Hierbei wären u. a. Tatvorgeschichte, Tatverhalten, weitere psychopathologische (z. B. intellektuelle Minderbegabung) und somatische Auffälligkeiten (etwa ein reduzierter körperlicher Allgemeinzustand aufgrund einer chronischen Erkrankung), andere exogene Einflußfaktoren zum Tatzeitpunkt (etwa zusätzlicher Medikamentenkonsum) sowie Veränderungen der Persönlichkeit zu berücksichtigen, im Rahmen derer der Rausch als psychopathologischer Filter zwischen Tat und Täter zwischengeschaltet ist. Allerdings dürfte bei einem stärkeren Hervortreten einer psychopathologischen Symptomatik im engeren Sinne, insbesondere einer Bewußtseinsstörung – wie bei den 3 letztgenannten Rauschformen – eher an eine Aufhebung der Schuldfähigkeit zu denken sein.

Die von der Psychiatrie und Psychologie gemeinhin zur Schuldfähigkeitsbeurteilung herangezogenen Modelle orientieren sich am Ausmaß der krankhaften Veränderung einer Persönlichkeit; zentralen Stellenwert besitzt hierbei die Rekonstruktion des psychopathologischen Zustands zum Tatzeitpunkt, die Prüfung, in welchem Maße eine Entwicklung zur Tat hin die Qualität von Krankheit angenommen hat. Wenn dabei von der Rechtsprechung mit dem Hinweis auf Meinungsunterschiede (NJW 1991,834 = StV 1991,62) in der wissenschaftlichen Literatur die Heranziehung von Kriterien wie Persönlichkeitsfremdheit, Amnesie und Sinnlosigkeit des Verhaltens vermieden wird, entspricht dies der geringen Zuverlässigkeit dieser Symptome. Nichtsdestotrotz existieren entgegen der Auffassung der Rechtsprechung (NJW 1991,855 = StV 1991,63) zuverlässigere psychopathologische Kriterien, deren Herausarbeitung eine Einschätzung der Schuldfähigkeit ohne Rückgriff auf gesicherte oder mögliche Blutalkoholkonzentrationen zuläßt. Im folgenden sollen Beurteilungsmaßstäbe zur Differenzierung zwischen erheblicher Verminderung der Schuldfähigkeit und Aufhebung der Schuldfähigkeit dargelegt werden. Es wird nicht verkannt, daß die Rechtsprechung hierbei geneigt scheint, psychopathologischen Kriterien von vornherein einen höheren Stellenwert einzuräumen als bei der Abgrenzung von noch erhaltener zu bereits erheblich verminderter Schuldfähigkeit (BGH bei Holtz MDR 1977,106; BGH GA 1974,344; Schewe JR 1987,180).

Die zur Differenzierung heranzuziehenden Kriterien entstammen im wesentlichen der klassischen Psychopathologie; vorausgesetzt wird, daß eine grundlegende Persönlichkeitsveränderung psychopathologischer Qualität, wie psychotische Residualzustände oder kognitive Beeinträchtigungen auf hirnorganischer Grundlage, ausgeschlossen wurde, so daß lediglich die zur Tatzeit vorliegende, mit dem Mittelkonsum in Zusammenhang stehende psychische Störung zu diskutieren ist:

– Unter den verschiedenen Qualitäten der Orientierung kommt insbesondere Hinweisen auf eine illusionäre oder wahnhafte Situations- oder Personenverkennung besondere Bedeutung zu. Entsprechende Informationen können Aussagen von Zeugen teilweise durch gezieltes Befragen entnommen werden, sofern deren kognitive Leistungsfähigkeit zum Zeitpunkt des Vorfalls nicht gleichfalls durch eine Intoxikation beeinträchtigt war.

- Hinweise auf eine hochgradige Bewußtseinseinengung, etwa in Form einer fehlenden oder stark verminderten Ansprechbarkeit durch Außenreize (z. B. das Hinzutreten weiterer Personen), liefern differenzierte Zeugenaussagen und subtile Detaillierungen in ärztlichen Blutentnahmeprotokollen, die sich allerdings oft in einer unzuverlässigen Abschätzung des Trunkenheitsgrades erschöpfen.

- Ein komplexer Handlungsablauf, der mit der Notwendigkeit wiederholter situativer Anpassungsleistungen oder reflexiven Auseinandersetzungen mit dem aktuellen Geschehen einhergeht, läßt auch ohne Verfügbarkeit von Fremdbeobachtungen eine maßgebliche Orientierungsbeeinträchtigung oder Bewußtseinseinengung unwahrscheinlich erscheinen. Die Art der Einstellung auf wechselnde Erfordernisse der Situation kann eine Störung der Fähigkeit, Wahrnehmungserlebnisse in ihrer Bedeutung zu begreifen, zu verbinden und in den Erfahrungsbereich einzubauen, also Beeinträchtigungen im Bereich der Auffassung und Kritikfähigkeit indizieren. Im Hinblick auf hier mögliche Differenzierungen sollte davon Abstand genommen werden, ein bestimmtes Vorgehen, wie häufig in Urteilen und nicht selten in den maßgeblichen Gutachten geschieht, global als „planvoll", „zielstrebig" oder „überlegt" zu kennzeichnen. Mehr Aufschluß bietet die Beschreibung der Interaktion zwischen gegebenen situativen Anforderungen und den im Verlauf eines mehr oder weniger komplexen Geschehens erfolgten Bewältigungskompetenzen.

- Wahrnehmungs- und Sinnestäuschungen, auf die wahnhafte Beziehungssetzungen und Halluzinationen in Äußerungen eines Beschuldigten verweisen, können das Verhalten bei Rauschdämmerzuständen bestimmen.

- Freisteigende Angstzustände mit Auswirkungen auf die Realitätsinterpretation imponieren Außenstehenden häufig „motivlos". Angstaffekte können sich durch motorische Anspannung und vegetative Hyperaktivität der Umgebung mitteilen.

- Antriebssteigerung mit psychomotorischer Unruhe bis hin zu ungerichteten Erregungszuständen ist bei verschiedenen tatwirksamen Rauschzuständen anzutreffen und sollte in ihren Äußerungsformen und qualitativen Besonderheiten in Zeugenaussagen detailliert-kritisch geschildert werden.

- Formale Denkstörungen, wie z. B. assoziative Lockerung, imponieren nicht nur im Zustand der euphorischen Auflockerung; auch bei den anderen idealtypischen Rauschverläufen können Schilderungen sprachlicher Äußerungen Hinweise für Sprunghaftigkeit, Logorrhö oder Perseverationen geben, die das Ausmaß einer Beeinträchtigung des Denkablaufs reflektieren.

- Erhebliche Verstimmungszustände, insbesondere eine depressiv-dysphorische Verstimmung mit Störung der Vitalgefühle und Suizidtendenzen, können bereits in der Tatanlaufzeit, etwa infolge einer anhaltenden konflikthaften Belastung, zu beobachten sein. In bestimmten Fällen ergibt die Analyse der Tatvorgeschichte eine schwere psychopathologische Symptomatik, die beispielsweise in ausgeprägter Form einer psychopathologischen Entwicklung entspricht und mit einer psychopathologisch faßbaren Persönlichkeitsveränderung einhergeht, die Einfluß auf die Schuldfähigkeit nimmt. Dann kann auf die in der Regel schwierige Rekonstruktion möglicher tatzeitwirksamer Verstimmungen aus Beobachtungen häufig gleichfalls aufgrund des Konsums psychotroper Substanzen stimmungsveränderter Zeugen verzichtet werden.

- Neurologische Symptome, insbesondere Koordinations- und Artikulationsstörungen, verweisen auf hirnorganische Wirkungen, die dem hypnotischen Stadium nach Applikation gängiger Narkotika entsprechen.
- Die eigene globale Einschätzung des Intoxikationsgrades ist, sofern seitens des Beschuldigten keine Erinnerungslücke angegeben wird, nur insoweit brauchbar, als sie Anlaß gibt, die jeweiligen Besonderheiten des Tatablaufs auf ihre psychopathologische Qualität hin zu prüfen.

Für die Beurteilung der Schuldfähigkeit ist primär zu fragen, ob die psychische Verfassung zur Tatzeit ausnahmezustandhaftes Gepräge angenommen hatte. Sind Beeinträchtigungen, wie sie oben ausgeführt sind, zu verneinen, ist dies unabhängig von einer mehr oder weniger gesicherten Blutalkoholkonzentration auszuschließen. Zu diskutieren wäre dann im Rahmen der Voraussetzungen einer erheblich verminderten Schuldfähigkeit, inwieweit bei einer zuvor gegebenen Handlungsbereitschaft die Umsetzung in Handlung einer katalysierenden Wirkung der Intoxikation entsprang.

Die Berücksichtigung der oben genannten Symptombereiche ist nicht als Abhaken einer Checkliste zu verstehen. Vielmehr ist zu prüfen, ob sich aus den intoxikationsbedingten typischen Persönlichkeitsdeformierungen ein gestalthaftes Krankheitsbild ausnahmezustandhafter Prägung ergibt. Die Verbindung einzelner Symptome kann in unterschiedlicher Kombination und Interaktion die Gesamtheit einer Persönlichkeit umstrukturieren. Liegen Informationsdefizite in einzelnen Dimensionen vor, gewinnt die Blutalkoholkonzentration größere Bedeutung und ist surrogativ heranzuziehen. Ist eine Blutalkoholkonzentration von über 2,5 oder 3‰ anzunehmen, dürfte eine ausnahmezustandhafte Persönlichkeitsveränderung nicht auszuschließen sein.

Bei einer Einbeziehung weiterer und eventuell auch anderer Beurteilungsdimensionen ist ein ähnliches Vorgehen denkbar, um eine erhebliche Minderung der Schuldfähigkeit von einer noch erhaltenen strafrechtlichen Verantwortlichkeit abzugrenzen. Hierbei dürfte sich aber die Frage stellen, ob in den speziellen Fällen der psychiatrisch-psychologische Sachverständige ein so reichhaltiges Informationsmaterial anbieten kann, daß bei einer Blutalkoholkonzentration von 2‰ eine erhebliche Verminderung der Schuldfähigkeit mit hinreichender Sicherheit ausgeschlossen werden kann.

Die Benutzung klarer psychopathologischer Beurteilungskriterien kommt der im Gesetz vorgeschriebenen Erfassung des Zustands eines Täters zum Tatzeitpunkt näher als die Pseudoexaktheit einer Blutalkoholkonzentration. Die Einschätzung der Blutalkoholkonzentration zum Tatzeitpunkt ist zumeist reichlich mit Fehlerquellen belastet, so daß eine höhere Rechtsgleichheit gegenüber dem psychopathologischen Befund letztlich nur vorgetäuscht wird.

Schuldhaftigkeit/„Verschuldung" des „Sich-in-einen-Rausch-Versetzens"

Der Sachverständige wird nicht selten mit der Frage der Schuldhaftigkeit des Sich-in-den-Rausch-Versetzens konfrontiert. Diese Frage ist nicht selten im Rahmen der fahrlässigen Actio libera in causa des Straßenverkehrsrechts sowie beim Vorliegen der Voraussetzungen des § 323a StGB zu diskutieren. Nach den gesetzlichen Bestimmungen (§§ 15,16 StGB) der ehemaligen DDR wurde, anders als in der bundesdeutschen Gesetzgebung, eine Alkoholisierung ausdrücklich als Faktor der Beeinträchtigung der

Zurechnungsfähigkeit ausgeschlossen. Hiermit war der Sachverständige aufgefordert, bei der Schuldfähigkeitsbeurteilung „künstlich-hypothetisch" (Jähnig 1984) von der Alkoholisierung zum Tatzeitpunkt zu abstrahieren und nur die verbliebenen psychopathologischen Auffälligkeiten zu berücksichtigen. Angesichts der keineswegs additiven Funktion der Intoxikation, sondern einer durch komplexe Interaktion bestimmten Tatdynamik, dürfte dies wohl häufig die Verkürzung einer mehrdimensionalen Funktion auf eindimensionale Tangenten bedeuten.

Die andere Bewertungsebene, inwieweit ein Proband in der Lage ist, den Konsum der psychotropen Substanz zu steuern, entspricht der bei der gutachtlichen Stellungnahme zum § 323a StGB betroffenen Schuldfähigkeit beim Vorgang des „Sich-Berauschens". Dabei wird der Sachverständige nicht selten mit 2 Problemen konfrontiert:

Der sog. Kontrollverlust als Differentialkriterium bei gängigen Typologien des Alkoholismus ist keineswegs ein unumstrittenes Symptom (Fingarette 1990). Ebensowenig ist dieses Symptom unmittelbar mit dem normativen Merkmal der Steuerungsunfähigkeit gleichzusetzen. Vielmehr verlangt eine mehrdimensionale Beurteilung der Schuldfähigkeit auch etwa die Berücksichtigung der Beeinträchtigung sozialer Kompetenzen durch eine in Frage stehende süchtige Entwicklung.

Das zweite, mit dem Terminus „Sich-Versetzen" zusammenhängende Problem gerade bei fortgeschrittenen Alkohol- oder Drogenabhängigen betrifft den Zeitpunkt, zu welchem die entscheidende Handlung des „Sich-Versetzens" bei schwankendem, aber kontinuierlich über längere Zeit bestehendem Intoxikationszustand einsetzt. Es stellt sich die Frage, ob der Sachverständige erst die letzte unmittelbar der Tat vorausgehende Substanzaufnahme oder bereits die erste nach längerer, mit vollständiger Substanzelimination aus dem Körper einhergehender Abstinenz zu beurteilen hat. Die Schaffung einer Zäsur durch einen die Beeinträchtigung der Schuldfähigkeit entscheidend herbeiführenden Vorgang der Rauschmittelzufuhr würde in diesem Fall die Realität der Suchtmittelzufuhr der Fiktion eines Rechtstatbestandes opfern. Sowohl bei der süchtigen Bindung als auch bei Dauerintoxikationen ist bezüglich des Tatbestands des „Sich-Berauschens", sofern für die eigentliche Tathandlung die Voraussetzungen der Annahme von § 323a StGB gesichert sind, in der Regel von einer erheblichen Verminderung der Schuldfähigkeit im Sinne des § 21 StGB auszugehen. Die süchtige Entwicklung wäre dabei dem Merkmal der „schweren anderen seelischen Abartigkeit" zuzuordnen, während es sich bei den länger bestehenden Intoxikationen um eine „krankhafte seelische Störung" handelt.

Literatur

American Psychiatric Association (1987) Diagnostic and statistical manual of mental disorders, 3rd edn, revised. Washington, DC. [Dt Ausgabe: Wittchen et al. (Hrsg) (1989) Diagnostisches und statistisches Manual psychischer Störungen. Beltz, Weinheim Basel]

Athen D (1986) Syndrome der akuten Alkoholintoxikation und ihre forensische Bedeutung. Springer, Berlin Heidelberg New York Tokyo

Bresser PH (1984) Trunkenheit – Bewußtseinsstörung – Schuldfähigkeit. Forensia 5:45–60

Degkwitz R, Helmchen H, Kockott G, Mombour W (1980) (Hrsg) Diagnosenschlüssel und Glossar psychiatrischer Krankheiten. Deutsche Ausgabe der internationalen Klassifikation der Krankheiten der WHO (ICD), 9. Revision der ICD, 5. Aufl. Springer, Berlin Heidelberg New York Tokyo

Diehl LW (1983) Der abnorme Rausch: Psychopathologie und forensische Bedeutung. Med Sach 79:25–30

Dilling H, Mombour W, Schmidt MH (1991) Internationale Klassifikation psychischer Störungen. ICD-10 Kapitel V (F), Klinisch-diagnostische Leitlinien. Huber, Bern Göttingen Toronto

Dreher E, Tröndle H (1988) StGB. 44. Aufl. München

Eckey R, Agarwal DP, Goedde HW (1990) Genetisch bedingte Variabilität des Alkoholstoffwechsels und ihr Einfluß auf Trinkverhalten und Neigung zum Alkoholismus. Z Rechtsmed 103:169–190

Feuerlein W (1989) Alkoholismus – Mißbrauch und Abhängigkeit, 4. Aufl. Thieme, Stuttgart

Fingarette H (1990) Alcoholism: Can honest mistake about one's capacity for self control be an excuse? Int J Law Psychiat 13:77–93

Finzen A (1986) Die alkohol- und toxinbedingten Störungen. In: Venzlaff U (Hrsg) Psychiatrische Begutachtung. Fischer, Stuttgart New York, S 267–278

Forster J, Joachim H (1975) Blutalkohol und Straftat. Thieme, Stuttgart

Forster B, Rengier R (1986) Alkoholbedingte Schuldunfähigkeit und Rauschbegriff des § 323a StGB aus medizinischer und juristischer Sicht. NJW 46:2869–2872

Gerchow J (1986) Rauschdelikte – Begutachtungsprobleme. Forensia 7:155–165

Gerchow J, Heifer U, Schewe G, Schwerd W, Zink P (1985) Die Berechnung der maximalen Blutalkoholkonzentration und ihr Beweiswert für die Beurteilung der Schuldfähigkeit. Blutalkohol 22:77–107

Haller R (1988) Die Forensisch-Psychiatrische Bedeutung von Alkoholmißbrauch und Alkoholsucht. Wien Z Suchtforschung 11:73–78

Jähnig HU (1984) Die forensisch-psychiatrische Begutachtung von Alkoholdelikten in der DDR. Forensia 4:173–180

Jakobs G (1983) Die juristische Perspektive zum Aussagewert der Handlungsanalyse einer Tat. In: Gerchow J (Hrsg) Zur Handlungsanalyse einer Tat. Springer, Berlin Heidelberg New York Tokyo

Laubichler W, Klimesch W (1983) Die alkoholischen Bewußtseinsstörungen aus forensischer Sicht. Blutalkohol 20:81–90

Leygraf N (1987) Alkoholabhängige Straftäter: Zur Problematik der Unterbringung nach § 64 StGB. Fortschr Neurol Psychiat 55:231–237

Luthe R (1988) Forensische Psychopathologie. Springer, Berlin Heidelberg New York Tokyo

Luthe R, Rösler M (1987) Psychiatrische Erfahrungswerte und höchstrichterliche Rechtsprechung zur Frage der alkoholtoxischen Bewußtseinsstörungen. In: Witter H (Hrsg) Der psychiatrische Sachverständige im Strafrecht. Springer, Berlin Heidelberg New York Tokyo, S 201–214

Mallach HJ, Hartmann H, Schmidt V (1987) Alkoholwirkung beim Menschen. Thieme, Stuttgart

Miltner E, Schmidt G, Six A (1990) Zum Stellenwert der Blutalkoholkonzentration bei der Beurteilung der Schuldfähigkeit. Blutalkohol 27:279–284

Mitchell C (1990) Intoxication, criminality, and responsibility. Int J Law Psychiat 13:1–7

Ochernal M, Sczewczyk H (1978) Zum Problem der abnormen Alkoholräusche in der forensisch-psychiatrischen Beurteilung. Psychiat Neurol Med Psychol 30:365–371

Rasch W (1966) Qualität und Erlebnistönung forensisch relevanter Rauschzustände. Blutalkohol 3:583–590

Rasch W (1986a) Die Unterbringungsvoraussetzungen nach § 64 StGB. Psychiat Prax 13:81–87

Rasch W (1986b) Forensische Psychiatrie. Kohlhammer, Stuttgart Berlin Köln Mainz

Rommeney G (1955) Der Begriff der Volltrunkenheit im § 330a StGB. Med Sachverst 51:144–146

Saß H (1983) Die „tiefgreifende Bewußtseinsstörung" gemäß den §§ 20/21 StGB – eine problematische Kategorie aus forensisch-psychiatrischer Sicht. Forensia 4:3–23

Schewe G (1986) Forensische Psychopathologie. In: Schwerd W (Hrsg) Rechtsmedizin, 4. Aufl. Deutscher Ärzte-Verlag, Köln, S 204–254

Schuchardt V (1988) Der Alkoholiker als Intensivpatient – Erfahrungen einer Neurologischen Intensivstation. Intensivmed 25:55–62

Tiffany LP, Tiffany M (1990) Nosologic objections to the criminal defense of pathological intoxication: What do the doubters doubt? Int J Law Psychiat 13:49–75

Witter H (1970) Grundriß der gerichtlichen Psychologie und Psychiatrie. Springer, Berlin Heidelberg New York

Zabel G (1986) Schuldunfähigkeit bzw. verminderte Schuldfähigkeit und Promillegrenze. Blutalkohol 23:262–279

---

* Sofern ein Stichwort Gegenstand eines gesamten Beitrages ist, wird dessen Umfang von der ersten bis zur letzten Seitenzahl angeführt.

K. Westhoff, RWTH Aachen;
M.-L. Kluck, Mülheim a. d. Ruhr

Psychologische Gutachten schreiben und beurteilen

1991. IX, 225 S. 35 Checklisten, 1 Beispielgutachten.
Brosch. DM 58,– ISBN-13: 978-3-540-55626-8

Zwei Gutachtenexperten beschreiben, wie und aufgrund welcher Überlegungen sie psychologisch-diagnostische Entscheidungen treffen. Sie richten sich damit sowohl an Psychologen, die Gutachten schreiben, als auch an Auftraggeber und Leser solcher Gutachten.

Schritt für Schritt wird – auch für Nichtpsychologen verständlich – dargestellt, wie ein entscheidungsorientiertes, auf praxisrelevantem psychologischen Wissen aufbauendes Gutachten zustande kommt. Die Systematik des Vorgehens wird anhand eines vollständigen Beispielgutachtens noch verdeutlicht.

Den Kapiteln vorangestellte Übersichtskästen sowie Checklisten für alle Entscheidungen, die innerhalb des psychologisch-diagnostischen Prozesses zu treffen sind, ermöglichen dem Leser des Buches eine detaillierte (Selbst-)Kontrolle des diagnostischen Vorgehens.

Darüber hinaus ist mit diesem Vorgehen eine Übereinstimmung mit den von BDP und DGfPs verabschiedeten „Richtlinien zur Erstellung psychologischer Gutachten" gewährleistet.

Preisänderung vorbehalten